jeter, essuyer, réussir, avoir

Indicatif			Impératif	Conditionnel
Imparfait	**Passé composé**	**Plus-que-parfait**	**Présent**	**Présent**
j'entrais tu entrais il, elle entrait nous entrions vous entriez ils, elles entraient	je suis entré(e) tu es entré(e) il, elle est entré(e) nous sommes entré(e)s vous êtes entré(e)s ils, elles sont entré(e)s	j'étais entré(e) tu étais entré(e) il, elle était entré(e) nous étions entré(e)s vous étiez entré(e)s ils, elles étaient entré(e)s	entre entrons entrez	j'entrerais tu entrerais il, elle entrerait nous entrerions vous entreriez ils, elles entreraient
je jetais tu jetais il, elle jetait nous jetions vous jetiez ils, elles jetaient	j'ai jeté tu as jeté il, elle a jeté nous avons jeté vous avez jeté ils, elles ont jeté	j'avais jeté tu avais jeté il, elle avait jeté nous avions jeté vous aviez jeté ils, elles avaient jeté	jette jetons jetez	je jetterais tu jetterais il, elle jetterait nous jetterions vous jetteriez ils, elles jetteraient
j'essuyais tu essuyais il, elle essuyait nous essuyions vous essuyiez ils, elles essuyaient	j'ai essuyé tu as essuyé il, elle a essuyé nous avons essuyé vous avez essuyé ils, elles ont essuyé	j'avais essuyé tu avais essuyé il, elle avait essuyé nous avions essuyé vous aviez essuyé ils, elles avaient essuyé	essuie essuyons essuyez	j'essuierais tu essuierais il, elle essuierait nous essuierions vous essuieriez ils, elles essuieraient
je réussissais tu réussissais il, elle réussissait nous réussissions vous réussissiez ils, elles réussissaient	j'ai réussi tu as réussi il, elle a réussi nous avons réussi vous avez réussi ils, elles ont réussi	j'avais réussi tu avais réussi il, elle avait réussi nous avions réussi vous aviez réussi ils, elles avaient réussi	réussis réussissons réussissez	je réussirais tu réussirais il, elle réussirait nous réussirions vous réussiriez ils, elles réussiraient
j'avais tu avais il, elle avait nous avions vous aviez ils, elles avaient	j'ai eu tu as eu il, elle a eu nous avons eu vous avez eu ils, elles ont eu	j'avais eu tu avais eu il, elle avait eu nous avions eu vous aviez eu ils, elles avaient eu	aie ayons ayez	j'aurais tu aurais il, elle aurait nous aurions vous auriez ils, elles auraient
j'étais tu étais il, elle était nous étions vous étiez ils, elles étaient	j'ai été tu as été il, elle a été nous avons été vous avez été ils, elles ont été	j'avais été tu avais été il, elle avait été nous avions été vous aviez été ils, elles avaient été	sois soyons soyez	je serais tu serais il, elle serait nous serions vous seriez ils, elles seraient

CM2
Cycle 3

Collection Caribou

Français

Livre unique

Serge ANNARUMMA
Directeur d'école

Sophie RAIMBERT
Professeur des écoles

Christine VANETTI
Conseillère pédagogique

Michelle VARIER
I.E.N.

istra

Responsable de projet : Marie LUCAS
Création et exécution de la maquette de couverture : Estelle CHANDELIER
Illustration de la couverture et des pages 12-13 et 162-163 : Benoît PERROUD
Création de la maquette intérieure : Estelle CHANDELIER
Mise en pages : TYPO-VIRGULE
Illustrations : Laurent AUDOUIN (pages 46, 50, 54, 56, 101, 182-183 et 214), Élodie BALANDRAS (pages 76, 80, 84, 130, 202-203 et 205-207), Jérôme BRASSEUR (pages 28, 32, 36, 172, 173, 175-177, 179, frises des pages 210-211, 212-213 et 220-221), Géraldine BESNARD (pages 74, 78, 82, 86, 200-201 et 208), Matthew BROERSMA (pages 44, 48, 52, 184-185 et 187-189), Claude CACHIN (pages 14, 18, 22 et 166-167), PRINCESSE CAMCAM (pages 16, 20, 24, 164-165 et 169), Sébastien CHEBRET (pages 148, 152, 156, 159 et 242-243), CLOTKA (pages 146, 150, 154, 244-245, 247-249, 251), Sylvie EIDER (pages 58, 62, 66 et 192-193), Laure FOURNIER (pages 60, 64, 68, 71 et 194-195), Camille LADOUSSE (pages 226-227 et frise pages 230-231), Alban MARILLEAU (pages 30, 34, 38, 41, 136, 140, 144, 170-171, 236-237 et 252), Gilles POING (pages 180, 228-229 et 231-232), Antoine RONZON (pages 134, 138, 142 et 238-239).
Cartographie : Nathalie GUÉVENEUX (pages 219 et 234)
Recherche iconographique : Marie LUCAS
Relecture typographique : Jean-Pierre LEBLAN
Fabrication : Nicolas SCHOTT

ISBN : 978-2-01-116560-2

Avant-propos

Les programmes de l'école primaire de 2008 s'inscrivent dans le cadre du socle commun de connaissances et de compétences qui en constitue la référence. La maîtrise de la langue française – qui prend appui sur un programme d'étude de la langue et de lecture-écriture accordant une large place à la littérature – est placée au centre de l'apprentissage. C'est dans l'esprit de ces nouveaux programmes qu'a été créée chez Istra la nouvelle collection « Caribou ».

Au CM2, l'ouvrage est structuré en **deux parties** : « **Étude de la langue** » et « **Lecture** ». Elles peuvent être traitées **indépendamment** ou **en liaison constante**. L'enseignant, tout en conservant une grande liberté pédagogique, peut ainsi aménager des liens entre les activités spécifiques de l'étude de la langue et l'expression, la lecture et l'écriture.

- **Dans la partie « Étude de la langue »,** les leçons de grammaire, conjugaison, orthographe et vocabulaire sont **articulées de manière logique et progressive**. Pour chaque leçon, sont proposés :
  - des activités de repérage, de comparaison et de réflexion, menées à partir d'extraits de textes authentiques, pour aborder chaque notion (« **Je lis et je réfléchis** ») ;
  - une synthèse des découvertes faites par les élèves, structurée sous la forme d'un résumé illustré par des exemples faciles à retenir (« **Je retiens** ») ;
  - des exercices d'entraînement, classés par niveau de difficulté, afin de **faciliter la différenciation** (« **Je m'exerce** ») ;
  - **un renvoi aux textes de lecture** (« **Je repère dans un texte** ») et **un court travail d'écriture** pour réinvestir la leçon (« **J'écris** »).

  À la fin de chaque chapitre, des pages « **Clés de lecture** » confrontent les élèves à des difficultés de lecture en relation avec la langue et leur donnent les clés pour les résoudre. Une double page « **Évaluation** » permet enfin de faire le point sur les acquisitions de chaque élève.

- **Dans la partie « Lecture », les cinq chapitres proposent** un choix de textes **variés et de qualité** (conte, roman, documentaire, presse, poésie, théâtre…). Chaque chapitre comprend quatre textes de lecture de longueur variée, répartis dans deux thèmes pour explorer une grande diversité d'univers imaginaires et de références culturelles.

  L'étude des textes menée avec les élèves a pour objectifs :
  - la compréhension du texte (« **Je comprends** ») ;
  - le repérage des traits distinctifs du texte, qui en font la cohérence (« **Je repère** ») ;
  - la mise en voix d'un passage du texte, pour en favoriser l'appropriation et la mémorisation (« **Je dis** ») ;
  - l'expression de réactions vis-à-vis des personnages ou du texte lui-même, qui participent à la construction de l'interprétation des textes et au partage des lectures (« **Je débats** ») ;
  - la copie ou la rédaction de courts textes pour réinvestir une notion d'étude de la langue ou préparer l'« **Atelier d'écriture** » qui clôt le thème.

  Dans chaque thème, les textes de lecture sont suivis de deux pages :
  - un « **Atelier de lecture** » aide les élèves à mieux caractériser un genre ou un type de texte et à construire des connaissances ;
  - un « **Atelier d'écriture** » mobilise l'ensemble des activités de lecture et des activités d'étude de la langue du thème étudié. L'écriture fait ainsi l'objet d'un apprentissage régulier et progressif.

  Chaque chapitre se termine par :
  - une page « **Expression orale** » pour apprendre aux élèves à prendre la parole devant les autres dans différentes situations (raconter, décrire, donner son avis…) ;
  - une page « **Bilan** » pour permettre de faire une synthèse sur chaque type de texte abordé et proposer une bibliographie.

Ce manuel se veut un outil de référence pour l'élève en français. Il se doit d'être un appui fiable pour que l'enseignant puisse développer une pédagogie vivante et diversifiée – gage de progrès et de réussite des élèves.

Les auteurs

Sommaire étude de la langue

Chapitre 1 : Les contes et légendes

Chapitre 2 : Les récits en « je »

Chapitre 3 : Le théâtre et la bande dessinée

Sommaire lecture

Chapitre 1 : Les contes et légendes

Chapitre 2 : Les récits en « je »

Chapitre 3 : Le théâtre et la bande dessinée

Chapitre 4 : La presse et le documentaire

Chapitre 5 : Les romans

* Ouvrages issus de la liste du ministère de l'Éducation nationale pour le cycle 3.

Sommaire étude de la langue

Sommaire lecture

Sommaire étude de la langue

Sommaire lecture

* Ouvrages issus de la liste du ministère de l'Éducation nationale pour le cycle 3.

étude de la langue

Objectif : Savoir distinguer les types et les formes de phrases.
Texte en lien : *Le Guéla d'en haut et le Guéla d'en bas*, p. 164.

Les types et les formes de phrases

Je lis et je réfléchis

À l'aube, les parents accompagnèrent leurs deux enfants à l'école et les confièrent à un vieux maître. Le soir, ils retournèrent les chercher. **Ils n'en trouvèrent qu'un seul**. Le père demanda au maître :
– Maître, où est l'aîné de nos enfants ?
Et le maître répondit :
– Regardez tout en haut de cet arbre ! Voyez-vous cet animal perché ? C'est votre enfant ! Ce matin, je lui ai donné une mangue, il [...] me l'a jetée en pleine figure en disant : « Vieil imbécile ! Me prends-tu pour un mendiant ? Tu es... » Il n'a pas eu le temps de finir sa phrase qu'il était déjà transformé en cet animal que vous voyez là-bas.
Ainsi était né le singe.

« Arc-en-ciel et Singe », *Contes et Légendes des Comores*, publié par Salim Hatubou, © éd. Flies France.

1. Relève une phrase déclarative. À quoi la reconnais-tu ?
2. Relève une phrase interrogative. À quoi la reconnais-tu ?
3. Relève une phrase exclamative. À quoi la reconnais-tu ?
4. Qu'exprime la phrase soulignée ? Comment appelle-t-on ce type de phrase ?
5. La phrase en gras est-elle une phrase affirmative ou négative ? Explique ta réponse.

Je retiens

- Il existe quatre **types** de phrases :
  – **La phrase déclarative** sert à donner une information, une opinion ou à faire une description. Elle se termine par **un point** : Le soir, ils retournèrent les chercher.
  – **La phrase interrogative** sert à poser une question. Elle se termine par **un point d'interrogation**. On la construit en plaçant **le sujet après le verbe** ou en commençant la phrase par **est-ce que** : Maître, où est l'aîné de nos enfants ? – Est-ce que tu viens à la piscine ?
  – **La phrase exclamative** sert à exprimer des émotions ou des sentiments. Elle se termine par **un point d'exclamation** : C'est votre enfant ! – Quel spectacle ! – Comme il est immense !
  – **La phrase impérative** sert à donner un conseil ou un ordre. Elle se termine par **un point** ou **un point d'exclamation** : Regardez tout en haut de cet arbre ! (ordre) – Prends un pull. (conseil)
- Il existe deux **formes** de phrases :
  – La forme **affirmative** : Ainsi était né le singe. – Voyez-vous cet animal perché ?
  – La forme **négative**, qui se construit avec des mots de négation (ne... pas, ne... plus, ne... jamais...) : Ils **n'**en trouvèrent **qu'**un seul. – **N'**as-tu **aucune** autre information ?

Je m'exerce

1 ★ **Recopie ces phrases et indique le type de chacune d'elles.**
- Cette tarte est délicieuse !
- Matisse sort de la pharmacie.
- Avez-vous regardé ce reportage ?
- Trace un segment de 3 cm.
- Est-ce que Naossa t'a rendu ton livre ?
- La tempête faisait rage.
- Quel talent !
- Écoutez-moi tous.

2 ★ **Recopie uniquement les phrases négatives. Entoure dans chacune d'elles les mots qui expriment la négation.**

- Nous ne voulons plus retourner là-bas.
- Cette proposition me paraît intéressante.
- Observe bien les flamants roses.
- N'entrez jamais dans la pièce au fond du couloir.
- Pourquoi n'a-t-il prévenu personne ?
- Comme je suis heureuse !

3 ★ **Recopie et complète ces phrases avec un point qui convient.**

- Quel est le nom de ce petit village …
- Je vais te montrer le salon …
- Ne soyez pas trop impatients …
- Extraordinaire … Elle a réussi à traverser la Manche à la nage …
- Où pouvons-nous les joindre en cas d'urgence …
- Mehdi part au Japon demain matin …

4 ★★ **Recopie ces phrases et indique le type et la forme de chacune d'elles.**

Ex. : Mon frère n'a jamais apprécié cette musique.
→ phrase **déclarative négative**

- Quel temps magnifique !
- À quelle heure êtes-vous sortis du restaurant ?
- Ne dis rien à personne.
- Je n'en crois pas mes yeux !
- Le guitariste s'avança vers le public.

5 ★★ **Transforme ces phrases déclaratives en phrases exclamatives. Utilise** que, qu' **ou** comme**.**

Ex. : La princesse était belle. → **Que** la princesse était belle **!** – **Comme** la princesse était belle **!**

- Cette robe est très chère.
- Ces fleurs sentent bon.
- La mer est agitée.
- Cet endroit est sinistre.

6 ★★ **Transforme ces phrases déclaratives en phrases interrogatives. Commence tes phrases par** Est-ce que **ou inverse le sujet.**

Ex. : Elles vont bientôt déménager. → **Est-ce qu'**elles vont bientôt déménager **?** – Vont**-elles** bientôt déménager **?**

- Tu écris un roman policier.
- Ils cachaient leurs messages dans cette boîte.
- Nous atteindrons le sommet avant la nuit.
- Elles accepteront cette mission.
- Je dois emporter mon maillot de bain.

7 ★★ **Transforme ces phrases affirmatives en phrases négatives.**

Ex. : Théo a déjà ciré ses chaussures.
→ Théo **n'a pas encore** ciré ses chaussures.

- Elles entendent quelqu'un chanter.
- Nous avons toutes les informations.
- Kim allait toujours à la piscine.
- Vous avez certainement vu quelque chose.
- Farid a encore soif.

8 ★★★ **Transforme ces phrases interrogatives négatives en phrases déclaratives affirmatives.**

Ex. : **N'**avez-vous **pas** entendu le signal **?**
→ Vous avez entendu le signal**.**

- Ne dormais-tu pas dans cette petite chambre ?
- N'oublieront-elles pas de signer ces papiers ?
- Ne souhaitez-vous pas organiser une grande fête ?
- N'a-t-il pas réussi son saut périlleux ?

9 ★★★ **Écris la phrase interrogative qui correspond à chaque groupe de mots souligné.**

Ex. : Je suis arrivé <u>à 17 h 15</u>.
→ **À quelle heure** es-tu arrivé ?

- Je m'appelle <u>Jimmy</u>.
- Tu viendras nous rendre visite <u>dimanche</u>.
- <u>Madame Fleury</u> est la directrice de l'école.
- Ma sœur m'a offert <u>deux C.D.</u>
- Vous avez enfilé vos gants <u>parce qu'il fait froid</u>.

10 ★★★ **Imagine ce que peuvent dire les personnages de ces phrases selon les indications données entre parenthèses.**

Ex. : Monsieur Hen vient de gagner au loto. (phrase exclamative) → « Hourrah ! Je suis riche ! »

- Haroun s'est écorché un genou en tombant. (phrase exclamative)
- Ton petit frère te demande si tu peux lui prêter un jeu vidéo. (phrase interrogative)
- Les policiers disent qu'il ne faut pas dépasser la limite de vitesse. (phrase impérative négative)

Je repère dans un texte

Dans le texte pp. 164-165, relève deux phrases impératives affirmatives entre les lignes 26 et 37.

J'écris

En t'inspirant du texte de la page 14, raconte comment est né le poisson. Utilise au moins une phrase de chaque type et de chaque forme.

Grammaire

Objectifs : Connaître et utiliser les différents signes de ponctuation.
Texte en lien : *L'esprit et les oreilles*, p. 166.

La ponctuation

Je lis et je réfléchis

Le dieu Kisuthy commençait à s'ennuyer. Il appela son fils aîné et lui dit : « Kanathou, nous allons créer le monde ! » Ils allèrent au-dessus de l'océan ; l'océan si vaste et si sombre qu'ils ne pouvaient pas voir leur reflet ! Kisuthy dit à Kanathou :
« Mon fils, es-tu prêt ?
– **Je le suis, père** !
– Alors plonge au plus profond de ces eaux noires et rapporte-moi une poignée de sable. » Kanathou mit trois jours à atteindre le fond de l'océan.

1. Comment les signes de ponctuation en bleu s'appellent-ils ?
2. À la fin de quel type de phrase chacun d'eux est-il placé ?
3. Au début du texte, quels signes de ponctuation indiquent que Kisuthy parle ?
4. Quels signes de ponctuation indiquent un changement de personnage dans le dialogue ?
5. Quel signe de ponctuation se trouve dans le groupe de mots en gras ? dans le groupe de mots souligné ?
6. Qu'indiquent ces signes ?

Je retiens

Les signes de ponctuation aident à comprendre une phrase ou un texte.

– **Le point (.)** termine une phrase **déclarative**, **le point d'interrogation (?)** une phrase **interrogative** et **le point d'exclamation (!)** une phrase **exclamative** ou **impérative** : Procure-moi une poignée de sable. – Mon fils, es-tu prêt ? – Allons créer le monde !
– **Les points de suspension (…)** permettent d'imaginer qu'il y a une suite à ce qui est écrit : Il créa les fleuves, les montagnes, les plaines…
– **La virgule (,)** sert à séparer des mots ou des groupes de mots en faisant une petite pause : Mon fils, allons créer le monde !
– **Le point-virgule (;)** sert à séparer des mots ou des groupes de mots en faisant une pause plus longue que la virgule : Et voilà qu'ils allèrent au-dessus de l'océan ; et l'océan est tellement sombre…
– **Les deux-points (:)** introduisent une explication, une énumération ou un dialogue : Le boulanger vend des gâteaux : des éclairs, des tartes, des millefeuilles…
– **Les guillemets (« »)** encadrent une parole rapportée ou ouvrent un dialogue : « Kanathou, allons créer le monde ! »
– **Les tirets (–)** annoncent qu'on change de personnage dans un dialogue : – Je le suis, père !
– **Les parenthèses ( )** servent à donner une précision : Il goûte les confitures (myrtille et abricot).

Je m'exerce

1 ★ **Recopie ces phrases et ajoute les majuscules et les points (. ? !).**

- ils se marièrent et eurent beaucoup d'enfants …
- entends-tu le chant des oiseaux …
- quelle surprise …
- as-tu vu ce film … il est extraordinaire …
- vanessa attend le bus …
- donne-moi ce livre …

2 ★ **Recopie et complète ces phrases par un point ou des points de suspension.**

- Sur le bureau s'entassaient des livres, des cahiers, des crayons ...
- Mais le loup ne savait pas ce qui l'attendait ...
- Mon voisin se mouche bruyamment ...
- Il contourna la montagne ... Et ce qu'il vit le remplit d'effroi ...

3 ★ **Recopie ces phrases et complète les parenthèses.**

Ex. : À cette époque (...), je vivais à Nancy.
→ À cette époque (**l'année de mon CM2**), je vivais à Nancy.

- Ce jour-là (...), la reine accoucha d'une fille.
- Le peintre appliquait en même temps les deux couleurs (...) sur la toile.
- Marion chante à tue-tête sa chanson préférée (...).
- Mes cousines (...) partaient souvent en vacances.

4 ★★ **Recopie ces phrases et ajoute les virgules ou les deux-points nécessaires.**

- Tout à coup ... il tomba par terre ... il avait glissé sur une peau de banane.
- J'ai ramassé trois sortes de coquillages ... des couteaux ... des palourdes et des huîtres.
- Bilal s'exclama ... « Quel magnifique papillon ! »
- Tu connais bien certaines villes anglaises ... Londres ... Manchester et Liverpool.

5 ★★ **Écris une phrase en utilisant les signes de ponctuation indiqués.**

- plusieurs virgules → ...
- un point d'interrogation → ...
- des points de suspension → ...
- deux-points et des guillemets → ...
- un point d'exclamation → ...

6 ★★ **Recopie ces phrases et place la ponctuation indiquée entre parenthèses. N'oublie pas les majuscules.**

- un jour Kader trouva une pièce d'argent sous le lit (un virgule, un point)
- comment elle n'est pas encore arrivée pourtant elle devrait déjà être là (un point d'exclamation, deux points d'interrogation)
- coupez en morceaux les fraises les framboises les bananes et les pommes (deux virgules, un point)
- intriguée Blandine regarda le collier de diamants quelle merveille (une virgule, un point, un point d'exclamation)

7 ★★ **Recopie ce texte et ajoute les points (. ? ! ...) et les majuscules nécessaires.**

par où le voleur était-il donc entré depuis plus d'un quart d'heure, l'inspecteur arpentait la pièce à la recherche d'indices la porte était bien fermée et pas un carreau de la fenêtre n'était cassé soudain, il s'arrêta net

8 ★★★ **Dans chaque phrase, place la ponctuation de 2 façons différentes pour que le sens change.**

Ex. : Le prince raconte la vieille dame parcourait le pays. → « Le prince, raconte la vieille dame, parcourait le pays. » – Le prince raconte : « La vieille dame parcourait le pays. »

- Aminata crie Clémence, viens jouer avec moi !
- Ce conducteur s'exclame Joël est imprudent !
- Le ministre affirme ce journaliste est en retard.
- Kévin dit ce garçon est mon meilleur ami.

9 ★★★ **Recopie et complète ce dialogue avec les signes de ponctuation qui conviennent.**

... Allô ... Lilly ... C'est Nora ...

... Salut Nora ... Je suis contente de t'entendre ... Comment vas-tu ...

... Un peu mieux ... Cette horrible angine m'a clouée au lit pendant deux jours ... Heureusement, je n'ai plus de fièvre ...

10 ★★★ **Recopie ce texte en allant à la ligne et en plaçant les tirets à chaque changement de personnage dans le dialogue.**

Antoine et Jules décident d'aller faire une partie de football dans le parc. En chemin, ils rencontrent Nayel et Adam. Ils leur demandent : Voulez-vous vous joindre à nous ? Avec plaisir ! répondent les deux garçons. Qui veut être gardien de but ? demande Antoine. Moi ! s'exclame Jules.

Je repère dans un texte

Dans le texte pp. 166-167, relève la phrase qui contient à la fois une virgule, un point-virgule, des guillemets et un point entre les lignes 1 et 21.

J'écris

Écris la suite du texte de la page 16. Utilise au moins un tiret, un point d'exclamation, un point d'interrogation et deux-points.

Objectifs : Savoir identifier le radical et la terminaison d'un verbe.
Connaître et manipuler les personnes de conjugaison.
Texte en lien : *L'esprit et les oreilles*, p. 166.

Personnes, radical et terminaisons

Je lis et je réfléchis

Tlaloc, le dieu bleu, modela en hâte un homme avec de l'argile, parce qu'il voulait être le premier. Mais ce n'est pas en vain que l'on dit : « À travail bâclé, résultat manqué ». L'homme d'argile n'était même pas capable de se tenir debout et, à la première mare qu'il rencontra, l'eau le fit fondre, il ne resta de lui qu'un petit tas de boue sale.
– C'est bien une idée de Tlaloc, de faire un homme avec de l'argile, ricana Xipe Totec, le dieu rouge. Vous **verrez**, les hommes que je ferai ne fondront pas si facilement.
Il [...] coupa quelques branches et en fabriqua des marionnettes. Elles avaient des bras, des jambes et des nez et, bien sûr, ne fondaient pas dans l'eau.

Vladimir Hulpach, « Tlaloc, le dieu bleu », *Contes d'Amérique du Sud*,
traduction française de Jean Karel, © éd. Gründ.

1. Relève les verbes des quatre premières lignes de ce texte et souligne leurs terminaisons.
2. Comment le petit mot placé devant le verbe en gras s'appelle-t-il ? Trouve deux autres mots de même nature dans le texte.
3. À quel temps les verbes en vert sont-ils conjugués ? Pourquoi n'ont-ils pas la même terminaison ?
4. À quelle personne les verbes en bleu sont-ils conjugués ? Pourquoi n'ont-ils pas la même terminaison ?

Je retiens

- Le verbe, qu'il soit à l'infinitif ou conjugué, est toujours composé d'**un radical** et d'**une terminaison** :
  décid/er – décid/a fond/re – fond/aient comport/er – comport/erons donn/er – donn/èrent
  (décid = radical ; er = terminaison)
- Le radical **ne varie pas**, sauf pour les verbes irréguliers :
  rencontr/er → je rencontr/e, nous rencontr/ons, ils rencontr/ent (verbe régulier) – ten/ir → je t/iens, nous ten/ons, ils tienn/ent (verbe irrégulier)
- La terminaison **varie** selon :
  – **le temps** auquel le verbe est conjugué : ils fond/**ront** (futur) – ils fond/**aient** (imparfait)
  – **la personne sujet** : je coup/**e** (**1**re personne du **singulier**) – tu coup/**es** (**2**e personne du **singulier**) – il coup/**e** (**3**e personne du **singulier**) – nous coup/**ons** (**1**re personne du **pluriel**) – vous coup/**ez** (**2**e personne du **pluriel**) – ils coup/**ent** (**3**e personne du **pluriel**)
  – **le mode** : chant/**er** (mode infinitif) – tu chant/**es** (mode indicatif) – chant/**e** (mode impératif) – chantant/chanté (mode participe)
- **Je, tu, il, elle, nous, vous, ils** et **elles** sont des **pronoms personnels** ou pronoms de conjugaison.

Je m'exerce

1 ★ **Recopie ces verbes à l'infinitif et sépare d'un trait le radical de la terminaison.**
grandir – indiquer – imiter – prendre – construire – remplir – décorer – venir – tordre – prévoir – aller – mettre

2 ★ **Recopie et complète ces phrases avec des pronoms personnels qui conviennent.**
- Demain ... tondrons la pelouse.
- « Qu'est-ce que ... faites ici ? », demande-t-....
- ... dois prendre rendez-vous chez le dentiste.
- ... fais ces trois additions.

3 ★ **Recopie ces phrases et remplace chaque groupe de mots en rouge par un pronom personnel qui convient.**

- Anouk et toi préparez un exposé.
- Amine et ses amis jouent dans la cour.
- Les abeilles butinent ces fleurs violettes.
- Mes parents, mon frère et moi admirons ce coucher de soleil.
- Tes voisins et toi discutez sur le palier.

4 ★★ **Recopie chaque verbe conjugué en séparant le radical de la terminaison, puis indique son infinitif.**

Ex. : ils déjeunent → déjeun/ent – déjeuner

vous réussissez – tu pouvais – je frissonnais – nous écrivons – elles viennent – vous demanderez – tu perdis – nous réfléchissions – ils permirent – je cueillerai

5 ★★ **Recopie ces phrases et utilise des pronoms personnels pour éviter les répétitions.**

- La guitariste et la violoniste montent sur scène. La guitariste et la violoniste saluent le public.
- Mehdi et moi toussons beaucoup. Mehdi et moi avons pris rendez-vous chez le médecin.
- La cuisinière bat les œufs. La cuisinière prépare une omelette.
- Luc, Tom et toi connaissez bien cette région. Luc, Tom et toi y allez souvent.

6 ★★ **Construis un tableau à 2 colonnes** (mode indicatif **et** mode impératif) **et classe les verbes conjugués de ces phrases.**

- Lucas ouvre son courrier.
- Samia apprend à plonger avec le maître nageur.
- Attends-moi : j'arrive tout de suite.
- Il recoud ta plaie et pose un bandage.
- Mettez votre clignotant et tournez à gauche.

7 ★★ **Recopie ces phrases, souligne la terminaison de chaque verbe conjugué et indique à quelle personne il est conjugué.**

Ex. : Le loup dévore l'agneau. → Le loup dévor<u>e</u> l'agneau. (3e personne du singulier)

- Les éléphants barrissent à l'approche du danger.
- Malik, Chloé et moi partons dans les Pyrénées.
- Dans quelle chambre dormirai-je ce soir ?
- La sœur de la jeune femme scrutait l'horizon.
- Comme tu marches vite !

8 ★★★ **Recopie ces paires de phrases et indique si la terminaison des verbes a changé en fonction de** la personne **ou** du temps.

Ex. : Tu gagnes la partie. (verbe au **présent** conjugué à la **2e personne du singulier**) – Ton ami gagne la partie. (verbe au **présent** conjugué à la **3e personne du singulier**) → la personne

- Mes camarades et moi nageons dans la piscine. – Vous nagez dans la piscine. → …
- Elles écrivent une lettre. – Elles écrivirent une lettre. → …
- Madame Hubert part à la gare. – Je pars à la gare. → …
- Tu marches. – Ton père et toi marchez. → …
- La poule pond. – Les poules pondent. → …
- Nous allumions un feu. – Nous allumerons un feu. → …

9 ★★★ **Conjugue ces verbes au présent de la 1re personne du singulier et de la 1re personne du pluriel. Indique s'ils sont réguliers ou irréguliers.**

Ex. : **préparer :** je prépar/e, nous prépar/ons (verbe régulier)

montrer – prendre – obéir – vouloir – boire – conserver – sentir – écrire

10 ★★★ **Relève les verbes de ce texte et indique pour chacun d'eux la personne et le temps auxquels il est conjugué.**

Nous sommes en vacances depuis une semaine. Le soleil resplendit tous les jours. Louis fait sa sieste à l'ombre, tandis que Yanis et Cléa jouent dans la petite piscine gonflable. Le portail s'ouvre et Mamie fait son entrée dans le jardin, les bras chargés de paquets : « J'avais une sacrée liste de courses ! Heureusement, il n'y avait pas beaucoup de monde au supermarché. J'ai rapporté des glaces pour le goûter. Vous en voulez une ? »

Je repère dans un texte

Dans le premier paragraphe du texte pp. 166-167, relève le verbe qui a deux terminaisons différentes et explique ce changement de terminaison.

J'écris

Écris un poème où tu utiliseras le verbe **rêver** à au moins trois personnes et deux temps différents. Attention ! ton texte doit avoir un sens.

Objectifs : Reconnaître et produire la forme infinitive des verbes. Différencier les groupes de verbes.
Texte en lien : *Le Guéla d'en haut et le Guéla d'en bas*, p. 164.

Le verbe : l'infinitif et les groupes

Je lis et je réfléchis

Il s'**agenouilla** sur le sol de pierre, pour reprendre son souffle. Et de son front luisant, de ses bras, de son ventre, coulèrent quelques gouttes de sueur. Elles **roulèrent** sur les pentes des montagnes, énormes, tumultueuses, et achevèrent d'un coup le fabuleux travail qu'il **venait** d'accomplir. La sueur de Taaroa était devenue l'eau de la mer. La mer sans laquelle nul monde ne peut vivre. La mer où **courent** les bateaux, où le corail **croît** et **rougit**, où l'espadon **virevolte**. La mer, qui recouvrit presque entièrement la Terre, remplissant les abîmes, les gorges, les ravins. La mer, que Taaroa avait oubliée.

Gérard Moncomble, *Mille Ans de contes Mer*,
« La sueur de Taaora », © 1994 © 2008 éd. Milan.

1. Quel est l'infinitif de chacun des verbes en gras ? Écris-les et souligne leurs terminaisons.
2. Classe ces infinitifs selon le groupe auquel ils appartiennent.
3. À quel groupe le verbe souligné appartient-il ?
4. Conjugue ce verbe au présent. Que remarques-tu à propos de son radical ?
5. Le verbe en vert appartient-il au 2e ou au 3e groupe ? Comment peux-tu le savoir ?

Je retiens

- Lorsqu'un verbe n'est pas conjugué, il est à **l'infinitif**. On peut classer les verbes en **trois groupes** selon la terminaison de leur infinitif :
  - **Le 1er groupe** comprend tous les verbes dont l'infinitif se termine par **-er** (**sauf aller**, qui appartient au **3e groupe**) : couler – oublier – achever…
  - **Le 2e groupe** comprend tous les verbes dont l'infinitif se termine par **-ir** et qui se terminent par **-issons** à la 1re personne du pluriel au présent : fin**ir** → nous fin**issons** – accompl**ir** → nous accompl**issons**…
  - Les autres verbes forment **le 3e groupe**. Leurs infinitifs peuvent se terminer par **-ir** (ven**ir** – recouvr**ir**…), par **-oir** (v**oir** – sav**oir** – voul**oir**…) ou par **-re** (pren**dre** – fai**re** – boi**re** – mett**re** – cui**re**…). Ces verbes ont parfois des formes conjuguées **irrégulières** : **prend**re → ils **prenn**ent – **fai**re → nous **fais**ons – **boi**re → vous **buv**ez…
- Les verbes **être** et **avoir** n'appartiennent à aucun groupe. Ils peuvent être utilisés seuls ou servir **des auxiliaires** dans la conjugaison des autres verbes aux temps composés (voir leçon p. 24).

Je m'exerce

1 ★ **Construis un tableau à 3 colonnes** (1er groupe, 2e groupe **et** 3e groupe) **et classe ces verbes.**
agir – fournir – tomber – peindre – écrire – chanter – écouter – lire – sortir – vendre – blanchir – aller – alléger – employer – paraître – réunir – ranger – rougir

2 ★ **Recopie et conjugue les verbes en** -ir **à la 1re personne du pluriel. Indique ensuite à quel groupe ils appartiennent** (2e **ou** 3e groupe)**.**
Ex. : frémir → nous frémissons, 2e groupe
atterrir – jaunir – partir – sentir – retenir – franchir – découvrir – souffrir – applaudir – parcourir – bondir – agir – offrir – venir

3 ★ **Recopie ces verbes, puis indique leur infinitif et leur groupe.**

Ex. : nous marchons → marcher, 1er groupe

vous riez – elles obtiennent – nous traçons – tu feras – il choisissait – je crains – elle ment – tu nageais – vous voyiez – je promets – nous remplirons – ils apprirent – elle grandit

4 ★ **Relève le ou les verbes conjugués dans ces phrases. Indique leur infinitif et leur groupe.**

Ex. : Alexis **prenait** son petit déjeuner.
→ prenait : prendre, 3e groupe

- Les joueurs de ce club pourront participer à la demi-finale.
- Les touristes, admiratifs, contemplaient la statue de Ramsès II.
- Nous prenons le bus tous les matins.
- Elle engloutit rapidement son sandwich.
- Tu dois laver le short que tu as sali.
- Ils avaleront cette potion et guériront rapidement.
- Ce soir, Karima ira dîner chez des amis qu'elle connaît depuis l'enfance.

5 ★★ **Recopie et transforme chaque phrase pour qu'elle contienne un infinitif.**

Ex. : Elle **lit** une B.D.
→ Elle va **lire** une B.D.

- Simon apprécie cette musique.
- Ils obéissent à leurs parents.
- Tu cherches la télécommande.
- Nous abattons cet arbre mort.
- Je reconnais mon erreur.
- Vous saisissez la balle.

6 ★★ **À partir de chaque nom, forme un verbe de la même famille et indique son groupe.**

Ex. : un conducteur → conduire, 3e groupe

une réponse – un souhait – une faiblesse – un avertissement – une soustraction – une explication – un cri – un jeu – un rond

7 ★★ **Recopie chaque liste de mots, entoure l'intrus et explique pourquoi il n'est pas à sa place.**

- allaiter – allonger – aller – allumer – animer
- épaissir – rajeunir – obscurcir – offrir – éblouir
- dormir – parvenir – démolir – appartenir – bouillir
- pouvoir – avoir – savoir – devoir – recevoir

8 ★★ **Relève les verbes conjugués de ce texte, puis indique leur infinitif et leur groupe.**

Leïla et Alex arrivent au bal costumé. Alex porte un costume de pirate : il a un bandeau noir et une barbe qui recouvre ses joues. Leïla surprend tout le monde ; son costume de Dracula est parfait ! Elle avance doucement et surgit devant sa meilleure amie. Celle-ci pousse un cri de surprise, puis elle félicite Leïla et l'applaudit.

9 ★★★ **Pour chacun des verbes suivants, écris une définition en utilisant un verbe à l'infinitif.**

Ex. : boire → **avaler** un liquide

mentir – bondir – effrayer – guetter – nourrir – chasser

10 ★★★ **Écris à l'infinitif le verbe qui indique le cri de chacun des animaux suivants et indique son groupe.**

le chien – la poule – le cheval – l'éléphant – la chouette – l'âne – le canard

11 ★★★ **Dans cette grille, retrouve 20 verbes écrits à l'infinitif et indique leur groupe.**

A	T	T	E	R	R	I	R	X	V
F	U	I	R	C	O	U	D	R	E
O	P	E	C	O	U	R	I	R	N
N	E	M	P	I	L	E	R	F	D
D	I	O	A	V	E	R	T	I	R
R	N	U	R	I	R	E	E	N	E
E	D	V	T	V	E	R	N	I	R
C	R	O	I	R	E	D	I	R	E
Z	E	I	R	E	T	I	R	E	R
Y	P	R	O	M	E	N	E	R	J

Je repère dans un texte

Dans le texte pp. 164-165, relève les verbes à l'infinitif entre les lignes 30 et 37 et classe-les dans un tableau selon leur groupe.

J'écris

Écris la règle d'un jeu que tu connais. Commence tes phrases par des verbes à l'infinitif. Utilise des verbes appartenant aux trois groupes.

Objectifs : Connaître et manipuler les différents types d'accent et le tréma. Connaître la règle d'utilisation de la cédille et l'appliquer.
Texte en lien : *L'esprit et les oreilles*, p. 166.

Les accents, le tréma et la cédille

Je lis et je réfléchis

Noumi-Torum s'occupait de ses affaires. La Terre ne tourbillonnait plus. Elle s'était épaissie, fortifiée, et la taïga, l'immense **forêt** des pays nordiques, la recouvrait toute. Mais sous les branches des pins, pas de galopades, pas de chants d'oiseaux dans le feuillage des mélèzes, pas de huttes dans les clairières et nulle trace de ski ou de raquette pour rayer la surface gelée des étangs.
L'un des fils de Noumi-Toroum s'en aperçut et s'en attrista. Il envoya sa sœur, Kalym l'ailée, la messagère, avertir leur **père**.
– Père, père, tu as **consolidé** la terre, elle est devenue habitable. Tu dois créer l'homme à présent.

Françoise Rachmuhl, *18 Contes sur la naissance du monde*, coll. « Castor Poche », © éd. Flammarion.

1. Observe les mots en gras. Quel type d'accent trouve-t-on dans chacun d'eux ? sur quelle lettre ?
2. Qu'est-ce que chacun des accents change dans la prononciation de cette lettre ?
3. Comment lis-tu le mot souligné ?
4. Remplace le **ï** par un **i**. Qu'est-ce qui change dans la prononciation ?
5. Comment lis-tu le mot en vert ?
6. Remplace le **ç** par un **c**. Qu'est-ce qui change dans la prononciation ?

Je retiens

- Dans la langue française, il existe **trois sortes d'accents** :
  - **L'accent aigu** se place uniquement sur le **e** pour former le son **[e]** : tu as consolidé
  - **L'accent grave** peut se placer sur le **e** pour former le son **[ɛ]** : mon père. Il se place aussi sur les voyelles **a** ou **u**. Il change la nature des mots mais ne modifie pas leur prononciation :
    Il est resté **là**. (adverbe de lieu) – **La** Terre ne tourbillonnait plus. (article) /
    Où est ma sœur ? (indique le lieu) – Veux-tu un thé **ou** un café ? (indique un choix)
  - **L'accent circonflexe** peut se placer sur le **e**, qui se prononce alors **[ɛ]** : la forêt. Il se place aussi sur les voyelles **a**, **i**, **o** et **u** mais ne modifie généralement pas leur prononciation :
    cette t**â**che – un d**î**ner – l'h**ô**pital – br**û**lant

  Attention ! Le **e** se prononce **[ɛ]** mais ne prend **pas d'accent** quand il est suivi d'**une consonne double, d'un t ou d'un r en fin de mot** (un verre – le poulet – le fer), ou quand il est **devant deux consonnes différentes** (un geste).
- **Le tréma** peut être placé sur le **e** ou le **i** :
  - il peut indiquer que les deux voyelles qui se suivent se lisent séparément : la taïga (ta/iga) – un canoë (cano/é)
  - il peut aussi être la marque du féminin des adjectifs en **-gu** (placé sur un **e**) : aigu → aiguë
- **La cédille** est placée sur la lettre **c** pour former le son **[s]** devant **les voyelles a, o et u** :
  le rinçage – un garçon – un reçu

Je m'exerce

1 ★ **Recopie ces mots et ajoute les accents aigu ou grave sur les e quand c'est nécessaire.**
des epinards – le desert – un manege – un piege – un escargot – un phenomene – une barriere – des etageres – l'epaule – une assiette – le gel – une revelation – une sorciere – celebre – une veste

2 ★ **Recopie ces mots et ajoute un accent circonflexe quand c'est nécessaire.**

l'age – froler – un bateau – un chateau – une hache – un chene – connaitre – une mule – la cible – une flute – une huitre – un trone – un bonnet – une crete – une fuite

3 ★ **Recopie ces phrases et complète ces mots avec une voyelle surmontée d'un tréma.**

- Un astero…de est une petite planète.
- Cette chanteuse a une voix très aigu….
- La reine ha…ssait Blanche-Neige.
- Nous irons skier pendant les vacances de No…l.
- Un bonza… est un arbre nain cultivé en pot.

4 ★ **Recopie ces phrases et ajoute la cédille aux c quand c'est nécessaire.**

- Ces nuages menacants apportent une pluie glacée.
- Elle placa le petit flacon en haut du placard.
- Les balancoires se trouvaient près du cours d'eau.
- Ulrich annonca ses fiancailles à ses parents.
- Ils sont décus car il n'y a plus de places pour le spectacle.
- Le clown commencait à grimacer.

5 ★★ **Recopie ces phrases et mets l'accent qui convient** (aigu, grave **ou** circonflexe) **sur les** e **en rouge.**

- Il a ferme la fenetre car un vent froid s'engouffrait dans la piece.
- Tu n'as plus mal à la tete, ta temperature a baisse : tu es gueri !
- Les eleves de CM2 ont prepare des costumes pour la fete.
- En ete, il va souvent pecher des les premieres lueurs du jour.
- Mon frere fut recompense de son honnetete.

6 ★★ **Trouve pour chaque mot un mot de la même famille qui porte un accent circonflexe.**

Ex. : polaire → un **pôle** (nom)

- conquérir → … (nom)
- une extrémité → … (adjectif)
- ratisser → … (nom)
- intéressant → … (nom)
- une disparition → … (verbe)
- aromatiser → … (nom)
- déposer → … (nom)

7 ★★ **Recopie et complète ces verbes avec** c **ou** ç**.**

- je lan…e – je lan…ais
- nous ber…ons – vous ber…ez
- ils re…evaient – ils re…oivent
- tu effa…as – ils effa…èrent
- nous annon…ons – nous annon…ions
- vous tra…iez – tu tra…ais

8 ★★★ **Trouve les mots avec un tréma qui correspondent à ces définitions.**

- Céréale à gros épis portant des grains jaunes. → …
- Se dit d'un individu qui ne pense qu'à lui. → …
- C'est un des cinq sens. → …
- Se dit de quelqu'un qui croit facilement ce qu'on lui dit. → …

9 ★★★ **L'accent circonflexe est souvent la trace d'un** s **disparu. Pour chacun de ces mots, trouve un mot de la même famille qui a conservé le** s**.**

Ex. : une bête → une bestiole

un hôpital – une forêt – un vêtement – la fête – un ancêtre – arrêter – la croûte – une côte

10 ★★★ **Recopie et complète ces phrases avec les homonymes suivants. Tu peux t'aider d'un dictionnaire.**

tache / tâche – pale / pâle – boîte / boite – mur / mûr

- Le maçon a construit un … de briques.
- Remettons-nous à la … : le parquet doit être posé en fin de journée.
- Ma sœur m'a offert une … à musique.
- Une … est une partie de l'hélice d'un hélicoptère.
- Tu as une … de chocolat sur ta chemise !
- La fillette avait le teint ….
- Mon grand-père … : il a besoin d'une canne.
- Elles ont cueilli du raisin bien ….

Je repère dans un texte

Dans le texte pp 166-167, relève tous les mots qui ont un accent et une cédille entre les lignes 25 et 34 et classe-les dans un tableau.

J'écris

Invente un petit texte pour expliquer comment Noumi-Toroum va créer l'homme. Utilise au moins un mot avec chaque type d'accent, un mot avec un tréma et un mot avec un **ç**.

Conjugaison

Objectif : Savoir distinguer les temps simples et les temps composés.
Texte en lien : *L'esprit et les oreilles*, p. 166.

Temps simples et temps composés

Je lis et je réfléchis

La Terre fut plongée dans l'obscurité grouillante de sortilèges. Dans les ténèbres qui s'étaient répandues sur toute chose, les êtres s'égaraient. Ils ne **savaient** plus qui ils étaient. Celui que la nuit avait surpris en train de cueillir des fruits sur un arbre devint oiseau. Celui qui nageait **devint** poisson. Celui qui se trouvait seul sur sa barque devint canard : en l'observant bien, on **peut** distinguer la barque dans la forme de son corps et les rames dans ses palmes.
La fille du Grand Serpent dit à son mari :
– Tes serviteurs ont désobéi. Ils ont lâché la nuit sur la Terre. Nous **devons** maintenant guetter l'Étoile du Matin afin de séparer le jour de la nuit.

Béatrice Tanaka, « Au pays de Jabouti » – *Contes et Mythes indiens du Brésil*, © éd. Kanjil éditeur.

1. Quelle différence y a-t-il entre les formes conjuguées des verbes en gras et celles des verbes soulignés ?
2. Comment appelle-t-on le premier des deux mots qui forment les verbes soulignés ? le second ?
3. Trouve dans le texte trois autres verbes conjugués à un temps simple.
4. Trouve dans le texte un autre verbe conjugué à un temps composé.
À quel temps son auxiliaire est-il conjugué ?

Je retiens

- Un verbe peut se conjuguer à un **temps simple** (passé simple, imparfait, présent, futur simple…) ou à un **temps composé** (passé composé, plus-que-parfait…).
- Lorsqu'il est conjugué à un **temps simple**, le verbe s'écrit en **un seul mot** : il **devient** (présent) – il **deviendra** (futur simple) – il **devenait** (imparfait) – il **devint** (passé simple)
- Lorsqu'il est conjugué à un temps composé, le verbe s'écrit en **deux mots**. Il est formé d'un **auxiliaire (avoir** ou **être)** et d'un **participe passé** :

Tes serviteurs **ont** (auxiliaire *avoir*) **désobéi** (participe passé). (passé composé) – Il **était** (auxiliaire *être*) **devenu** (participe passé) un poisson. (plus-que-parfait)

- **À chaque temps simple correspond un temps composé.** Quand ils sont utilisés dans la même phrase, le verbe conjugué au temps composé décrit souvent une action qui se passe **avant** celle exprimée par le verbe conjugué au temps simple :

Dès qu'il **a terminé** (passé composé, auxiliaire au présent) ses devoirs, il **joue** (présent). – Dès qu'il **avait terminé** (plus-que-parfait, auxiliaire à l'imparfait) ses devoirs, il **jouait** (imparfait).
Dès qu'il **aura terminé** (futur antérieur, auxiliaire au futur) ses devoirs, il **jouera** (futur). – Dès qu'il **eut terminé** (passé antérieur, auxiliaire au passé simple) ses devoirs, il **joua** (passé simple).

Je m'exerce

1 ★ **Recopie ces phrases et indique pour chacune d'elles si le verbe est conjugué à un temps simple ou à un temps composé.**
- La voix de la chanteuse envoûtait les spectateurs.
- Mes parents ont ouvert la porte du garage.
- Alicia cueillera des tulipes rouges.
- Tu étais allé en Mauritanie.
- Les gazelles coururent le plus vite possible.

2 ★ **Associe 2 à 2 les formes d'un même verbe conjugué à un temps simple et à un temps composé. Donne ensuite son infinitif.**

nous venions – elle avait perdu – tu connaissais – je suis née – tu naquis – vous êtes venus – je perdrai – nous avions connu

3 ★ **Recopie ces phrases et conjugue les verbes au présent de l'indicatif.**

Ex. : Eliana **a parcouru** deux kilomètres.
→ Eliana **parcourt** deux kilomètres.

- Matthieu a pris un taxi pour rentrer.
- Bilal et Simon ont traversé le fleuve à la nage.
- Mes amis et moi sommes revenus des Antilles.
- Aglaé est descendue dans le salon.
- Ronan, Klesya et toi avez dormi tard.
- Tu es allé les rejoindre à la plage.

4 ★★ **Recopie uniquement les phrases dans lesquelles les verbes** être **et** avoir **sont utilisés comme auxiliaires.**

- Max est arrivé chez sa grand-mère vers 14 heures.
- Ces alpinistes sont vraiment courageux.
- Le volcan a grondé une bonne partie de la nuit.
- Les infirmières sont parvenues à soigner le blessé.
- Vous avez juste le temps de vous habiller.
- Nous sommes certains de les avoir aperçus.

5 ★★ **Recopie ce texte et souligne en vert les verbes conjugués à un temps simple et en bleu les verbes conjugués à un temps composé.**

Igmar et son serviteur avançaient prudemment. Ils consultaient régulièrement la carte magique que leur avait donnée Tarha. Ils étaient partis du village deux mois auparavant, pour retrouver la fiancée d'Igmar, que l'infâme Mourdik avait enlevée. Soudain, ils s'arrêtèrent. « J'ai entendu comme un grognement », chuchota le serviteur.

6 ★★ **Recopie et complète ces phrases avec** avoir **ou** être **conjugués au présent. Souligne ensuite les verbes qui sont à un temps composé.**

- Papa ... verni la petite table en bois.
- Nous ... intervenus dans la conversation.
- Ma petite sœur et toi ... amies.
- Hier, Aleksandar et Bruno ... joué au foot.
- Tu ... de magnifiques boucles d'oreilles.

7 ★★★ **Recopie ces phrases et conjugue les verbes au temps simple qui correspond.**

Ex. : Elle **avait averti** la police. → Elle **avertissait** la police.
plus-que-parfait (auxiliaire à l'imparfait) — imparfait

- Nous étions partis en bateau à voiles.
- Ils ont vu les yeux jaunes des crocodiles.
- Madame Gilain aura apporté des cookies.
- Tu es venu à ma fête d'anniversaire.
- Vous aviez rempli la tasse de chocolat chaud.

8 ★★★ **Recopie et complète ce tableau en faisant correspondre les temps simples et les temps composés.**

Infinitif	Temps simple	Temps composé
pouvoir	elle pouvait	elle avait pu
....	....	nous aurons mis
....	....	ils eurent attendu
....	je monte	....
....	....	vous étiez allés

9 ★★★ **Recopie et complète ces phrases avec les auxiliaires** être **et** avoir **conjugués au temps qui convient.**

Ex. : Étienne ... mis un bonnet car il **faisait** très froid. → Étienne **avait** mis un bonnet car il faisait très froid.

- Mégane ajoutera les légumes quand la viande ... mijoté.
- Les soldats emprisonnaient les ennemis qu'ils ... capturés.
- Sofiane raconte le spectacle qu'il ... vu dimanche dernier.
- Quand ils ... trait toutes les vaches, les fermiers se reposèrent.
- Grand-père leur servira du café quand ils ... arrivés.
- Dès que nous ... montés sur les chevaux, nous partions au grand galop.

Je repère dans un texte

Dans le texte pp. 166-167, relève une phrase qui contient un verbe conjugué à un temps composé et un verbe conjugué à un temps simple.

J'écris

Raconte comment la fille du Grand Serpent et son mari ont réussi à séparer le jour de la nuit. Utilise des temps simples et des temps composés.

Objectifs : Savoir lire et comprendre les articles de dictionnaire.
Texte en lien : *L'esprit et les oreilles*, p. 166.

Lire et comprendre un article de dictionnaire

Je lis et je réfléchis

contour

contigu, uë (adjectif)
Qui est situé à côté d'une autre chose. *Nos deux maisons sont **contiguës**, elles se touchent.* (Syn. attenant.) Prononciation [kɔ̃tigy].

continent (nom masculin)
Chacune des six grandes étendues de terre du globe terrestre, par opposition aux océans. *L'Europe, l'Asie, l'Afrique, l'Amérique, l'Australie, l'Antarctique sont les six **continents**.* Continent vient du latin *continens terra* qui signifie « terre d'un seul tenant ».

continental, ale, aux (adjectif)
Qui concerne l'intérieur des continents. *Le climat **continental** est*

continuellement (adverbe)
De façon continuelle. *Sa moto tombe **continuellement** en panne.* (Syn. constamment, sans cesse.)

continuer (verbe) ▶ conjug. n°3
1. Poursuivre ce qui est commencé. *Elle a décidé de **continuer** ses études.* (Contr. arrêter, cesser.) 2. Ne pas s'arrêter. *L'histoire n'est pas finie, elle **continue**.* (Syn. se poursuivre.) Famille du mot : continu, continuation, continuel, continuellement, continuité, discontinu, discontinuer.

continuité (nom féminin)
Caractère de ce qui est continu. *Ce succès a récompensé la **continuité** de ses efforts.*

a b **c** d e f g h

Dictionnaire Hachette Junior, © Hachette Livre, 2006.

1. Quels sont les mots expliqués dans ces articles de dictionnaire ? Comment sont-ils classés ?
2. Quelle information est donnée entre parenthèses après chaque mot ?
3. Pourquoi le mot **continental** est-il suivi de **ale**, **aux** ?
4. Combien de définitions y a-t-il pour le verbe **continuer** ?
5. Par quoi se termine cet article ?
6. Lis l'abréviation écrite à côté du verbe. Que signifie-t-elle ? Relève d'autres abréviations et donne leur signification.
7. Dans chaque article, à quoi les phrases écrites en italique servent-elles ?

Je retiens

- Dans un dictionnaire, les mots sont classés par **ordre alphabétique**. Le dictionnaire permet de connaître pour chaque mot :
  - **son orthographe** ;
  - **sa classe grammaticale** (nom, verbe, adjectif, adverbe…, voir leçon p. 28). Les verbes sont écrits à l'infinitif ;
  - **son genre** (masculin, féminin). Les noms sont écrits **au singulier** et peuvent être suivis d'une marque du pluriel (journal, **aux**). Les adjectifs sont écrits **au masculin singulier** et sont généralement suivis de leur forme au féminin (heureux, **euse**) et parfois de leur forme au pluriel (continental, **ale**, **aux**) ;
  - **sa définition et des exemples** qui aident à comprendre sa signification. Quand un mot a plusieurs sens, les différentes définitions sont numérotées.
- Un article de dictionnaire contient aussi parfois **des renseignements complémentaires** (liste des mots de la même famille ; expressions formées avec le mot, synonymes et contraires, origine des mots…). Il peut également **renvoyer à des tableaux ou à d'autres articles** : **continuer (verbe) → conjug. n° 3** renvoie à un tableau de conjugaison présent dans le dictionnaire.
- La plupart des dictionnaires utilisent **des abréviations** pour gagner de la place : **v.** (verbe), **n.f.** (nom féminin), **n.m.** (nom masculin), **adj.** (adjectif), **adv.** (adverbe), **syn.** (synonyme), **cont.** (contraire)…

Je m'exerce

1 ★ **Recopie ces mots en les classant dans l'ordre alphabétique.**
- léger – légion – légendaire – légal
- circuler – circonflexe – cirque – cire
- montage – montre – montagnard – montée

2 ★ **Recopie et complète cette liste en écrivant les mots** respecter, respectueux **et** respiration **à leur place dans l'ordre alphabétique.**
respect – respectable – respectif – respectivement – respiratoire – respirer – resplendir

3 ★ **Recopie ces abréviations et écris leur signification en toutes lettres.**

Ex. : v. → **verbe**

adj. – n.f. – pron. – conj. – fam. – masc. – prép. – fig. – syn. – inv. – cont.

4 ★ **Recopie chaque mot en rouge et indique à l'aide du dictionnaire à quelle classe grammaticale il appartient.**

Lucas et Jamila descendirent de voiture. « Ah ! Vous voilà enfin ! » dit Barnabé, qui les attendait dans le hall. Ils le saluèrent rapidement et lui expliquèrent la raison de leur retard.

5 ★★ **Cherche chacun de ces noms dans le dictionnaire et indique son genre.**

trophée – espèce – orgues – tentacule – oasis – obélisque – apostrophe – météorite – entracte

6 ★★ **Pour chacun de ces mots, écris la forme à laquelle tu peux le trouver dans le dictionnaire.**

Ex. : viendront → **venir**

ogresses – spatiaux – curieuses – buvaient – inoffensive – bocaux – irez – douillette – peuvent – douces – générale

7 ★★ **Pour chaque mot en rouge, recopie uniquement les définitions correctes. Aide-toi de ton dictionnaire.**

- filature (n.f.) : **1.** Usine où l'on fabrique du fil. 2. Cordage utilisé sur les bateaux. **3.** Action de filer quelqu'un pour le surveiller.
- terminal (n.m.) : **1.** Dernière station d'une ligne de transport en commun. **2.** Appareil relié à un ordinateur central. **3.** Point de départ et d'arrivée des passagers dans un aéroport.
- corniche (n.f.) : **1.** Élément décoratif situé en haut d'un meuble ou d'un bâtiment. **2.** Récipient utilisé par les chimistes pour faire chauffer des liquides. **3.** Route à flanc de montagne.
- coriace (adj.) : **1.** Dur comme du cuir. **2.** Difficile à vaincre. **3.** Qui ronge et brûle les tissus ou les métaux.

8 ★★ **À quel mot faut-il chercher chacune des expressions suivantes ?**

- Faire des pieds et des mains.
- À tout bout de champ.
- Faire deux poids deux mesures.

9 ★★★ **Pour chaque mot en rouge, trouve un synonyme dans le dictionnaire. Recopie ensuite ces phrases et remplace les mots en rouge par leur synonyme. Attention au contexte !**

- Ces hommes ont joué leur vie pour sauver mon cousin de la noyade.
- Molière est un grand auteur de théâtre.
- Le bébé manifeste sa joie en battant des mains.
- Les deux joueurs sont à égalité dans la troisième manche de ce match.

10 ★★★ **Cherche ces mots dans le dictionnaire et écris une phrase pour chacun de leurs sens.**

adresse – estimer – révolution – service – droit

11 ★★★ **Cherche la signification de ces expressions dans ton dictionnaire. Fais ensuite une phrase avec chacune d'elle.**

- S'en donner à cœur joie.
- Prendre quelqu'un au mot.
- Faire les cent pas.
- Être tiré à quatre épingles.
- Couper l'herbe sous le pied de quelqu'un.

12 ★★★ **Le mot** temps **n'a pas le même sens dans toutes ces phrases. Pour chaque phrase, cherche dans le dictionnaire la définition qui convient et recopie-la.**

- Les élèves de CM2 étudient les temps du passé.
- Il fera certainement beau temps demain.
- La valse est une danse à trois temps.
- Au temps du Moyen Âge, les hommes construisaient des châteaux forts.
- Combien de temps mettez-vous pour aller de Paris à Lille ?
- Tu as le temps de finir ton dessert.

Je repère dans un texte

Cherche dans le dictionnaire les différents sens du mot **lancer** et indique à quel sens il est employé dans le texte pp. 166-167, ligne 15.

J'écris

Invente un mot et écris l'article de dictionnaire qui lui correspond. Ce mot doit avoir deux sens et on doit connaître son origine.

Objectifs : Connaître et manipuler les classes de mots. Distinguer classe et fonction d'un mot.
Texte en lien : *Déméter et Perséphone*, p. 170.

Les classes et les fonctions

Je lis et je réfléchis

D'abord, le **taureau**, surpris par une attaque si soudaine, commença par fuir. Mais sa fuite fut de courte durée. Il se retourna et chargea **Hercule** si rapidement que celui-ci n'eut pas le temps de l'éviter. Le choc fut terrible, le front du taureau frappant la poitrine d'Hercule avec un bruit caverneux. L'un et l'autre demeurèrent un instant étourdis, mais Hercule, retrouvant le premier ses esprits, attrapa le taureau par les cornes.

1. À quelle classe de mots les mots en gras appartiennent-ils ? Qu'est-ce qui les différencie l'un de l'autre ?
2. Observe les mots soulignés. À quelle classe de mots chacun d'eux appartient-il ? Classe-les dans un tableau.
3. Que forment les deux mots en vert ? Quelle est la fonction de ce groupe de mots ?
4. Que forment les deux mots en bleu ? Quelle est la fonction de ce groupe de mots ?

Je retiens

- Identifier **la nature** d'un mot, c'est pouvoir dire à quelle **classe grammaticale** il appartient.
  On distingue différentes classes de mots :
  – **les noms (propres ou communs)** : Hercule (nom propre) – taureau (nom commun)
  – **les déterminants** : la – des – ses – mon – son – leur…
  – **les adjectifs qualificatifs** : terrible – affreux – courte…
  – **les verbes** (conjugués ou à l'infinitif) : jaillissaient – commença – fuir…
  – **les pronoms personnels** (il – nous – le…) et **relatifs** (qui, que…). Ils remplacent souvent un nom.
  – **les adverbes** : rapidement – après – beaucoup – ensuite… Ils sont invariables.
  – **les prépositions** : dans – par – à – de – avec… Elles sont invariables.
- Connaître **la fonction** d'un mot, c'est comprendre **le rôle** qu'il joue dans la phrase.
  Les mots ou groupes de mots peuvent avoir des fonctions différentes :
  – **Le nom** peut être **sujet**, **complément du nom**, **complément du verbe** (complément d'objet ou complément circonstanciel), **attribut du sujet**…
  Le **taureau** commença par fuir. (sujet) – Le front du **taureau** frappe sa poitrine. (complément du nom) – Hercule attrapa le **taureau**. (C.O.D.)
  – **L'adjectif qualificatif** peut être **épithète du nom** ou **attribut du sujet** :
  Un bruit caverneux retentit. (épithète) – Le choc fut terrible. (attribut)
  – **Le pronom personnel** peut être **sujet** ou **complément d'objet** (direct ou indirect) :
  Il charge Hercule (sujet) – Nous racontons cette histoire (sujet) – Elles nous attendent (C.O.D.) – Je vous écris. (C.O.I.)

Je m'exerce

1 ★ **Construis un tableau à 3 colonnes** (déterminants, noms **et** verbes) **et classe les mots de ces phrases.**
- La serveuse apporte le café.
- Des maçons construisent une maison.
- Notre voisine ira faire ses courses ce matin.
- Le dimanche, Mathilde écoutait cette émission.
- Mon père veut repeindre la cuisine.

2 ★ **Recopie chaque série de mots et indique à quelle classe de mots ils appartiennent.**

- joli – long – ensoleillé – bleu
- elles – vous – tu – nous
- trousse – stylo – règle – cahier
- nos – ces – un – leur
- courir – dorment – marcher – rêvons
- Hector – la Seine – casserole – voiture

3 ★ **Recopie chaque série de mots et trouve l'intrus qui n'appartient pas à la même classe grammaticale que les autres. Indique à quelle classe de mots il appartient.**

- poire – armoire – passoire – boire – histoire
- des – le – un – avec – la – mes – ton
- longtemps – bientôt – autrefois – grand
- manger – danger – nager – neiger – bouger

4 ★ **Relève dans ce texte 2 noms, 2 adjectifs qualificatifs, 2 pronoms personnels et 1 adverbe.**

Palomino franchit l'obstacle sans difficulté. Je lui glissai des mots gentils dans l'oreille pour l'encourager. Mon cheval poussa un puissant hennissement. Il reprit sa course et nous retrouvâmes rapidement notre chemin.

5 ★★ **Relève dans ce texte des mots ou groupes de mots qui ont les fonctions suivantes.**

sujet – C.O.D – complément circonstanciel de lieu – complément circonstanciel de temps

Monsieur Colas ouvrit la fenêtre. Pendant quelques minutes, il admira le paysage. Il apercevait les neiges éternelles au sommet des montagnes. Il respira l'air pur et se prépara à sortir.

6 ★★ **Recopie les mots en rouge et indique leur nature, leur genre et leur nombre (sauf pour les mots invariables).**

Ex. : **vent** → nom commun, masculin, singulier –
lentement → adverbe, invariable

Le vent se leva brusquement, le ciel se chargea de nuages et la mer devint grise. Les vagues se transformèrent en gros rouleaux menaçants qui vinrent frapper des rochers avec fracas. Emma enfila son ciré et courut jusqu'à la maison.

7 ★★★ **Relève les groupes nominaux soulignés et indique leur fonction.**

Ex. : le puissant magicien → sujet

Le puissant magicien invoqua l'esprit de la forêt. Aussitôt, les arbres poussèrent des gémissements lugubres. Leurs branches craquèrent, leurs feuilles tombèrent sur le sol. Quelques secondes plus tard, une lueur verte brilla dans la clairière.

8 ★★★ **Indique la fonction des groupes de mots soulignés. Recopie ensuite ces phrases et remplace les mots soulignés par des mots ou groupes de mots de même nature.**

Ex. : On entendait le chien aboyer derrière la porte.
→ complément circonstanciel de lieu –
On entendait le chien aboyer **dans le jardin**.

- Émilie prit sa veste et sortit.
- Les pinceaux sont rangés dans leur boîte.
- Nous irons en Alsace la semaine prochaine.
- Tu n'as pas rendu tes livres de bibliothèque.
- Maintenant, ils vont au marché acheter des légumes.

9 ★★★ **Relève les mots soulignés et indique leur nature** (classe de mots, genre **et** nombre) **et leur fonction.**

Ex. : fille → **nature :** nom commun, féminin, singulier – **fonction :** sujet

La jeune fille observait les vagues. Elle n'avait pas revu le petit poisson doré depuis deux jours. Celui-ci était venu lui parler alors qu'elle jouait sur les galets. Au début, cela l'avait un peu surprise, mais très vite elle avait pris l'habitude de le retrouver.

Je repère dans un texte

Dans le texte pp. 170-171, relève un mot appartenant à chacune des classes grammaticales suivantes entre les lignes 16 et 24 : nom, verbe, pronom personnel, adjectif, adverbe, déterminant, préposition.

J'écris

Utilise dans un texte les noms et les adjectifs suivants pour raconter comment Hercule gagne son combat contre le taureau : dos – genoux – héros – puissant – docile. Indique ensuite quelle(s) fonction(s) occupe le mot **héros** dans ton texte.

Grammaire

Objectifs : Connaître et manipuler les classes de mots. Distinguer classe et fonction d'un mot.
Texte en lien : *Icare et Dédale*, p. 172.

La fonction sujet

Je lis et je réfléchis

Soucieux de plaire au beau-père de son hôte, Bellérophon s'empressa d'accepter la mission et partit sur le dos de son fidèle compagnon vers l'affreuse Chimère. Il n'**eut** aucun mal à trouver son repaire : sur le sol gisaient moult carcasses de moutons et autre bétail, et des mouches par milliers **virevoltaient** au-dessus des corps déchiquetés.
– Sors de ta tanière, monstre, cria Bellérophon, pour affronter celui qui va te détruire !
Si courageux qu'il fût, le héros ne put s'empêcher de tressaillir à la vue de la hideuse créature : son corps **était** lion par-devant, dragon par-derrière et chèvre au milieu, et de sa gueule énorme jaillissaient des flammes dévastatrices.

Chloé Moncomble, *Mille Ans de contes Mythologie*, « Une vie de chimère », © 1992 © 2008 éd. Milan.

1. Identifie les sujets des verbes en gras. Comment les as-tu trouvés ?
2. Où sont-ils placés par rapport au verbe ?
3. Identifie le sujet de chaque verbe souligné. Que remarques-tu ?
4. Trouve les verbes conjugués dans la première phrase. Quel est le sujet de chacun de ces verbes ?
5. Indique la nature de tous les sujets identifiés dans ce texte (nom, groupe nominal, pronom personnel…).

Je retiens

- **Le sujet** est un mot ou un groupe de mots qui **commande** le verbe. Pour l'identifier, on peut reformuler la phrase à l'aide de **C'est… qui…** ou **Ce sont… qui…** :
  Des mouches **virevoltaient**. → **Ce** sont des mouches **qui** virevoltaient.
  Son corps **était** lion. → **C'est** son corps **qui** était lion.
- Le sujet peut être placé :
  – **avant** le verbe (mais pas toujours à côté de lui) : **Ce héros** combat la créature – **Le héros**, armé jusqu'aux dents, combat la créature.
  – **après** le verbe, comme dans les dialogues, les phrases interrogatives ou certaines phrases affirmatives en langage soutenu : Sors de ta tanière, monstre, cria **Bellérophon**. – Connaissez-**vous** les héros grecs ? – De sa gueule énorme jaillissaient **des flammes dévastatrices**.
- Le sujet peut être :
  – un nom ou un groupe nominal : **L'affreuse créature** ressemblait à un dragon.
  – un nom propre : **Bellérophon** monta sur son cheval ailé.
  – un pronom personnel : **Il** affronta la bête. – **Nous** partons en promenade.
  – un infinitif ou un groupe infinitif : **Marcher régulièrement** maintient en forme.
- Le verbe **s'accorde en genre et en nombre** avec son sujet (voir leçon p. 32). Un même sujet peut commander plusieurs verbes : **Bellérophon** (sujet) s'empressa (verbe 1) d'accepter la mission et partit (verbe 2).

Je m'exerce

1 ★ **Recopie ces phrases. Encadre les verbes et souligne les sujets.**
- Mon grand-père jouait souvent à la pétanque.
- Tout à l'heure, Amadou et moi partirons.
- Dans la cour jouent des élèves de maternelle.
- Attraper la balle amuse beaucoup mon chien.

2 ★ **Recopie et relie pour former toutes les phrases possibles.**

Les vacanciers •	• me convient parfaitement.
Dîner au restaurant •	• éclatèrent de rire.
Ben et moi •	• coûte assez cher.
Elles •	• mangeaient des glaces.
Cette jupe •	• recevons des amis.

3 ★ **Relève le sujet de chaque phrase et indique sa nature (**groupe nominal, verbe, pronom personnel**…).**

- Voyager est la grande passion de mon oncle.
- Parviendrons-nous à traverser cette rivière ?
- Affamée, Lola se jeta sur un pain au chocolat.
- Entendre le son de sa voix me rassura.
- Les vaches et les chèvres broutent dans le pré.

4 ★ **Recopie et remplace le sujet de chaque phrase par un pronom personnel qui convient.**

- Sami, Bintou et moi sommes amis.
- La perceuse, la tronçonneuse et la tondeuse faisaient un vacarme épouvantable.
- Cet immeuble a été construit au début du XXe siècle.
- Les joueurs de l'équipe et toi occuperez cette partie du vestiaire.
- Son frère et sa sœur vont nous rejoindre.

5 ★★ **Recopie ces phrases et remplace chaque pronom personnel sujet par un groupe nominal.**

- Ce matin, elles ont vendu dix livres.
- Nous relevons le courrier de Noé pendant son absence.
- Il devrait battre son record aujourd'hui.
- Elle remit son casque sur ses oreilles.
- Pour grimper, vous devrez enfiler ce baudrier.
- Ils combattirent avec leur sabre laser.

6 ★★ **Transforme ces phrases pour que leur sujet soit inversé.**

Ex. : **Des enfants** jouaient sur la plage.
→ Sur la plage jouaient **des enfants**.

- Un peuple étrange vivait sur cette petite planète.
- Quelques poissons rouges nagent dans le bassin.
- Des nuages blancs passent dans le ciel.
- Une magnifique statue se dressait au milieu de la place.
- Des toiles d'araignée pendaient au plafond.

7 ★★ **Recopie et complète les phrases suivantes avec un sujet de la nature demandée entre parenthèses.**

- (pronom de conjugaison) iront à la pêche.
- Sous le toit nichent (groupe nominal).
- (nom propre), surprise par le bruit, sursauta.
- (groupe infinitif) n'est pas bon pour la santé.

8 ★★ **Écris quatre phrases en respectant les consignes données pour chacune d'elles.**

- Phrase n° 1 : Le sujet n'est pas en début de phrase.
- Phrase n° 2 : Le sujet est inversé.
- Phrase n° 3 : Le sujet est éloigné du verbe.
- Phrase n° 4 : Le sujet commande trois verbes.

9 ★★★ **Recopie ce texte. Encadre les verbes et souligne les sujets.**

Max sortit dans le jardin. Retrouver les œufs en chocolat était un jeu d'enfant. Il marcha lentement et inspecta chaque buisson. Tout à coup, un grand sourire illumina le visage du garçon. Dans les herbes hautes, trois beaux œufs, emballés dans du papier doré, l'attendaient.

– J'ai trouvé ! cria-t-il.

– Bravo ! répondirent ses parents. Pourrons-nous en goûter un morceau ?

10 ★★★ **Recopie uniquement les phrases dans lesquelles le mot ou groupe de mots en rouge est un sujet.**

- Ce camion transporte des bouteilles de jus de fruits.
- Dans la cave sont rangées des bouteilles de jus de fruits.
- Sur le grand écran défile le générique.
- Sur le grand écran, je peux lire le générique.
- Dans cette maison hantée vivent des fantômes.
- Dans cette maison hantée, des fantômes se promènent.

Je repère dans un texte

Dans le texte pp. 172-177, relève trois types de sujets entre les lignes 9 et 27. Recopie ensuite une phrase où le sujet est éloigné du verbe, et une autre où le sujet est inversé.

J'écris

Écris un petit texte pour décrire Bellérophon, le héros du texte p. 30. Utilise trois types de sujets différents.

Orthographe

Objectifs : Connaître les règles d'accord du verbe avec son sujet et savoir les appliquer.
Texte en lien : *Déméter et Perséphone*, p. 170.

L'accord sujet/verbe

Je lis et je réfléchis

Les combats durent depuis dix ans déjà lorsque les Grecs abandonnent le combat. Ils embarquent sur leurs navires [...] et laissent sur le rivage un gigantesque cheval de bois... Tout à leur bonheur de vainqueurs, les Troyens sortent de leur cité, rient, dansent, chantent, boivent et tirent ce cheval, cadeau des vaincus, dans leur ville.
À la nuit noire, dans Troie endormie, ils n'entendent pas la trappe qui s'ouvre doucement sous le ventre creux de l'animal. Ils ne voient pas les soldats grecs qui sautent à terre et courent ouvrir les portes de la ville à leur armée revenue sans bruit. **Les sentinelles troyennes** tentent de résister, en vain. Commence alors **un carnage effroyable**.

Viviane Koenig, *Les Plus Beaux Mythes de Rome*, © éd. de La Martinière Jeunesse.

1. De quels verbes les groupes de mots en gras sont-ils sujets ?
2. Remplace **Les sentinelles troyennes** par **Elle**, puis par **Nous**. Que se passe-t-il pour le verbe ?
3. Dans les deuxième et troisième phrases, identifie le sujet des verbes soulignés. Que remarques-tu ?
4. Quelles sont les terminaisons des verbes dont ils sont sujets ?
5. Dans la proposition relative en vert, quel groupe nominal est remplacé par le pronom **qui** ?
6. Quel est le sujet des verbes de cette proposition relative ? Comment expliques-tu la terminaison de ces verbes ?

Je retiens

- **Le verbe s'accorde toujours avec son sujet**, selon **la personne** (1re, 2e, 3e) et **le nombre** (singulier ou pluriel) : **La sentinelle** tente de résister. (sujet à la 3e personne du singulier → verbe au singulier) – **Les sentinelles** tentent de résister. (sujet à la 3e personne du pluriel → verbe au pluriel)
- Lorsque le sujet est constitué de **plusieurs noms au singulier**, le verbe se met au **pluriel**.
  Achille et Hector (sujet) prennent (verbe au pluriel) leur épée. – **Un Troyen et un Grec** (sujet) se battent (verbe au pluriel).
- Lorsque le sujet est un groupe nominal (GN), le verbe s'accorde avec **le nom-noyau du GN**.
  Les habitants (nom-noyau au pluriel) **de Troie** dansent (verbe au pluriel).
- Lorsque le sujet est le pronom relatif **qui**, le verbe s'accorde avec **l'antécédent de ce pronom relatif** (voir leçon p. 142).
  Ils n'entendent pas la trappe (antécédent au singulier) **qui** s'ouvre (verbe au singulier) doucement sous le ventre creux de l'animal.
  Ils ne voient pas les soldats grecs (antécédent au pluriel) **qui** sautent (verbe au pluriel) à terre et courent (verbe au pluriel).

Je m'exerce

1 ★ **Recopie ces phrases. Souligne les sujets et encadre la terminaison des verbes.**
- Mathias et Sophie ouvrent leur parapluie.
- De la fenêtre, elles regardent un défilé.
- Le garçon, brûlant de fièvre, attend le médecin.
- Ils acclament les coureurs qui franchissent la ligne d'arrivée.
- Samir et toi conduisez prudemment.

2 ★ **Recopie et complète ces phrases avec la forme du verbe qui convient.**
- Matéo, mon cousin et moi (achetons/achetez) une glace.
- Est-ce vous qui (construisaient/construisez) cette maison ?
- (Prends/Prend)-tu un ou deux sucres ?
- Ici (poussez/poussait) une fleur étrange qui (dégageait/dégageais) un délicieux parfum.
- Des cris de joie (retentissait/retentissaient) dans le parc d'attractions.

3 ★ **Recopie et complète ces phrases avec un sujet de ton choix.**
- … échappèrent au crocodile et s'enfuirent.
- Dans le ciel passait ….
- Connaissiez-… cette histoire ?
- …, chassée par la reine, se perdit dans la forêt.

4 ★★ **Recopie ces phrases et remplace leurs sujets par ceux indiqués entre parenthèses.**
- Tu répares la bicyclette de Théo. (Morgane et moi)
- Mourad et Jules recueillent un chat. (Elle)
- Ton cousin et toi partez en promenade. (Je)
- Ils passent à la caisse, paient leurs achats et sortent du magasin. (Shana et toi)
- Le policier surveille l'entrée du parking. (Les gardiens de nuit)

5 ★★ **Recopie et complète ces phrases en conjuguant le verbe entre parenthèses au présent de l'indicatif.**
- Ce sont les chevaux qui (galoper) à vive allure.
- C'est toi qui (écrire) ce poème.
- C'est nous qui (être) les vainqueurs.
- C'est cette actrice qui (interpréter) le rôle.
- C'est vous qui (remplir) le dossier.
- C'est moi qui (repeindre) les volets.

6 ★★ **Réunis chaque paire de phrases en une seule. Attention aux accords !**

Ex. : Le berger **dort**. Son chien **dort**.
→ Le berger et son chien **dorment**.
- Léonie admire le funambule. Yacine admire le funambule.
- La mère de Maya attend le taxi. J'attends le taxi.
- Hervé boit un thé. Sa tante boit un thé.
- Ton ami paraît inquiet. Tu parais inquiet.
- Le chocolat refroidit. Le café refroidit.

7 ★★★ **Recopie et complète chaque phrase avec un des verbes proposés conjugué au présent de l'indicatif.**

observer – ouvrir – réchauffer – pousser – recopier – briller – flamber – connaître – trouver
- Elle … ses mains devant la cheminée où … de grosses bûches.
- Les élèves … le dictionnaire, … la définition du mot et la … sur leur cahier.
- Lucas et moi … un endroit où … de nombreux champignons.
- Myriam et toi … les étoiles qui … dans le ciel.

8 ★★★ **Écris 5 phrases en utilisant les sujets suivants et en respectant les indications entre parenthèses.**

Ex. : Ce touriste … (sujet **qui** – 2 verbes)
→ Ce touriste observe les bateaux **qui** rentrent au port.
- Héléna, Jamila et toi …. (1 verbe)
- Les danseuses de cette troupe …. (3 verbes)
- Mon père …. (sujet **qui** – 2 verbes)
- Toi et moi …. (2 verbes)
- Natacha et Sofiane …. (sujet **qui** – 2 verbes)

9 ★★★ **Recopie et complète ce texte en conjuguant les verbes entre parenthèses au présent de l'indicatif.**

Sacha et moi (arriver) à la gare. Sur le quai (patienter) de nombreux voyageurs. Nous (composter) nos billets et (monter) dans le train. Tout à coup, j'(entendre) les coups de sifflet qui (annoncer) le départ. Au bout de quelques minutes, certains passagers, bercés par le mouvement du train, s'(endormir).

Je repère dans un texte

Dans le texte pp. 170-171, relève deux formes différentes du verbe **décider** au passé simple entre les lignes 11 et 24 et deux formes du verbe **être** au présent entre les lignes 29 et 42. Indique quel est le sujet de chacune d'elles.

J'écris

Raconte une scène très drôle que tu as vue dans la rue (ou au cinéma). Utilise au moins deux fois le sujet **qui** et un sujet inversé.

Conjugaison

Objectifs : Savoir conjuguer au présent de l'indicatif.
Texte en lien : *Déméter et Perséphone*, p. 170.

Le présent de l'indicatif

Je lis et je réfléchis

Lors d'une noce, Éris, la déesse de la Discorde, **découvre** qu'elle n'a pas été invitée. Furieuse, elle vient quand même et **jette** une pomme d'or parmi les convives. Sur le fruit, on lit cette inscription : « À la plus belle ». Aussitôt, Aphrodite, Athéna et Héra se disputent la pomme. […] Quelle déesse est la plus belle ? Zeus demande à un berger, Pâris, qui **vit** non loin de Troie, de les départager. S'il la choisit, Athéna **promet** à Pâris la sagesse et la victoire à la guerre, Héra lui dit qu'il régnera sur l'Asie entière et Aphrodite lui **fait** miroiter la plus belle femme du monde. Pâris juge : il **choisit** Aphrodite.

Florence Noiville, *Les Héros grecs*, © éd. Actes Sud Junior, 2002.

1. À quel temps les verbes en gras sont-ils conjugués ?
2. Classe ces verbes dans un tableau à trois colonnes (1er, 2e et 3e groupe) et entoure leurs terminaisons.
3. Écris le verbe souligné aux 1re et 3e personnes du pluriel. Que se passe-t-il pour son radical ?

Je retiens

- Au présent de l'indicatif, tous les verbes du **1er groupe** ont **les mêmes terminaisons**, comme **parler** : je parl**e** – tu parl**es** – il, elle parl**e** – nous parl**ons** – vous parl**ez** – ils, elles parl**ent**
- Tous les verbes du **2e groupe** ont également **les mêmes terminaisons**, comme **choisir** : je chois**is** – tu chois**is** – il, elle chois**it** – nous chois**issons** – vous chois**issez** – ils, elles chois**issent**
- La plupart des verbes du **3e groupe** ont aussi les mêmes terminaisons, comme **promettre** : je prome**ts** – tu prome**ts** – il, elle prome**t** – nous promett**ons** – vous promett**ez** – ils, elles promett**ent**
  Il y a cependant **des exceptions** :
  – Les verbes dont l'infinitif se termine en **-dre**, comme **prendre** : je pren**ds** – tu pren**ds** – il, elle pren**d** – nous pren**ons** – vous pren**ez** – ils, elles prenn**ent**
  – Les verbes **pouvoir** et **vouloir** : je peu**x** – tu peu**x** – il, elle peu**t** – nous pouv**ons** – vous pouv**ez** – ils, elles peuv**ent**
  – Certains verbes comme **offrir**, **découvrir**, **cueillir**… ont les mêmes terminaisons que les verbes du 1er groupe : j'offr**e** – tu offr**es** – il, elle offr**e** – nous offr**ons** – vous offr**ez** – ils, elles offr**ent**
- **Attention !** selon la personne, certains verbes changent de radical :
  – **des verbes du 1er groupe** : **rincer** → je **rince** – nous **rinçons** / **juger** → je **juge** – nous **jugeons** / **jeter** → je **jette** – nous **jetons** (voir leçon p. 122)
  – **des verbes du 3e groupe** : **venir** → elle **vient** – nous **venons** / **aller** → je **vais** – nous **allons** / **boire** → tu **bois** – vous **buvez** (voir les tableaux de conjugaison à la fin du manuel)
- Les auxiliaires **être** et **avoir** ne se conjuguent comme aucun autre verbe (voir les tableaux de conjugaison au début du manuel).

Je m'exerce

1 ★ **Recopie chaque verbe conjugué au présent de l'indicatif puis indique son infinitif, son groupe et sa personne.**
- Cette petite route aboutit à la ferme.
- Les promeneurs tiennent leurs chiens en laisse.
- Tu relèves lentement la tête.
- Bilal reçoit une carte d'anniversaire.
- Ils réparent les robinets de l'école.
- Je remplis la bouteille et la mets dans mon sac.
- Nous dînons et dormons à l'hôtel ce soir.

2 ★ **Recopie et complète avec tous les pronoms de conjugaison possibles.**

Ex. : … sonne → **je, il, elle** sonne

- … descends
- … dors
- … sentent
- … remercies
- … comprends
- … ai
- … conduisent
- … grandissez
- … adoucis
- … répond
- … rangeons
- … sommes

3 ★ **Recopie ces phrases et complète les verbes avec les terminaisons qui conviennent au présent de l'indicatif.**

- Dimitri cour…, saut… et franchi… la barre des 1,35 m.
- Ma sœur étudi… et tradui… des textes du grec ancien.
- Tu sor… la tarte du four et tu la recouvr… d'une fine couche de sucre.
- Si je fini… mes devoirs à temps, je peu… te rejoindre au parc.
- Il pli… ses vêtements et saisi… son sac de voyage.
- Tu écout… ce musicien et tu l'applaudi….

4 ★★ **Réécris ces phrases à la personne du singulier ou du pluriel qui correspond.**

Ex. : **Vous** fredonnez cette chanson. (2e personne du pluriel) → **Tu** fredonnes cette chanson. (2e personne du singulier)

- Elles apprennent la poésie et la retiennent sans difficulté.
- As-tu froid ? Es-tu assez couvert ? Veux-tu cette grande écharpe ?
- Nous rendons les livres et nous partons.
- Je change le bébé et le mets au lit.
- Vous voyez la souris et vous allez l'attraper.
- Le tigre surgit : l'antilope détale aussitôt.

5 ★★ **Recopie ces phrases et conjugue les verbes entre parenthèses au présent de l'indicatif.**

- Nous (avancer) dans la forêt et nous (découvrir) une clairière.
- Les gendarmes (faire) un signe et vous (ralentir).
- Tu (dire) que tu (pouvoir) le battre à ce jeu.
- Harry et moi (manger) et (boire) à la même table.
- Je (soulever) ce lourd colis et je (réussir) à le poser sur le chariot.
- Nous (voir) les kangourous qui (bondir).

6 ★★★ **Recopie ces phrases et remplace les verbes du 1er groupe par les synonymes proposés.**

écrire – éblouir – cuire – bondir – détenir – réunir

- Tu notes la leçon sur ton cahier.
- Les phares blancs de cette voiture aveuglent les passants.
- Théo et moi sautons en même temps hors de l'eau.
- Vous rassemblez vos affaires avant de partir.
- Les légumes mijotent dans la cocotte.
- La sorcière garde la princesse dans cette tour.

7 ★★★ **Réécris ce texte au présent de l'indicatif.**

Victor et Lim ont bu leur chocolat et grignoté une tartine à la confiture. Puis ils ont pris leurs cannes à pêche et sont partis. Ils ont marché jusqu'à la rivière et ont accroché des appâts au bout de leurs lignes. Ils ont été patients mais aucun poisson n'a mordu ! Ils sont revenus bredouilles en fin de journée.

8 ★★★ **Recopie ces phrases et remplace les verbes du 1er groupe par des verbes du 2e ou du 3e groupe qui ont un sens contraire.**

Ex. : Hubert <u>monte</u> (1er groupe) une dizaine de marches.
→ Hubert <u>descend</u> (3e groupe) une dizaine de marches.

- J'entre sans bruit.
- Nous commençons le repas assez tard.
- Les pirates ignorent comment trouver le trésor.
- Les enfants aiment cette sorcière.
- Tu fermes la porte avec précaution.
- Le couturier rallonge la veste de son client.

Je repère dans un texte

Dans le texte pp. 170-171, relève des verbes conjugués au présent de l'indicatif entre les lignes 25 et 34. Indique leur infinitif, leur groupe et la personne à laquelle ils sont conjugués.

J'écris

Raconte ce que tu fais habituellement le samedi. Commence ton texte par « Tous les samedis, je… ». Utilise des verbes des trois groupes conjugués au présent et au moins deux personnes différentes.

Objectifs : Connaître les règles d'accord du verbe avec son sujet et savoir les appliquer.
Texte en lien : *Déméter et Perséphone*, p. 170.

Le passé simple des verbes des 1er et 2e groupes

Je lis et je réfléchis

La Toison était cachée à quelques kilomètres de la ville. Médée **commença** par réciter quelques formules magiques puis, prenant des branches de genévriers fraîchement coupées, elle **aspergea** les paupières du dragon avec quelques gouttes de ce somnifère. Le dragon s'endormit aussitôt. Jason <u>bondit</u> alors jusqu'à la Toison, la **détacha** du chêne sacré où elle était clouée puis, prenant Médée par la main, il se **hâta** vers l'*Argo* qui les attendait, chaque rameur à son poste. Quand Aétès apprit que Jason était parti avec sa fille et la Toison, il **envoya** ses meilleurs hommes livrer bataille contre les Argonautes. Mais le navire <u>réussit</u> à quitter la grève sans trop de dommages […].

Nicolas Gauchy, *Jason et la Toison d'or*, © Hachette Livre/Gautier Languereau, 2000.

1. Ce texte est-il écrit au passé, au présent ou au futur ?
2. Donne l'infinitif des verbes en gras. À quel groupe appartiennent-ils ?
3. À quelle personne sont-ils conjugués ? Quelle est leur terminaison ?
4. Donne l'infinitif des verbes soulignés. À quel groupe appartiennent-ils ?
5. Dans la dernière phrase, remplace **le navire** par **les navires**. Que se passe-t-il pour le verbe ?

Je retiens

- **Le passé simple** est un temps du passé qu'on utilise surtout à l'écrit. Il exprime des actions brèves. C'est **le temps du récit** (voir **Clé de lecture**, p. 41).
- Tous les verbes du **1er groupe** ont **les mêmes terminaisons** au passé simple, comme **cacher** :
  je cach**ai** – tu cach**as** – il, elle cach**a** – nous cach**âmes** – vous cach**âtes** – ils, elles cach**èrent**
  Attention ! Les verbes dont l'infinitif se termine en **-cer** prennent une cédille sous le **c** devant la voyelle **a** et les verbes dont l'infinitif se termine en **-ger** prennent un **e** après le **g** devant la voyelle **a** : lancer → je lançai – nous lançâmes / asperger → tu aspergeas – vous aspergeâtes
- Tous les verbes du **2e groupe** ont **les mêmes terminaisons** au passé simple, comme **bondir** :
  je bond**is** – tu bond**is** – il, elle bond**it** – nous bond**îmes** – vous bond**îtes** – ils, elles bond**irent**
  Attention ! Pour les verbes du 2e groupe, les formes verbales du **présent de l'indicatif** et du **passé simple** sont identiques aux trois personnes du singulier. Ce sont les autres verbes ou les indicateurs de temps qui permettent de situer le temps des verbes.

Jason **bondit** (verbe du 2e groupe au passé simple) et **détacha** (verbe du 1er groupe au passé simple) la Toison.

Mon grand-père **agrandit** (verbe du 2e groupe au passé simple) sa ferme <u>en 1973</u> (indicateur du passé).

Je m'exerce

1 ★ **Recopie chaque verbe conjugué au passé simple puis indique son infinitif, son groupe et la personne à laquelle il est conjugué.**
- Le chien aboya à l'arrivée du facteur.
- Nous dirigeâmes le bateau vers la petite île.
- Tu pâlis quand je t'annonçai la nouvelle.
- La sonnerie retentit et les élèves se levèrent.

2 ★ **Recopie et complète avec tous les pronoms de conjugaison possibles.**
- … franchîmes
- … agrandis
- … payai
- … finit
- … effaças
- … tourna
- … pensâtes
- … réagis
- … votèrent
- … changeâmes

3 ★ **Recopie ces phrases et complète les verbes du passé simple avec les terminaisons qui conviennent.**

- L'agent secret accompl... sa mission et son chef le félicit....
- Marine et moi chois... un cadeau que nous apport... à Rhana.
- Je renvers... la sauce et sal... mon pull.
- Lou et toi chant... une berceuse : le bébé s'assoup... en deux minutes.
- Les chats bond... sur leurs pattes quand la souris pass... devant eux.
- Tu gagn... au loto et vous vous enrich....

4 ★ **Relève l'intrus de chaque liste et explique ton choix.**

- je tirai – je cirai – je demeurai – je crierai – je réparai
- ils fléchirent – ils brunirent – ils attirent – ils agirent – ils farcirent
- tu déplieras – tu déliras – tu désiras – tu admiras – tu respiras
- ils opèrent – ils accélèrent – ils agacèrent – ils aèrent

5 ★★ **Recopie ces phrases et indique si le verbe souligné est conjugué au présent ou au passé simple. Encadre le ou les mots qui t'ont permis de répondre.**

Ex. : Tu es timide et tu <u>rougis</u> facilement. → Tu [es] timide et tu <u>rougis</u> facilement. (présent)

- L'avion contourne la piste et <u>atterrit</u>.
- Nathan <u>blêmit</u> : il avait vu un fantôme !
- Tu restas au lit quelque temps et tu te <u>rétablis</u> de ta grippe.
- Je <u>réunis</u> mes amis pour ma fête d'anniversaire ce soir.
- Le vent <u>fraîchit</u> : j'enfilai mon pull.
- Tu <u>t'évanouis</u> quand on te fait une prise de sang.

6 ★★ **Recopie ces phrases et conjugue les verbes entre parenthèses au passé simple.**

- Les soldats s'(arrêter) et (établir) leur campement.
- Vous (réussir) si bien vos crêpes que nous en (manger) six chacun !
- Tu t'(accroupir) et tu (observer) la sauterelle.
- Je (lancer) la balle et Mehdi la (saisir).
- Nous (subir) un froid glacial cette semaine-là : les lacs (geler).
- Vous (voyager) longtemps et je (nourrir) vos animaux pendant votre absence.

7 ★★ **Réécris ces phrases au passé simple.**

- Mon frère et moi avertirons nos parents.
- Rachel a engagé la conversation avec son voisin.
- Je pétrissais la pâte et tu pelais les pommes.
- Les tulipes qui fleurissent au printemps embellissent le jardin.
- Vous percerez le mur et monterez des étagères.
- Lorsque tu as surgi derrière moi, j'ai sursauté.

8 ★★★ **Recopie et complète ces phrases avec les verbes suivants conjugués au passé simple.**

enfoncer – corriger – brandir – obscurcir – trancher – crier – envahir – commencer – saisir – franchir

- Nous ... de joie quand tu ... le seuil de la maison.
- Je ... mon épée et ... la tête de l'affreux serpent.
- Les soldats ... les portes en bois avec des béliers et ... la ville.
- Vous vous ... d'un stylo vert et vous ... vos exercices.
- Le ciel s'... : la pluie ... à tomber.

9 ★★★ **Retrouve dans cette grille 16 verbes conjugués au passé simple. Indique ensuite leur infinitif, leur groupe et la personne à laquelle ils sont conjugués.**

V	O	U	L	Û	M	E	S	A	Z
A	B	R	U	L	E	R	E	N	T
I	E	I	R	R	N	O	R	A	V
M	I	R	E	N	T	C	V	Q	I
A	M	E	N	A	I	R	I	U	N
S	E	N	T	I	S	U	T	I	M
B	S	T	X	F	U	T	E	S	E
P	R	I	S	C	E	U	S	D	S

Je repère dans un texte

Dans le texte pp. 170-171, relève les verbes conjugués au passé simple dans le premier paragraphe. Indique leur infinitif, leur groupe et la personne à laquelle ils sont conjugués.

J'écris

Imagine qu'un prince arrive devant le château où une sorcière a enfermé sa fiancée.
Raconte comment le prince réussit à la délivrer.
Utilise des verbes conjugués au passé simple.

Vocabulaire

Objectifs : Comprendre ce qu'est un champ lexical.
Texte en lien : *Icare et Dédale*, p. 172.

Le champ lexical

Je lis et je réfléchis

Les Argonautes espèrent vivre des aventures. […] Pourtant, quand ils aperçoivent très haut dans le ciel des monstres mi-femmes, mi-oiseaux, ils tremblent.
– Ce sont les Sirènes, disent-ils. Ces trois sœurs adorent la musique et ensorcellent tous ceux qui les écoutent. Les marins, devenus fous, sautent dans la mer et alors... elles les dévorent.
– Oui. Regardez-les ! s'amuse Orphée. La première tient une lyre[1], la deuxième une flûte et la troisième chante.
– La mort nous guette, Orphée, et tu ris ! Toi qui es le plus grand musicien de Grèce, sauve-nous !
– Tu ne les crains donc pas ? interroge Jason. Oublies-tu que leurs mélodies nous envoûteront si nous passons près d'elles ?

1. Un instrument de musique à cordes utilisé dans l'Antiquité.

Viviane Koenig, *Les Plus Beaux Mythes de Grèce*, © éd. de La Martinière Jeunesse.

1. Dans quel thème peux-tu réunir l'ensemble des mots en couleur ?
2. À quelle classe grammaticale les mots en bleu appartiennent-ils ?
3. À quelle classe grammaticale les mots en rouge appartiennent-ils ?
4. Trouve des mots de la même famille que le mot souligné. Peux-tu les ranger dans le même thème ?
5. Trouve un synonyme du mot encadré. Peux-tu le ranger dans le même thème ?

Je retiens

- **Le champ lexical** regroupe l'ensemble des mots qui expriment la **même idée**, ou qui se rapportent au **même domaine**. Il peut être composé de :
  - **noms communs** : un musicien – une flûte – une mélodie…
  - **noms propres** : Mozart – Beethoven – Bach…
  - **verbes** : écouter – chanter – jouer…
  - **adjectifs qualificatifs** : musical – instrumental – vocal…
  - **adverbes** : musicalement – vocalement…

  Champ lexical : la musique
- Dans un champ lexical, on peut trouver des synonymes ou des mots de la même famille : mélodie et air (synonymes) et chant, chanson, chanteur et chanter (mots de la même famille) appartiennent au champ lexical de la musique.

Attention ! Les mots d'une même famille n'appartiennent pas forcément au même champ lexical : roulade et roulette sont de la même famille de mots mais ils n'appartiennent pas au même champ lexical.

Je m'exerce

1 ★ **Recopie et associe chaque série de mots au champ lexical qui lui correspond.**
les bijoux – les volcans – le pain
- farine – croustillant – tartine – frais – mie – grillé
- or – bague – précieux – collier – argent – diamants
- lave – cratère – fumée – éruption – coulée

2 ★ **Recopie chaque série de mots et barre l'intrus.**
- route – voiture – péage – panneau – bureau
- croquettes – pâtée – hennir – lait
- froid – plongeoir – neige – piste – skier – glisser
- percer – visser – cuire – clouer – scier

3 ★ **Construis un tableau à 3 colonnes (**les vêtements**,** le jardin **et** l'école**) et classe ces mots.**

un cahier – apprendre – une haie – coudre – planter – la récréation – fleuri – un ourlet – écrire – un tableau – enfiler – du tissu – la pelouse – des tulipes – un gilet – des leçons – soyeux – un arbuste – un compas – tondre

4 ★ **Recopie ce texte et souligne tous les mots qui appartiennent au champ lexical de la voiture.**

Tout à coup, un pneu éclata. Lili se gara sur le bas-côté, puis ouvrit son coffre. Elle y trouva des outils et une roue de secours. Un quart d'heure plus tard, elle reprit le volant. Elle regarda dans son rétroviseur pour voir si personne ne la suivait. La nuit commençait à tomber et elle alluma ses phares. Arrivée à l'entrée du village, elle mit son clignotant pour tourner à gauche. Elle s'arrêta bientôt devant une petite maison et serra le frein à main. Soulagée, elle descendit et claqua sèchement la portière.

5 ★★ **Écris au moins 4 mots pour chacun des champs lexicaux suivants.**

l'hiver – le tennis – l'informatique – la rue – la pâtisserie – la danse – la météo

6 ★★ **Identifie le champ lexical de ces séries de mots, puis recopie et complète chaque série avec 2 mots du même champ lexical.**

Ex. : murs – toit – fenêtre… → murs – toit – fenêtre – **maçon – charpente** (champs lexical : **maison**)

- une caméra – un acteur – filmer – …
- un silex – des grottes – le paléolithique – …
- une carte – un relief – un continent – …
- le sommet – grimper – un versant – …
- un sapin – une guirlande – un cadeau – …
- un billet – une gare – un rail – …

7 ★★ **Les mots de 2 champs lexicaux se sont mélangés. Retrouve ces champs lexicaux et classe ces mots.**

une tirelire – une constellation – lunaire – dépenser – un billet – des espèces – spatial – une météorite – rembourser – une fusée – bancaire – interstellaire – une galaxie – un chéquier – économique – astronomique

8 ★★ **Pour chacun de ces champs lexicaux, trouve des mots appartenant aux classes grammaticales indiquées entre parenthèses.**

- la littérature (4 noms dont 1 nom propre – 2 verbes – 1 adjectif)
- les transports (3 noms – 3 verbes – 2 adjectifs)
- l'art (6 noms dont 2 noms propres – 3 verbes)
- la médecine (3 noms – 3 verbes – 2 adjectifs)

9 ★★★ **Trouve dans cette grille 12 mots qui appartiennent au champ lexical de l'enquête policière.**

C	O	M	M	I	S	S	A	I	R	E	D
O	C	K	F	V	A	R	M	E	I	M	L
U	R	T	S	O	U	P	C	O	N	Y	G
P	I	J	R	L	X	A	N	E	D	S	P
A	M	B	R	U	B	A	N	D	I	T	E
B	E	W	C	O	M	P	L	I	C	E	U
L	M	M	E	N	A	C	E	N	E	R	R
E	U	D	E	T	E	C	T	I	V	E	E

10 ★★★ **Recopie ce texte et souligne les mots qui appartiennent à un même champ lexical. Indique ensuite quel est ce champ lexical.**

Quand elle pénétra dans la bibliothèque, elle fut subjuguée. Sur les étagères étaient rangés des ouvrages de toutes sortes et de toutes tailles : certains très anciens, dont la reliure était en cuir et les pages très fines ; des romans et des recueils de poèmes dont les auteurs avaient été oubliés ; de grands albums aux illustrations colorées ; plusieurs opuscules édités au XVIIIe siècle ; et enfin, celui qu'elle cherchait : un vieux grimoire de sorcellerie dont la couverture noire semblait très usée. Après avoir examiné le sommaire, elle l'ouvrit au chapitre qui l'intéressait.

Je repère dans un texte

Dans le texte pp. 172-177, trouve au moins neuf mots qui appartiennent au champ lexical des oiseaux entre les lignes 145 et 188.

J'écris

Imagine que tu viens d'assister à un spectacle de cirque. Raconte ce que tu as vu en utilisant le champ lexical du cirque (noms, verbes, adjectifs).

Utiliser les temps du conte

Je cherche

1. Lis cet extrait de conte sur l'origine du monde.

Au début des temps, les hommes de la tribu des Warao, Indiens chasseurs-cueilleurs d'Amazonie, **habitaient** une région par-delà le ciel. Ils y **menaient** une vie heureuse, sans ennemis ni animaux dangereux.

« Le Peuple du ciel », conte d'Amérique latine, *La Petite Abeille* n° 49, décembre 2004.

2. Ce texte se situe-t-il dans le passé, le présent ou le futur ?
3. Par quelle expression commence-t-il ?
4. À quel temps les verbes en gras sont-ils conjugués ?
5. Indiquent-ils une action ou permettent-ils de décrire ?

Je réfléchis

1. Lis la suite du conte ci-dessus.

Un jour, Okonorote, à la recherche d'une flèche égarée, s'était éloigné de son village. Il **remarqua** un trou dans le sol dans lequel la flèche aurait pu tomber. En regardant par ce trou, il vit le monde d'en bas avec ses forêts et ses plaines où paissaient des animaux de toutes sortes. Il se fabriqua une longue corde et, aidé d'amis, **descendit**.

« Le Peuple du ciel », conte d'Amérique latine, *La Petite Abeille* n° 49, décembre 2004.

2. Par quelle expression ce paragraphe commence-t-il ?
3. À quel temps les verbes en gras sont-ils conjugués ?
4. Les actions décrites par ces verbes sont-elles terminées ?

Je m'exerce

1. Réécris ce texte en choisissant les temps des verbes entre parenthèses qui conviennent.

Un matin, un inconnu (arriva/arrivait) au village. Il (fut/était) vêtu d'une longue peau de bête. Quand il (commença/commençait) à parler, les villageois se (rassemblèrent/rassemblaient) autour de lui. Il (eut/avait) une voix grave et puissante.

J'ai compris

- **L'imparfait** et **le passé simple** sont deux temps du passé **utilisés très souvent dans les contes**. Ils ont chacun un emploi spécifique.
- **L'imparfait** s'utilise **à l'oral comme à l'écrit**. On l'emploie pour :
  – exprimer **une action dont on ne connaît ni le début ni la fin** : Ils **habitaient** dans les plaines.
  – exprimer **une action habituelle** : Il **allait** tous les jours à la chasse.
  – **décrire** dans un récit au passé : Leur chef **était** un colosse.
- **Le passé simple** s'utilise **à l'écrit**. Il remplace dans la langue écrite le passé composé utilisé à l'oral. On l'utilise pour :
  – exprimer **des actions**, souvent de courte durée et qui sont achevées, **ou des événements ponctuels** : Il **remarqua** un trou. – Il **vit** le monde d'en bas.
  – raconter **des événements passés successifs** : Il **se fabriqua** une longue corde et **descendit**.

Organiser un résumé avec des connecteurs

Je cherche

1. Lis ce texte.

Hercule, le fils de Zeus, était encore bébé **quand** il accomplit son premier exploit. Un soir, sa mère Alcmène, **après** l'avoir baigné, le coucha avec son frère Iphiclès. Dans la nuit, **alors que** tout était silencieux dans la maison, deux serpents se glissèrent dans le berceau des enfants. Iphiclès tenta de fuir **parce qu'**il était terrifié ; <u>en revanche</u>, Hercule saisit les deux reptiles par le cou, les serrant si fort qu'il les tua. La mère arriva en courant **car** elle avait entendu les cris de ses enfants. Elle trouva Hercule, tenant un serpent dans chaque main. **C'est pourquoi** tous comprirent que cet enfant était destiné à être un héros.

2. Qui est le héros de cette histoire ?

3. Construis un tableau à deux colonnes (**relation chronologique** et **relation de cause ou de conséquence**) et classe les mots en gras dans ce texte.

4. Explique le sens de l'expression soulignée.

Je réfléchis

1. Lis ce résumé du premier des douze travaux d'Hercule.

Le premier des travaux qu'Hercule eut à réaliser fut de tuer le lion de Némée. Aucun homme n'y était parvenu, parce qu'aucune arme ne pouvait blesser ce lion. Afin de résoudre cette difficulté, Hercule décida de l'étrangler. Il y réussit et porta ensuite la carcasse du lion jusqu'à Mycènes pour montrer son exploit.

2. Dans ce résumé, quels groupes de mots expriment un but ? Par quels mots commencent-ils ?

3. Quel groupe de mots exprime une cause ? Par quel mot commence-t-il ?

Je m'exerce

1. Recopie et complète le début du récit du deuxième des douze travaux d'Hercule avec les connecteurs logiques et chronologiques suivants : quand – puis – après – car – cependant.

… avoir tué le lion de Némée, Hercule dut tuer un monstre à neuf têtes appelé l'hydre de Lerne. C'était très difficile : … on en coupait une, deux autres naissaient à sa place. … il y parvint, … enterra celle qui était immortelle.

J'ai compris

Pour qu'un résumé soit compréhensible, il faut bien marquer l'enchaînement des événements en utilisant :

- **des connecteurs chronologiques** qui indiquent la succession des événements dans le temps : au début – ensuite – d'abord – puis – enfin – peu de temps après...
- **des connecteurs logiques** qui précisent les relations entre les événements :
  - relations de **cause** : comme – parce que – car…
  - relations de **conséquence** : c'est pourquoi – donc…
  - relations d'**opposition** : mais – malgré – en revanche…
  - relations de **but** : pour – afin que – afin de…

Évaluation

Grammaire

1 Parmi ces phrases, laquelle est une phrase impérative affirmative ?

a. Quel pull mets-tu aujourd'hui ?
b. Ne pense plus à cette histoire.
c. Ce cadeau me fait tellement plaisir !
d. Apporte tes affaires de piscine.

Voir p. 14

2 Par quels signes de ponctuation faut-il compléter cette phrase ?

Émerveillé_ il contempla l'intérieur de la grotte_ Quel magnifique trésor_

a. une virgule, deux-points, un point d'interrogation.
b. une virgule, un point, un point d'exclamation.
c. un point d'exclamation, des guillemets, un point.
d. des points de suspension, une virgule, un point.

Voir p. 16

3 Quelle est la liste qui contient des pronoms ?

a. rapide – gris – incroyable – plat
b. brusquement – toujours – assez
c. vous – moi – lui – elles
d. train – lettre – bol – chat

Voir p. 28

4 Dans laquelle de ces phrases le nom chocolat **a-t-il la fonction C.O.D. ?**

a. Le chocolat fondait doucement dans la casserole.
b. Des œufs en chocolat étaient cachés sous cet arbre.
c. Je mets un sucre dans mon chocolat chaud.
d. Matisse achète du chocolat toutes les semaines.

Voir p. 28

5 Quel est le sujet de cette phrase ?

À l'aube, les trois amis Chloé, Laura et Nadir se rendirent au rendez-vous fixé.

a. l'aube
b. les trois amis
c. les trois amis Chloé, Laura et Nadir
d. Nadir

Voir p. 30

6 Dans quelle phrase le groupe de mots en rouge n'est-il pas sujet ?

a. Dans le ciel scintillent des milliers d'étoiles.
b. Le voleur, surpris par les gendarmes, se rendit.
c. Pourront-elles distribuer ces bonbons ?
d. Aller au théâtre est un grand plaisir pour moi.

Voir p. 30

Conjugaison

7 Par quel pronom de conjugaison peux-tu remplacer le groupe de mots en rouge dans cette phrase ?

Samir, son collègue et moi déjeunons ensemble ce midi.

a. Ils b. Vous c. Il d. Nous

Voir p. 18

8 À quelle personne et à quel temps le verbe de cette phrase est-il conjugué ?

Le mois prochain, David et toi partirez en Nouvelle-Zélande.

a. 3e personne du singulier, présent
b. 2e personne du pluriel, futur
c. 3e personne du pluriel, imparfait
d. 2e personne du pluriel, présent.

Voir p. 18

9 Quel sont les infinitifs des verbes conjugués de ces phrases ?

Voyez-vous ces singes ? Ils tiennent en équilibre sur la branche.

a. venir et tiédir
b. voyager et tirer
c. voir et tenir

Voir p. 20

10 Parmi ces verbes, lequel appartient au 2e groupe ?

a. endormir
b. farcir
c. cueillir
d. découvrir

Voir p. 20

11 Quelle est la phrase dont le verbe est conjugué à un temps simple ?

a. Vous étiez venus à ma fête d'anniversaire.
b. Vous aurez offert ce bouquet à votre tante.
c. Vous avez appris la nouvelle hier.
d. Vous étiez charmants avec mes amies.

Voir p. 24

12 Dans quelle phrase le verbe avoir **n'est-il pas auxiliaire ?**

a. Elles ont écrit des cartes postales.
b. Elles avaient vu l'émission en entier.
c. Elles auront une récompense bien méritée.
d. Elles auront mis deux cuillères de farine. Voir p. 24

13 Dans laquelle de ces phrases tous les verbes au présent sont-ils correctement conjugués ?

a. Tu peut mettre la table : je finie de préparer la soupe et nous mangeont dès que c'est prêt.
b. Tu peux mettre la table : je finis de préparer la soupe et nous mangeons dès que c'est prêt.
c. Tu peux mettre la table : je finit de préparer la soupe et nous mangons dès que c'est prêt.
d. Tu peus mettre la table : je finies de préparer la soupe et nous mangeons dès que c'est prêt.

Voir p. 34

14 Recopie et relie chaque verbe conjugué à tous les pronoms de conjugaison possibles.

je •	• dis
tu •	• parlez
elle •	• vont
vous •	• marche
ils •	• offres

Voir p. 34

15 Parmi ces phrases, laquelle n'est pas au passé simple ?

a. Il ferma son cartable et s'éloigna.
b. Nous choisîmes ce pull et l'achetâmes.
c. Je bondis de mon lit et m'habillai.
d. Tu applaudis et félicites les comédiens. Voir p. 36

16 Par quelles formes verbales faut-il compléter cette phrase pour qu'elle soit au passé simple ?

Victor et toi … dans les flaques et … vos pantalons.

a. sautèrent / salissaient
b. sautâmes / salirent
c. sautâtes / salîtes
d. sautiez / saliront Voir p. 36

Orthographe

17 Dans quelle liste les voyelles en rouge doivent-elles avoir un accent circonflexe ?

a. un elephant – une equerre – une difficulte
b. un role – connaitre – une machoire – le gouter
c. deja – une boulangere – ou – mon frere
d. du fer – un bateau – un costume – notre Voir p. 22

18 Dans quelle liste les lettres en rouge doivent-elles avoir un tréma ?

a. une flute – abimer – l'arome
b. un musee – un rayon – un aeroport
c. un canoe – naive – hair – aigue Voir p. 22

19 Dans laquelle de ces phrases les mots en rouge n'ont-ils pas besoin de cédille ?

a. Vous reçevez souvent des plaçes pour les matchs de basket.
b. Les garçons effaçaient les traces de boue.
c. Ils perçurent un bruit très agaçant. Voir p. 22

20 Par lequel de ces groupes nominaux peux-tu compléter cette phrase ?

Depuis dix minutes, … attendent l'arrivée du tramway.

a. le meilleur ami de mes parents
b. l'ami de mon père
c. les amies de ma mère
d. la sœur de mes cousins Voir p. 32

21 Par lequel de ces verbes conjugués peux-tu compléter cette phrase ?

Aujourd'hui, c'est Mourad et toi qui … la table.

a. débarrassent
b. débarrassons
c. débarrasses
d. débarrassez Voir p. 32

Vocabulaire

22 Recopie et relie chaque phrase qui contient le verbe charger **à la définition qui convient.**

Léo m'a chargé de surveiller la maison. •	• foncer
Apeurés, les éléphants chargent les chasseurs. •	• mettre une charge dans un véhicule
Les voyageurs chargeront leurs bagages dans le compartiment. •	• confier une mission

Voir p. 26

23 Quelle est la liste dont les mots appartiennent au champ lexical de l'eau **?**

a. une plage – les vagues – se baigner – ensoleillé
b. une cascade – couler – fraîche – la source
c. pousser – des graines – une tige – arroser

Voir p. 38

Objectifs : Identifier les expansions du nom dans le groupe nominal et en comprendre le rôle.
Texte en lien : *J'ai fui l'Allemagne nazie*, p. 184.

Le groupe nominal

Je lis et je réfléchis

Lundi 3 juillet, *troisième jour*

[…] Les gens ont tous des maillots de bain ordinaires et les serviettes de bain aussi. De vieux parasols et des chapeaux fanés.
– Ici, c'est moins snob que l'autre côté du bassin ! a dit Claire. C'est une plage familiale. On se sent plus à l'aise !
On installe les serviettes sur l'herbe, sous les albisias. Ce sont de petits arbres un peu tordus avec de jolies fleurs roses qui sentent très bon. On dirait des plumes plutôt que des fleurs. Ça sent un peu la crème solaire. J'aime bien le nom. Il leur va très bien.

Cathy Ribeiro, *Vacances force 8*, © éd. Actes Sud, 2002.

1. Observe la phrase en vert. Quel mot donne une information sur les parasols ?
2. À quelle classe grammaticale ce mot appartient-il ?
3. Recopie le groupe de mots en rouge et souligne les mots ou groupes de mots qui donnent des informations sur les arbres.
4. Observe le groupe de mots souligné. Quelle information donne-t-il ?
5. La phrase a-t-elle un sens si tu le supprimes ?

Je retiens

- Le **groupe nominal** comporte toujours **un nom principal** (nom propre ou nom commun), appelé « **nom-noyau** ». Il est le plus souvent accompagné d'**un déterminant** : Claire – des chapeaux – la Loire
- D'autres mots peuvent **enrichir ce nom-noyau** en apportant des informations supplémentaires. Ce sont :
  – **des adjectifs qualificatifs** : des **petits** arbres **tordus** (voir leçon, p. 60)
  – **d'autres noms ou groupes nominaux** introduits par des prépositions : des maillots **de bain**
  – **des propositions relatives** : des fleurs **qui sentent bon** (voir leçon, p. 142)
- Ces informations sont appelées « **des expansions du nom** ». La phrase conserve un sens si on les supprime : C'est une plage familiale. → C'est une plage.
- Dans un même groupe nominal, il peut y avoir **plusieurs expansions du nom** :

de	**jolies**	fleurs	**roses**	**qui sentent bon**
	adjectif		adjectif	proposition relative

Je m'exerce

1 ★ Recopie et souligne le nom-noyau dans chaque groupe nominal.
la maison de Saïd – l'arrivée des coureurs – les beaux poissons d'eau de mer – les amis de Pierre – le vent qui souffle – un couvre-lit rouge – un grand rideau multicolore – un joli pot de fleurs

2 ★ Recopie ces titres de livres et souligne les expansions du nom.
- L'ogresse en pleurs
- L'homme qui plantait des arbres
- Un tueur à ma porte
- La maison des petits bonheurs
- La poule qui voulait pondre des œufs en or
- L'inébranlable soldat de plomb

3 ★ **Recopie uniquement les phrases dans lesquelles il y a des groupes nominaux puis souligne-les.**

- Justine écrit à sa meilleure amie.
- Pourquoi aller si vite ?
- Pour les vacances de printemps, les parents de ma voisine ont loué une grande maison.
- Je n'aime pas cela.
- Prenons un guide anglophone pour visiter.

4 ★ **Recopie ces phrases et supprime les expansions du nom de chaque groupe nominal souligné.**

Ex. : Regarde ce joli papillon qui vole au loin.
→ Regarde ce papillon.

- Nous allons skier dans les montagnes de Haute-Savoie.
- Sur le lac d'Annecy, il y a des cygnes magnifiques et des canards sauvages.
- Le commerçant du coin de la rue compte bien fermer sa boutique.
- J'ai marché très longtemps dans la forêt que tu vois au loin.

5 ★★ **Recopie ces groupes nominaux. Souligne les expansions du nom, puis classe-les dans un tableau à 3 colonnes** (adjectifs, noms **et** propositions relatives**).**

un élégant personnage – le chat qui dormait dans son panier – le père de son ami – le lapin qui court dans le jardin – une délicate attention – différentes manières – un objet en métal – des patins à roulettes – l'animal que tu as vu

6 ★★ **Recopie et enrichis les groupes nominaux de ces phrases avec des expansions du nom.**

- Ce musicien joue parfaitement.
- Les athlètes partent dans une autre ville.
- La boulangère range son magasin.
- J'ai trouvé ce vêtement dans le centre-ville.

7 ★★ **Recopie les groupes nominaux dont le nom-noyau est en rouge et indique quel(s) type(s) d'expansion(s) du nom les complète. Attention, il peut y avoir plusieurs expansions du nom !**

- Les oiseaux en cage ne peuvent vivre en liberté.
- Peux-tu mettre les belles assiettes en porcelaine ?
- Ce tigre du Bengale qui dort n'a jamais mordu.
- Le magnifique récital que j'ai entendu m'a plu.

8 ★★ **Recopie et complète ce tableau en transformant les expansions du nom.**

L'expansion du nom est un adjectif qualificatif	L'expansion du nom est un groupe nominal
la région polaire	la région du Pôle
...	un temps d'orage
une floraison automnale	...
...	le stade de la municipalité
le port fluvial	...
l'air marin	...
...	une route du département
un symbole national	...
un plat régional	...

9 ★★★ **Recopie ces phrases et, pour chaque nom en rouge, remplace l'expansion du nom par une expansion du nom d'un type différent.**

- Dans ce film d'action, l'acteur aux cheveux longs ne ressemble pas au héros du livre.
- Le roman que je viens de lire est loin d'être exaltant.
- As-tu bien révisé tes leçons de grammaire pour demain ? Il se pourrait qu'il y ait un contrôle imprévu.
- Tu as oublié de ranger les outils dangereux dans ta caisse à outils.
- Regarde dans ce petit dictionnaire la définition de ce verbe.

10 ★★★ **Recopie et enrichis ce texte avec des expansions du nom. Utilise au moins une expansion de chaque type.**

Avec son sac, le randonneur marche sur le chemin. Il est à la recherche d'un point d'eau. Il finit par en trouver à l'entrée d'un village. Après s'être désaltéré, il reprend sa route. Dans la forêt, il aperçoit des animaux et découvre des fleurs.

Je repère dans un texte

Dans le texte pp. 184-189, relève une expansion du nom de chaque type (adjectif qualificatif, nom ou groupe nominal, proposition relative) entre les lignes 23 et 31.

J'écris

Décris un paysage de ton choix en utilisant des expansions du nom les plus variées possible.

Objectif : Connaître les marques du pluriel des noms.
Texte en lien : *J'ai fui l'Allemagne nazie*, p. 184.

Le pluriel des noms

Je lis et je réfléchis

Mardi 16 mai

[…] Quand je vais à l'hôpital, je n'ai pas envie de jouer. J'ai plutôt envie d'en sortir vite fait ! En plus, pour les rollers, ça ne serait pas bien pratique parce que les couloirs sont encombrés de civières vides, de chariots en inox tout brillants, qui font du bruit quand quelqu'un les pousse. […]
Et puis, à l'hôpital, il y a aussi des tas de panneaux lumineux avec des inscriptions un peu bizarres dessus, c'est comme si ce n'était pas vraiment du français : *Traumatologie, Bloc opératoire, Maternité, Scanners, Ch. 101 à 215…*

Cécile Demeyère-Fogelgesang, *Chambre 203*, © Le Livre de Poche Jeunesse, 2002.

1. Relève tous les noms au pluriel dans ce texte. Comment les as-tu repérés ?
2. Quelles sont les marques du pluriel de chacun de ces noms ?
3. Quel est le pluriel du mot souligné ?
4. Quel est le singulier du mot en rouge ?

Je retiens

- **En général**, les noms communs prennent un **s** au pluriel : un jouet → des jouets
- Les noms qui se terminent par **-s**, **-x** et **-z** au singulier ne changent pas au pluriel : un tapis → des tapis – une croix → des croix – un nez → des nez
- Les noms qui se terminent par **-ou** au singulier prennent un **s** au pluriel (un fou → des fous) sauf les **sept exceptions** qui se terminent par **x** : des bijoux – des cailloux – des choux – des genoux – des hiboux – des joujoux – des poux
- Les noms qui se terminent par **-al** au singulier s'écrivent **-aux** au pluriel (un journal → des journaux) sauf les **six exceptions** qui prennent un **s** : des bals – des chacals – des festivals – des récitals – des régals – des carnavals
- Les noms qui se terminent par **-eau** au singulier prennent **toujours** un **x** au pluriel : un bateau → des bateaux – un couteau → des couteaux – un poteau → des poteaux
- Les noms qui se terminent par **-eu** ou **-au** au singulier prennent **généralement** un **x** au pluriel (un noyau → des noyaux – un jeu → des jeux). Il y a cependant **quelques exceptions** qui se terminent par **s** : des landaus – des pneus – des bleus…
- Les noms qui se terminent par **-ail** au singulier prennent **généralement** un **s** au pluriel (un portail → des portails) sauf **sept exceptions** qui se terminent par **-aux** : des travaux – des vitraux – des émaux – des coraux – des baux – des soupiraux – des vantaux
- **Attention !** Certains noms se terminent par **-eux** au pluriel comme au singulier : un boiteux → des boiteux – un malheureux → des malheureux

Je m'exerce

1 ★ **Recopie et mets ces groupes nominaux au pluriel.**
un souci – une noix – un caporal – un genou – un robot – un permis – un cristal – un pruneau

2 ★ **Recopie et mets ces groupes nominaux au singulier.**
des pianos – des tapis – des agneaux – des carnavals – des travaux – des égouts – des essais – des pays

3 ★ **Construis un tableau à 3 colonnes** (pluriel en -s, pluriel en -x **et** pluriel identique au singulier) **et classe ces groupes nominaux.**
un puits – un jeu – un conseil – un clou – un caillou – un travail – un ours – un festival – un compas

4 ★ **Recopie ces phrases et accorde les noms en rouge si nécessaire.**
- Dans les château fort, il y a des meurtrière et un donjon.
- Les chien aident les berger à rassembler les brebis.
- Tous les sportif aiment regarder les Jeu olympiques.
- Les chemin forestiers sont pleins de curiosité.
- As-tu bien brossé tes cheveu ce matin ?

5 ★★ **Recopie et complète ces phrases avec les noms suivants. N'oublie pas de les accorder !**
grenouille – métal – festival – têtard – voisin – musique – soir – pluie – crapaud
- Pendant le …, j'ai entendu des … très variées.
- L'or et l'argent sont des … précieux.
- Nos … sortent tous les ….
- Dès que la … arrive, je cours voir si les …, les … et les … sont sortis.

6 ★★ **Recopie ces groupes nominaux terminés par le son [o] et complète avec la terminaison qui convient. Tu peux t'aider d'un dictionnaire.**
des berc… – des tabl… – des abric… – des noy… – des rob… – des nouv… – des tuy… – des boc…

7 ★★ **Recopie ces phrases et mets les noms en rouge au pluriel. Attention à l'accord du verbe !**
- Le mérou est un poisson de mer.
- Le campeur a monté une tente dans le sous-bois.
- Zoé essaie de faire un ricochet avec un caillou.
- Observe bien le vitrail de cette église.
- La reine a fait un vœu.

8 ★★ **Recopie et entoure l'intrus de chaque série.**
- un portail – un soupirail – un détail – un rail – un éventail – un épouvantail
- des malheureux – des boiteux – des ambitieux – des jeux – des heureux
- un genou – un bijou – un pou – un chou – un trou – un joujou
- un cheval – un animal – un chacal – un journal – un bocal – un signal

9 ★★ **Complète chaque phrase avec au moins 3 noms au pluriel.**
- Pour faire une soupe de légumes, j'achète : ….
- Mon matériel scolaire se compose de : ….
- Pour bien cuisiner, je dois avoir : ….
- De la fenêtre de ma chambre, je vois : ….
- Dans la basse-cour du fermier, il y a : ….

10 ★★ **Construis un tableau à 2 colonnes** (noms au singulier **et** noms au pluriel) **et classe les noms communs de ce texte.**
Lola adore les sucreries. Surtout les chocolats aux noisettes. Elle prend souvent sa bicyclette pour aller à la boulangerie du village et s'achète des petits ours en gélatine et toutes sortes de bonbons. Elle m'en rapporte aussi mais je préférerais un panier de cerises ou d'abricots.

11 ★★★ **Fais une phrase avec chaque paire de noms écrits au pluriel. Tu peux aussi ajouter des noms.**
- animal – kangourou
- troupeau – mouton
- oiseau – hibou
- champ – épouvantail
- apiculteur – abeille
- éventail – princesse

12 ★★★ **Devinettes !**
- Ce sont des articulations des membres inférieurs : les ….
- On en offre à Noël : les ….
- Ce sont les fruits du noyer : les ….
- On les formule pour la Nouvelle Année : les ….
- C'est le personnage principal d'un roman : le ….

13 ★★★ **Complète ces phrases avec des noms qui se terminent par le son [o].**
- Les … sont des … marins qui vivent au pôle Sud.
- Les … de pêche arriveront vers 11 heures.
- Il y a bien longtemps, les gens se chaussaient de ….
- Les toréadors savent affronter les ….
- Tu dois passer entre ces deux ….

Je repère dans un texte

Dans le texte pp. 184-189, relève tous les noms au pluriel de la ligne 169 à la ligne 176. Écris-les au singulier.

J'écris

Imagine que tu es allé(e) au zoo avec ta classe. Dans le journal de l'école, tu dois décrire ce que tu as vu et appris ce jour-là. Écris un petit texte en utilisant des noms communs au pluriel.

Objectifs : Distinguer les différents types et les différentes formes d'articles et en connaître le sens.
Texte en lien : *Journal d'un dégonflé*, p. 182.

Les articles

Je lis et je réfléchis

Vendredi 7
Tout à l'heure, j'ai couru <u>au</u> bourg. Il paraissait que le tambourineur allait donner des nouvelles. Sur la place, il y avait une vraie foule, des femmes qui harcelaient ce pauvre tambourineur qui, en fait, n'apportait aucune nouvelle.
Ce soir, le bruit court que les Allemands ont pris une ville en Belgique, Liège je crois.
Samedi 8 août 1914
Tout le monde va aux champs, tous ceux qui restent. Pour moissonner, il n'y a plus que les hommes âgés comme papa, les femmes et les enfants.

Paule Du Bouchet, *Le Journal d'Adèle*, © éd. Gallimard Jeunesse.

1. Observe les mots en rouge. Comment appelle-t-on ces mots ?
2. Retrouve les deux phrases dans lesquelles se trouve le mot **femmes**. Dans chacune d'elles, par quel mot **femmes** est-il précédé ?
3. Qu'est-ce que cela change au niveau du sens ?
4. Dans la première phrase, remplace le nom **bourg** par le nom **ville**. Que se passe-t-il pour le mot souligné ?

Je retiens

- Un nom est le plus souvent précédé d'**un article**, qui indique **son genre** (masculin ou féminin) et **son nombre** (singulier ou pluriel) : le tambourineur (masculin singulier) – une foule (féminin singulier) – les enfants (masculin pluriel) – les femmes (féminin pluriel)
- Il existe deux principales sortes d'articles (voir aussi les tableaux p. 254) :
  – **Les articles définis (le, la, l', les)** déterminent de façon **précise** le nom qui les suit : **les** femmes du village → L'article **les** détermine précisément de quelles femmes il s'agit.
  Attention ! L'article défini **le** devient **l'** devant un nom singulier commençant par une **voyelle** ou un **h** muet : **l'**oiseau. De plus, il existe **une forme contractée des articles définis** (contraction des prépositions **de** ou **à** et des articles définis **le** ou **les** : **du, au, aux, des**) : les habitants (~~de le~~) **du** village – Je vais (~~à le~~) **au** bourg. – Il va (~~à les~~) **aux** champs. – les feuilles (~~de les~~) **des** arbres du jardin
  – **Les articles indéfinis (un, une, des)** déterminent d'une façon **générale** le nom qui les suit : Il y avait **des** femmes → l'article **des** ne détermine pas précisément de quelles femmes il s'agit.
  Attention ! Parfois, quand l'article indéfini est séparé du nom par un adjectif, on utilise **de** ou **d'** à la place de **des** : Il a cueilli **de** petites fleurs.
  – **Les articles partitifs** sont employés devant les noms de choses pour indiquer **une quantité indéterminée** : du bois – du pain

Je m'exerce

1 ★ **Construis un tableau à 2 colonnes** (articles définis **et** articles indéfinis) **et classe ces groupes nominaux.**
une illusion – la lune – un pépin – les océans – des portemanteaux – le gendarme – un signal – les moissons – une comédie – la carafe

2 ★ **Recopie et souligne tous les articles.**
- L'été est la saison des grandes chaleurs.
- Le vent du Nord souffle sous la porte.
- Dans cet appartement, le salon est grand.
- Les avions atterrissent toujours face au vent.
- Dans les bois, on rencontre des animaux sauvages.

3 ★ **Recopie ces phrases. Souligne en bleu les articles définis et en rouge les articles indéfinis.**

- Un visiteur se trouva enfermé dans le zoo.
- L'élève, dans la lune, ne put répondre à la question.
- Les spectateurs prennent des billets puis se dirigent vers la salle.
- Les habitants des régions montagneuses sont habitués aux hivers rudes.
- Aujourd'hui, l'air est glacial ; je te conseille de mettre une écharpe.

4 ★ **Avec chacun des noms suivants, forme 4 groupes nominaux en utilisant des articles singuliers et pluriels, définis et indéfinis.**

Ex. : voiture → une voiture – la voiture – des voitures – les voitures

auteur – piscine – alpiniste – planeur – éclairage – portière – aile – herbe – bouteille

5 ★★ **Recopie ces phrases et remplace les articles définis en rouge par des articles indéfinis.**

- Le joueur de football se précipita dans le vestiaire.
- Il a laissé tomber le plateau contenant les verres.
- Le plongeur s'élance depuis le tremplin et accomplit les acrobaties.
- Les habitants du village se sont manifestés.
- L'image illustrerait parfaitement bien ce texte.

6 ★★ **Recopie ces phrases et mets les articles en rouge au pluriel. Attention aux accords !**

- Dans certaines villes, on trouve un cinéma, un supermarché, une administration, une salle de sport…
- Dans la montagne, on peut rencontrer un chamois.
- La ferme moderne n'a rien à voir avec la ferme d'antan.
- Le blaireau creuse un terrier.

7 ★★ **Recopie ces phrases et remplace le nom souligné par celui entre parenthèses. Attention au changement d'article !**

- Il songeait à la forêt. (week-end)
- Marina revient de la boulangerie. (marché)
- L'odeur de la galette m'ouvre l'appétit. (chocolat)
- Elle a très mal à la jambe. (pieds)
- On dit que le lion est le roi de la savane. (animaux)

8 ★★ **Recopie et complète ces phrases avec des articles qui conviennent.**

- Il a mis … attelle à … oiseau tombé … nid.
- … villes et … routes sont souvent situées le long … rivières.
- Il y a plus … habitants dans … villes que dans … campagnes.
- En 1805, Napoléon gagne … bataille … Austerlitz.
- … fanfare … village avançait … son … cuivres.

9 ★★★ **Recopie et complète ce tableau avec les groupes nominaux suivants.**

l'oiseau blessé – un centre-ville agréable – des grandes entreprises – les usines aéronautiques – les courageux pompiers – la forêt vierge – des écoles – une association sportive

		Articles singuliers	Articles pluriels
Articles définis	masculins	…	…
	féminins	…	…
Articles indéfinis	masculins	…	…
	féminins	…	…

10 ★★★ **Construis 2 phrases dans lesquelles tu utiliseras** du **comme article défini contracté et 2 phrases dans lesquelles tu utiliseras** du **comme article partitif.**

11 ★★★ **Recopie et complète ce texte avec des articles qui conviennent.**

… deux frères courent autour de … table de … cuisine en poussant … cris. Ils se disputent … jouet. Qui aura … dernier mot ? Leur sœur essaie de se concentrer sur … leçon de géographie de la veille. « Je vais vous mettre … lit ! » dit-elle.

Je repère dans un texte

Dans le texte pp. 182-183, relève un article de chaque type (défini, indéfini, défini contracté) au singulier et au pluriel. Classe-les dans un tableau avec le nom qui les accompagne.

J'écris

Décris en quelques phrases ce que tu connais sur la vie à la montagne. Tu peux utiliser les mots suivants : relief – vallée – village – activité – touriste – chalet – élevage…

Conjugaison

Objectif : Savoir conjuguer les verbes irréguliers (3e groupe, **avoir** et **être**) au passé simple.
Texte en lien : *J'ai fui l'Allemagne nazie*, p. 184.

Le passé simple des verbes irréguliers

Je lis et je réfléchis

Jeudi 5 septembre

Carole ne m'avait pas menti : le lieu était magnifique. Une fois la porte d'entrée franchie, je découvris un parc superbement fleuri. Je voulus tout de suite utiliser mes pinceaux mais Carole tint à me faire visiter l'ensemble de ce lieu magique.
Je ressentis une forte émotion lorsque je fus au milieu des précieuses plantes exotiques. Jamais je n'avais imaginé qu'un tel lieu puisse exister.

1. À quel temps le verbe souligné est-il conjugué ?
2. Quel est son infinitif ? À quel groupe appartient-il ?
3. À quelle personne est-il conjugué ? Quelle est sa terminaison ?
4. Recopie les quatre autres verbes du même groupe conjugués au passé simple. Indique à quelle personne ils sont conjugués et entoure leur terminaison.

Je retiens

- Au passé simple, la plupart des verbes du 3e groupe se terminent :
  – soit par **-us**, **-us**, **-ut**, **-ûmes**, **-ûtes**, **-urent**, comme **savoir** : je s**us** – tu s**us** – il, elle s**ut** – nous s**ûmes** – vous s**ûtes** – ils, elles s**urent**
  – soit par **-is**, **-is**, **-it**, **-îmes**, **-îtes**, **-irent**, comme **vendre** : je vend**is** – tu vend**is** – il, elle vend**it** – nous vend**îmes** – vous vend**îtes** – ils, elles vend**irent**
- Les verbes **venir** et **tenir**, ainsi que leurs dérivés, se terminent par **-ins**, **-ins**, **-int**, **-înmes**, **-întes**, **-inrent** : je v**ins** – tu v**ins** – il, elle v**int** – nous v**înmes** – vous v**întes** – ils, elles v**inrent**
- Le verbe **aller** se conjugue comme les verbes du 1er groupe : j'all**ai** – tu all**as** – il, elle all**a** – nous all**âmes** – vous all**âtes** – ils, elles all**èrent**
- Les verbes **être** et **avoir** changent totalement de radical au passé simple :
  être → je **fus** – tu **fus** – il, elle **fut** – nous **fûmes** – vous **fûtes** – ils, elles **furent**
  avoir → j'**eus** – tu **eus** – il, elle **eut** – nous **eûmes** – vous **eûtes** – ils, elles **eurent**
- **Attention !** Pour certains verbes du 3e groupe, le présent de l'indicatif et les formes du passé simple peuvent être identiques aux trois personnes du singulier : sourire → il sour**it** (présent) – il sour**it** (passé simple)

Je m'exerce

1 ★ **Recopie uniquement les verbes conjugués au passé simple et indique leur infinitif.**
j'allai – tu craignais – ils purent – ils ont vu – il courut – elle dira – ils rejoignirent – j'ai peint – j'écris – nous rions – je cuisais – j'ai connu – il a fait – tu eus – il fut – il vécut – ils seront

2 ★ **Les verbes de chacune de ces séries se conjuguent comme le verbe en rouge. Conjugue-les aux 3es personnes du singulier et du pluriel du passé simple.**
- vendre : permettre – défendre – faire – battre
- tenir : revenir – contenir – convenir – advenir
- savoir : plaire – croire – lire – courir

3 ★ **Recopie et complète avec un pronom personnel sujet qui convient.**

- … coururent
- … mentai
- … crûmes
- … prîtes
- … allas
- … eurent
- … parvîntes
- … transmirent
- … pûmes

4 ★ **Construis un tableau à 3 colonnes** (se conjugue comme « pouvoir », se conjugue comme « vendre » **et** se conjugue comme « venir ») **et classe ces verbes selon leur conjugaison au passé simple.**

dire – élire – décrire – détenir – fondre – entretenir – accourir – refaire – revenir – conclure – retenir – disparaître

5 ★★ **Les verbes suivants sont conjugués au présent de l'indicatif. Conjugue-les au passé simple en gardant les mêmes personnes.**

je défais – elle relit – tu souris – nous promettons – ils doivent – vous mentez – il advient – je me souviens – elles partent

6 ★★ **Recopie ces phrases et conjugue les verbes entre parenthèses au passé simple.**

- Le chien de chasse … son maître de près. (suivre)
- Au moment où mes amis arrivaient, il … se baigner. (aller)
- Dès la tombée de la nuit, j'… très froid. (avoir)
- Laura … surprise de sa venue. (être)
- Pour échapper à la police, les voleurs … un autre chemin. (prendre)

7 ★★ **Conjugue les verbes suivants aux 1res personnes du singulier et du pluriel du passé simple.**

peindre – devoir – devenir – acquérir

8 ★★ **Recopie et complète ces phrases avec les verbes** être, aller **ou** avoir **conjugués au passé simple.**

- Vous … bien attentifs lors du passage de la farandole.
- Tous les spectateurs … vers la sortie.
- Dès la première détonation, j'… très peur.
- Nous … en direction de la forêt sans demander la permission.
- Elle … besoin de sortir avant la fin du cours.

9 ★★ **Réécris ces phrases au passé simple.**

- Les amis de Laïla font demi-tour au carrefour du Grand-Cerf.
- Elle prend ses bagages et part tranquillement vers la gare Montparnasse.
- Ils se taisent dès l'arrivée du professeur.
- Je sais parfaitement ma leçon de géographie ; en revanche, j'ai du mal avec celle d'histoire.
- Ma tante Brigitte vient nous voir.
- Je vais me cacher pour observer les voisins.
- Il sourit dès son arrivée.

10 ★★★ **Réécris ces phrases à la personne du pluriel qui correspond. Attention à l'accord du verbe !**

- Après le concert, je le reconduisis chez lui.
- Il répondit très sèchement au professeur.
- Tu relus plusieurs fois cet ouvrage.
- J'obtins mon diplôme en 1995.
- Elle prit sur elle pour ne pas rire.
- Je fus heureuse de sa présence parmi nous.
- À sa mort, tu vendis tous ses biens.

11 ★★★ **Recopie ce texte et conjugue les verbes en rouge au passé simple.**

Tout le jour, la petite fille marche dans la forêt sans se rendre compte de la distance parcourue. Tout à coup, elle aperçoit une maisonnette isolée. Elle sonne à la porte mais personne ne répond. Se croyant seule, elle s'introduit dans la pièce principale et découvre son ami de toujours endormi. Quelle surprise ! Elle s'agenouille auprès de lui mais celui-ci ne réagit pas. « Est-il vraiment endormi ? » se demande-t-elle. Elle lui prend le pouls pour s'en assurer. Ouf ! Il ne lui reste qu'à le secouer encore plus fort !

Je repère dans un texte

Dans la dernière partie du texte pp. 184-189 (épilogue), relève tous les verbes au passé simple et leurs sujets. Donne ensuite leur infinitif et leur personne de conjugaison.

J'écris

Continue le début du conte ci-dessous en utilisant des verbes au passé simple. Utilise au moins trois verbes irréguliers.

« Il était une fois une sorcière qui n'avait pas grand-chose dans son garde-manger. Elle … »

Objectifs : Identifier les verbes conjugués au passé composé.
Savoir conjuguer les verbes au passé composé.
Texte en lien : *J'ai fui l'Allemagne nazie*, p. 184.

Le passé composé

Je lis et je réfléchis

Dimanche 17 août

[…] Alors voilà, j'ai lu, j'ai un peu dessiné et j'ai parcouru beaucoup de longueurs de bassin : au moins vingt kilomètres ! Enfin, j'exagère sûrement… J'aurais dû compter… Je suis allée une fois à la séance de remise en forme de ma mère : ce n'est pas vraiment rigolo ! Elle passe des heures à se faire masser, enduire de boue et d'algues, à barboter dans des bains bouillonnants et, surtout, à papoter avec les esthéticiennes.

Marie et Roselyne Bertin, *Journal sans faim*, coll. « Métis », © Rageot Éditeur.

1. Les actions décrites par les verbes soulignés sont-elles au présent, au passé ou au futur ?
2. Comment le temps de conjugaison de ces verbes s'appelle-t-il ?
3. Avec quels auxiliaires sont-ils conjugués ?
4. L'auteur de ce journal est-il une fille ou un garçon ? À quoi le vois-tu ?
5. Observe la construction du verbe **dessiner** (première phrase). Que remarques-tu par rapport aux autres verbes soulignés ?

Je retiens

- **Le passé composé** est un temps composé. Il est formé de deux mots : **un auxiliaire** (**être** ou **avoir**) conjugué au présent et **le participe passé du verbe conjugué** : j'ai lu – je suis allée
- **Le participe passé se termine** :
  – par **-é** pour les verbes du **1er groupe** : dessiner → dessiné
  – par **-i** pour les verbes du **2e groupe** : grandir → grandi
  – par **-é** (seulement **aller** et **naître**), **-i**, **-u**, **-is** ou **-t** pour les verbes du **3e groupe** :
  aller → je suis allé – naître → il est né – partir → je suis parti – tenir → tu as tenu – prendre → nous avons pris – peindre → il a peint
- Pour connaître la terminaison muette d'un participe passé d'un verbe du 3e groupe, on le met au féminin : prendre → pris / prise – peindre → peint / peinte – tenir → tenu / tenue
- Les verbes **avoir** et **être** se conjuguent tous les deux au passé composé avec l'auxiliaire **avoir**. Le participe passé du verbe **être** est **été** (être → j'ai **été**) et celui du verbe **avoir** est **eu** (avoir → j'ai **eu**).
- Avec l'auxiliaire **être**, le participe passé s'accorde en **genre** et en **nombre** avec le sujet du verbe mais pas avec l'auxiliaire **avoir** (voir leçon p. 66) : elle est allée – elles sont allées – elle a lu – elles ont lu
- **Attention !** L'auxiliaire et le participe passé **ne sont pas toujours côte à côte**, ils peuvent être séparés par un adverbe ou un mot de négation : J'**ai** un peu **dessiné**. – Tu n'**as** pas **joué**.

Je m'exerce

1 ★ **Recopie ces phrases et souligne les verbes au passé composé. Donne ensuite leur infinitif et leur groupe.**
- J'ai déjeuné avec mon ami.
- Nous sommes allés nous promener dans la forêt.
- J'ai eu très peur ce jour-là.
- Ils ont été malades toute la nuit.

2 ★ **Recopie uniquement les phrases dont les verbes sont au passé composé. Donne ensuite leur infinitif et leur groupe.**
- J'ai appris à nager.
- Vous étiez déjà sortis du magasin.
- Je suis fière de vous !
- Robin a joué au skateboard puis il est rentré.

3 ★ **Complète ces phrases avec les verbes entre parenthèses conjugués au passé composé.**
- Nous (applaudir) ce fameux magicien.
- Vous (suivre) la bonne démarche.
- Sophie (réparer) la bicyclette de son frère.
- Pour son anniversaire, Valérie (nettoyer) la salle de réception.
- Le cambrioleur (prendre) la fuite.
- Les ouvriers (élargir) la rue principale.

4 ★★ **Recopie ces phrases et souligne les verbes au passé composé. Donne ensuite leur infinitif.**
- Les camarades de Samira n'ont pas pris le train hier soir.
- Il n'a pas bien appris sa leçon.
- As-tu bien mangé ?
- Il n'a rien fait de mal !
- J'ai toujours su que tu viendrais.

5 ★★ **Recopie ces phrases et accorde le participe passé si nécessaire.**
- Ils ont mangé... toutes les gourmandises !
- Nous sommes sorti... vers 18 heures.
- Je ne sais pas s'ils ont rangé... leur chambre.
- Pendant les dernières vacances, nous avons visité... la Finlande.
- Au printemps dernier, nous sommes allé... au bord de la mer.

6 ★★ **Recopie et complète ces phrases avec les verbes suivants conjugués au passé composé.**
atterrir – être – tomber – coûter – avoir – partir
- Les enfants ... avec leurs grands-parents.
- L'avion ... à l'heure.
- Cet article ne m'... pas ... trop cher.
- Nous ... de la chance.
- Claire ... du cerisier.
- Pourquoi ...-tu ... aussi désagréable ?

7 ★★ **Recopie et complète ces phrases avec les verbes** avoir **ou** être **conjugués au passé composé.**
- Augustin ... de nombreux timbres de collection.
- Nous ... très contents de cette soirée de gala.
- Cette danseuse ... très gracieuse.
- Vous ... souvent ... maladroits avec elle.
- Cet acteur ... beaucoup de succès.

8 ★★★ **Recopie et mets ces phrases au passé composé.**
Ex. : Il **est** vraiment charmant.
→ Il **a été** vraiment charmant.
- Noémie est satisfaite de son voyage.
- Il a une bonne note à son contrôle.
- Cette personne est très sportive.
- Ma sœur a de la peine.

9 ★★★ **Recopie ces phrases et remplace leurs sujets par le pronom** ils.
- J'ai applaudi vivement l'artiste.
- Vincent est arrivé au gymnase vers 15 heures.
- La semaine dernière, tu as oublié ton agenda.
- Il n'est pas venu avec Mohamed.

10 ★★★ **Recopie ces phrases et mets les verbes conjugués au passé composé.**
- Quand tu vas à la piscine, tu prends le métro.
- Marie aura 10 ans.
- Je suis en pleine forme.
- Marco imitait parfaitement bien son camarade.
- Les mouettes survolent la mer.
- Dès les beaux jours, nous fleurirons le balcon.

11 ★★★ **Écris un texte comme si tu avais réalisé cette recette hier. Utilise des connecteurs logiques** (puis, ensuite...).
Ex. : Faire fondre le beurre...
→ **J'ai fait** fondre le beurre...

Faire fondre le beurre et le chocolat au bain-marie. Bien mélanger, ajouter hors du feu le sucre, remuer bien, ajouter les corn flakes. Étaler sur une table une feuille de papier aluminium. Façonner de petites roses sur le papier aluminium. Mettre au frais.

Je repère dans un texte

Dans le texte pp. 184-189, relève cinq verbes au passé composé entre les lignes 53 et 64. Conjugue celui qui appartient au 2e groupe à toutes les personnes.

J'écris

Imagine que tu es en vacances ou au centre de loisirs et que tu écris une lettre pour raconter ce que tu as fait la veille. Écris-la au passé composé. Utilise au moins cinq verbes appartenant à au moins deux groupes différents.

Objectif : Savoir exprimer ses émotions et ses sentiments en utilisant le vocabulaire qui convient.
Texte en lien : *J'ai fui l'Allemagne nazie*, p. 184.

Des mots pour exprimer des émotions et des sentiments

Je lis et je réfléchis

Encore vendredi 21 h 30

[…] Cette coïncidence entre son histoire et la mienne me bouleverse. Tout à l'heure, à table, quand papa nous racontait ça, je tremblais d'émotion. Maman a remarqué mon trouble et, pour une fois, elle n'a rien dit. Pas de plaisanterie lourdingue, pas de réflexion. Juste un sourire.
Papa, lui, était très heureux que je m'intéresse à son travail. Il parlait beaucoup. […]
Je me sens tout bizarre. J'ai l'impression que papa est en train d'écrire mon histoire.

Laurence Gillot, *Coup de foudre*, © Bayard Jeunesse, 2008.

1. Relève dans ce texte les mots ou les expressions qui indiquent que l'auteur de ce journal est ému.
2. À ton avis, comment sa maman a-t-elle pu remarquer « son trouble » ?
3. Que ressent son papa ?
4. Connais-tu d'autres mots pour exprimer des émotions ou des sentiments ? Si oui, lesquels ?

Je retiens

- **Une émotion** est une réaction **limitée dans le temps**, incontrôlée, causée par **un fait extérieur**. Elle peut être **positive** si le fait est **heureux** ou **négative** si le fait est **malheureux** : la joie ressentie devant un film drôle / la tristesse devant un chat abandonné
  Les émotions se traduisent souvent par **des manifestations physiques** : les larmes aux yeux – le tremblement – la pâleur du visage – le sourire…
- **Un sentiment** est ce que l'on ressent par rapport à quelqu'un ou quelque chose. Il n'a pas forcément de cause extérieure et peut être **ressenti sur une longue durée** : l'amour – la pitié…
- Les mots qui expriment les émotions ou les sentiments sont souvent **des mots abstraits**.

On peut utiliser :
– **des verbes** : ressentir – se sentir – pâlir – trembler – pleurer – rire – émouvoir – s'évanouir – rougir – éprouver – aimer – détester…
– **des noms** : l'inquiétude – une sensation – l'admiration – la tendresse – la haine…
– **des adjectifs** : émotif – sentimental – heureux – triste – nostalgique…
– **des expressions** : avoir les larmes aux yeux – être bouleversé – être troublé – être touché – être ému (aux larmes) – être déçu…

- Les mots qui expriment les émotions ou les sentiments peuvent avoir **un sens proche mais des degrés différents** : aimer / adorer – avoir peur / être terrorisé…

Je m'exerce

1 ★ **Recopie uniquement les mots ou expressions qui expriment un sentiment.**
un parfum – l'indifférence – la haine – mentir – être apeuré – aimer – être gourmand – être sentimental – bouger – avoir pitié

2 ★ **Construis un tableau à 2 colonnes** (émotions ou sentiments positifs **et** émotions ou sentiments négatifs) **et classe ces mots.**
la joie – la peur – triste – enjoué – gai – mécontent – haineux – ravi – la solitude

3 ★ **Dans chaque paire de phrases, recopie celle qui exprime une émotion.**

- En rentrant de sa promenade, Théo tremblait de froid. / À l'écoute de son récit, Ilan tremblait de stupeur.
- Quand on joue à « chat », il suffit de toucher son adversaire. / J'ai été très touchée de votre message de sympathie.
- À la vue de son fils, elle se mit à pleurer de joie. / Quand j'épluche des oignons, je ne peux m'empêcher de pleurer.
- Après son accident, Johan était bouleversé. / Ce retard a bouleversé mon emploi du temps.
- Tous ces compliments le firent rougir. / La brûlure avait rougi sa peau.

4 ★★ **Recopie ces expressions et indique à quel sentiment elles correspondent. Utilise les mots suivants.**

l'indifférence – la peur – la tendresse – la honte – la tristesse

- être affectueux → …
- être angoissé → …
- avoir de la peine → …
- regretter son geste → …
- refuser de voir quelqu'un → …

5 ★★ **Recopie et complète ces phrases avec le mot entre parenthèses qui convient.**

- Je suis (patiente / impatiente) d'être en vacances. Ce sera pour moi l'occasion de te voir.
- Il a sauté (de joie / de tristesse) quand il a su qu'il irait voir le match.
- Elle a été émue (aux larmes / au cœur) lorsqu'elle a vu son père sur scène.
- Enzo est tombé de son vélo. Il en est quitte pour une grosse (crainte / frayeur) !
- J'éprouve beaucoup (d'infection / d'affection) pour ce jeune homme.
- Je vous remercie pour votre délicate (intention / attention).

6 ★★ **Complète ces phrases avec des mots de la famille de** émotion. **Tu peux t'aider d'un dictionnaire.**

- Lors de son mariage, Louis a été très ….
- Cette rencontre a été un choc ….
- Ce garçon est vraiment très …, il est paralysé dès qu'il prend la parole.
- La dernière scène de ce film est très ….
- Il en a vu d'autres ! Il ne va pas s'en ….

7 ★★ **Pour chacun des sentiments suivants, construis une phrase.**

le plaisir – la satisfaction – l'angoisse – la pitié – le respect

8 ★★★ **Recopie et associe les expressions aux sentiments qu'elles évoquent. Tu peux t'aider d'un dictionnaire.**

avoir bon cœur •	
avoir une peine de cœur •	
avoir le cœur serré •	• la générosité
avoir un cœur de pierre •	• l'insensibilité
avoir un cœur d'or •	• la tristesse
avoir le cœur sur la main •	• l'amour
avoir le cœur gros •	
avoir le cœur qui bat la chamade •	

9 ★★★ **Construis des phrases avec chacun des mots ou expressions suivants.**

être troublé par – être touché de – être bouleversé par – ressentir – éprouver

10 ★★★ **Recopie ces phrases et souligne les mots ou expressions qui expriment le sentiment de peur. Range-les ensuite en fonction de leur intensité (du plus faible au plus fort).**

- Antonin est terrorisé lorsqu'il entend l'orage gronder.
- Ce chat est très craintif. Il s'enfuit dès qu'une personne arrive.
- Angéla a une peur bleue des araignées !
- Je m'inquiète : Adil n'est pas encore rentré.
- Ce film est effrayant. Il est d'ailleurs interdit aux enfants.
- Cet enfant est apeuré dès qu'il se retrouve seul.

Je repère dans un texte

Dans le texte pp. 184-189, relève dans le premier paragraphe les mots qui expriment un sentiment. Classe-les ensuite dans un tableau à deux colonnes (**sentiments positifs** et **sentiments négatifs**).

J'écris

Écris un petit texte dans lequel tu décriras une sortie à la fête foraine ou dans un parc d'attractions. Décris plus particulièrement tes émotions et ce que tu as ressenti.

Objectifs : Connaître et utiliser les différents déterminants.
Texte en lien : *La Gloire de mon père*, p. 194.

Les déterminants

Je lis et je réfléchis

Nous habitons à Montgomery, en Alabama. Au cœur du Sud des États-Unis. Le Sud des Blancs où les Noirs, descendants des esclaves arrachés d'Afrique il y a plus d'un siècle, tentent de survivre. Rien n'a changé depuis cette époque ou si peu. En tout cas pas leurs regards d'hommes supérieurs, leur morgue, leur haine.
Mon père et ma mère travaillaient dans une ferme. À quelques kilomètres de la ville. […] On était plutôt heureux et nos parents nous apprenaient à être fiers de notre couleur.

Florence Cadier, *Le Rêve de Sam*, © éd. Gallimard Jeunesse.

1. À quelle classe grammaticale les mots en couleur appartiennent-ils ?
2. Observe la dernière phrase du premier paragraphe. Pourquoi le mot en rouge n'est-il pas écrit trois fois de la même façon ?
3. Dans le groupe nominal souligné, par quel mot pourrais-tu remplacer le mot en bleu ? La phrase aurait-elle alors le même sens ? Explique ta réponse.
4. Quel est le point commun des mots en vert ? Quelle information donnent-ils sur le mot qu'ils précèdent ?

Je retiens

- **Le déterminant** est un mot qui se place **avant le nom**. Il indique **le genre** (masculin ou féminin) et **le nombre** (singulier ou pluriel) : **mon** père (masculin, singulier) – **ma** mère (féminin, singulier) – **nos** parents (masculin, pluriel) – **ces** couleurs (féminin pluriel)
- Il existe différents types de déterminants (voir aussi le tableau p. 254) :
  – **les articles définis** et **indéfinis** (voir leçon p. 50) : **le** Sud – **des** esclaves
  – **les déterminants démonstratifs** servent à montrer un être ou une chose en particulier, ou à désigner une réalité précise : **cet** animal – **cette** époque
  – **les déterminants possessifs** indiquent à qui « appartient » le nom : **leurs** regards → les regards des Blancs – **mon** père → le père du narrateur
  – **les déterminants interrogatifs** (ou **exclamatifs**) servent à poser une question ou à s'exclamer : **Quel** âge as-tu ? – **Quelle** époque !
  – **les déterminants numéraux** servent à préciser le nombre : **trois** kilomètres
  – **les déterminants indéfinis** s'utilisent dans des sens très variés et ne déterminent pas le nom de manière précise (certains, aucun, chaque…) : **quelques** kilomètres
- **Attention !** les déterminants possessifs masculins singuliers (mon, ton, son) sont utilisés devant les noms féminins qui commencent par **une voyelle** ou **un *h* muet** : mon oreille (une oreille) – son harmonie (une harmonie)

Je m'exerce

1 ★ **Recopie ces phrases. Entoure les noms et souligne les déterminants.**
- Je ne connais pas ses amis.
- Quels livres de cet auteur avez-vous lus ?
- Je n'ai pas vu ton frère depuis le mois dernier.
- Cette histoire me donne des frissons.
- Mon chat dresse ses oreilles dès qu'il entend un bruit.

2 ★ **Recopie et relie pour former le plus de groupes nominaux possible.**

ces •	• victime
la •	
l' •	• habitantes
des •	
quels •	• appartement
son •	
certaines •	• couverts
cette •	

3 ★ **Construis un tableau à 4 colonnes (possessifs, démonstratifs, exclamatifs/interrogatifs et articles) et classe les déterminants présents dans ces phrases. Indique entre parenthèses le nom qu'ils accompagnent.**

- Pour ton anniversaire, nous t'offrons une bague.
- Quels documents as-tu utilisés pour cet exposé ?
- Ce magnifique spectacle est très adapté pour les enfants.
- Soufiane ne retrouve plus ses chaussures.
- Quelle belle journée !

4 ★★ **Utilise chacun des noms suivants dans un groupe nominal avec un déterminant interrogatif. Indique ensuite le genre et le nombre de chaque groupe nominal.**

Ex. : cahiers → quels cahiers (masculin, pluriel)

souvenir – souris – journaux – curiosités – ordinateur – trottoirs – journaliste – foulard

5 ★★ **Recopie et complète ces phrases avec des déterminants possessifs.**

- Avez-vous pensé à prendre … affaires de sport ?
- Au printemps, nous désherbons … jardin.
- Pourquoi ne prêtes-tu jamais … jouets ?
- Ils ont dû apprendre … leçon rapidement.
- Ils sont rentrés de vacances mais … valises sont restées à l'aéroport.

6 ★★ **Recopie ces phrases et remplace tous les déterminants possessifs ou démonstratifs par des articles définis.**

- Ce récit ne m'a pas plu. Son intrigue n'est pas suffisamment prenante.
- Notre quartier est particulièrement calme mais toutes ses rues sont étroites.
- Veux-tu nous prêter ton ballon ?
- Aucun élève de cette classe n'a appris sa leçon.
- Ces tomates proviennent de mon jardin.

7 ★★ **Recopie en mettant les groupes nominaux pluriels au singulier. Fais attention aux accords !**

- Ces oiseaux se nourrissent de viande. Ce sont des rapaces.
- Ces fillettes adorent jouer dans le sable.
- Quelles images as-tu mises dans ton album ?
- Ces garçons sont mes neveux.
- Ils nous ont présenté leurs amis.

8 ★★★ **Recopie et complète ces phrases avec le déterminant possessif** ses **ou le déterminant démonstratif** ces**. Aide-toi du sens de la phrase.**

- … serpents sécrètent du venin.
- Lucie a encore égaré … clés !
- … monuments historiques datent du XVIe siècle.
- Regarde … orchidées ; elles sont très rares.
- Dès son retour, le marin pêcheur répare … filets.

9 ★★★ **Recopie ces phrases et remplace les articles par des déterminants démonstratifs.**

- Les poires ne sont pas encore mûres.
- Je crains que les basses températures ne durent encore quelques jours.
- Le vent violent a fait beaucoup de dégâts.
- En raison des intempéries, l'avion n'a pu atterrir.

10 ★★★ **Recopie et complète ce texte avec des déterminants qui conviennent.**

Pour la première fois, Elsa passe … vacances … bord de … mer. Elle découvre … milieu marin et … océan. Elle prend … sable dans … mains pour remplir … seau. « … beau château ! » lui disent … parents. Mais ce qui l'intrigue le plus, c'est … retour … chalutiers. … bateaux de pêche attirent … mouettes et … goélands qui essaient d'attraper … poissons à travers … mailles … filets.

Je repère dans un texte

Dans le texte pp. 194-195, relève dix déterminants possessifs et les noms communs qui les accompagnent. Précise leur genre et leur nombre.

J'écris

Cherche dans le dictionnaire qui était Martin Luther King et écris un petit texte sur lui. Tu utiliseras au moins un déterminant de chaque type.

Objectifs : Savoir identifier et utiliser les adjectifs qualificatifs et les participes employés comme adjectifs. Distinguer la fonction épithète et la fonction attribut du sujet.
Texte en lien : *La Gloire de mon père*, p. 194.

L'adjectif qualificatif

Je lis et je réfléchis

Le soir, je fais un rêve qui n'a l'air de rien mais qui me met le cœur en bouillie : mes amis d'Alexandrie sont tous à Paris. Au lieu d'être heureuse, je me fâche : « Qu'est-ce que vous faites là ? » Marina est avec moi dans ma nouvelle école, assise à côté de Paul qui la regarde en souriant. Je suis **jalouse**. C'est vrai qu'elle est **jolie** avec ses longues nattes et ses bonnes joues ; pas comme moi, tellement maigre sous mes cheveux courts et frisés. J'ai envie de lui crier de retourner à Alexandrie et de me laisser tranquille, mais c'est moi qui m'en vais.

Eglal Errera, *Les Premiers Jours*, © éd. Actes Sud, 2002.

1. Observe les mots soulignés. À quelle classe grammaticale appartiennent-ils ?
2. À quoi servent-ils ?
3. Si tu supprimes les mots soulignés dans les groupes nominaux en bleu, la phrase a-t-elle le même sens ?
4. Peux-tu supprimer les mots en gras ? Pourquoi ?
5. Quel est le verbe qui les précède ?
6. Remplace le mot **école** par le mot **collège** dans la troisième phrase. Que remarques-tu ?

Je retiens

- **Un adjectif qualificatif** est un mot qui **précise** ou **décrit le nom** ou **le pronom** qu'il accompagne. On dit qu'il le **qualifie** : ses longues (adjectif) nattes (nom) – Elle (pronom) est jolie (adjectif).
- Les **participes passés** et les **participes présents** peuvent être **utilisés comme des adjectifs qualificatifs** (voir leçon p. 62) : un animal **blessé** (participe passé du verbe *blesser*) – un homme **imposant** (participe présent du verbe *imposer*).
- L'adjectif **s'accorde en genre et en nombre** avec le nom (ou le pronom) qu'il qualifie : ma **nouvelle** école (féminin singulier) – mes **nouveaux** cahiers (masculin pluriel)
- Selon sa place dans la phrase, l'adjectif peut avoir **deux fonctions différentes** :
  – lorsqu'il est placé **dans un groupe nominal** (avant ou après le nom), c'est **une expansion du nom**. Il est **épithète** du nom qu'il qualifie et peut être supprimé sans que la phrase devienne incorrecte (Il a des cheveux **courts**. → Il a des cheveux.). Dans un groupe nominal, il peut y avoir plusieurs adjectifs qualificatifs épithètes : de **longs** cheveux **frisés**
  – lorsqu'**il qualifie le sujet du verbe** et est placé après celui-ci, l'adjectif est **attribut du sujet** et ne peut pas être supprimé (voir leçon p. 104) : Je (sujet) suis **jalouse** (adjectif attribut du sujet).

Je m'exerce

1 ★ **Recopie uniquement les groupes nominaux dans lesquels il y a des adjectifs qualificatifs, puis souligne-les.**
un grand sapin – la manche de ton manteau – un amusant petit chat – des cheveux blonds – une robe de coton – une poupée de chiffon – une nappe de toutes les couleurs – une descente vertigineuse – un ciel nuageux – une fleur qui fane – un élégant chemisier – une longue route montagneuse – un hiver très froid – un terrain qui glisse – une fausse adresse – une équipe soudée – un train qui part

2 ★ **Recopie ces phrases et souligne les adjectifs qualificatifs.**

- Le jardinier consciencieux a orné le jardin d'une haie fleurie.
- Ses vêtements étaient trop légers pour la saison froide.
- Les vertes prairies avaient disparu sous la couche épaisse de neige.
- Ce violent orage a détruit les récoltes à venir.

3 ★ **Recopie ces groupes nominaux et remplace chaque adjectif qualificatif par un autre adjectif qualificatif (tu peux changer la place de l'adjectif).**

un passage étroit – une triste nouvelle – une agréable promenade – des spectateurs attentifs – un vent glacial – un monument imposant – un animal farouche

4 ★ **Recopie et complète ces phrases avec les adjectifs qualificatifs suivants.**

rigoureux – difficile – pratiqués – moqueur – venimeux – nautiques – sûr – précieux

- Son sourire … me rendait mal à l'aise.
- Son travail … lui a permis de réussir cet examen ….
- Tous les serpents ne sont pas … !
- Cet objet me semble très … ; range-le dans un endroit ….
- Les sports … dans ce club sont uniquement des sports ….

5 ★★ **Recopie et remplace les expressions soulignées par un adjectif qualificatif qui a le même sens.**

Ex. : une personne <u>qui parle beaucoup</u>
→ une personne **bavarde**

- une personne <u>qui rend service</u> → …
- une personne <u>qui répond avec insolence</u> → …
- une personne <u>qui s'agite beaucoup</u> → …
- une personne <u>qui se met souvent en colère</u> → …
- une personne <u>qui prend soin de ses affaires</u> → …
- une personne <u>qui agit prudemment</u> → …

6 ★★ **Recopie chaque verbe et trouve les adjectifs qualificatifs masculins et féminins qui leur correspondent (ils se terminent par** -ant **au masculin).**

Ex. : amuser → amusant, amusante

hurler – provoquer – rassurer – mériter – changer – satisfaire – obéir – manquer

7 ★★ **Recopie et associe les noms avec les adjectifs qualificatifs qui conviennent. Fais bien attention aux accords !**

des cris •	• familial
un repas •	• malencontreuse
des cailloux •	• perçants
une chute •	• pointue
un bruit •	• familiale
une réunion •	• incessant
une pierre •	• terminées
des vacances •	• pointus

8 ★★★ **Pour chaque groupe nominal, construis une phrase dans laquelle l'adjectif sera attribut du sujet. Utilise les verbes d'état :** être, paraître, sembler, devenir, rester.

Ex. : un élève sérieux → Cet élève **est sérieux**.

un délicieux gâteau – un oiseau blessé – un animal docile – une fille effrontée – un ami fidèle

9 ★★★ **Recopie ces phrases et complète avec les participes passés des verbes entre parenthèses, employés comme des adjectifs qualificatifs.**

- Ce document … illustre bien cette période. (écrire)
- …, le lion se tient sur un tabouret. (dompter)
- Il avait un pantalon … et un manteau …. (déchirer, abîmer)
- Son travail …, il put se reposer. (accomplir)

10 ★★★ **Construis un tableau à 2 colonnes** (adjectifs épithètes **et** adjectifs attributs) **et classe les adjectifs qualificatifs de ces phrases.**

- Ce petit garçon est rouge de colère.
- Cet étroit sentier semble dangereux.
- Les gros camions roulent sur la route embrumée.
- Cet animal inconnu est très majestueux.

Je repère dans un texte

Dans le texte pp. 194-195, relève cinq adjectifs qualificatifs ainsi que les noms qu'ils qualifient entre les lignes 13 et 22.

J'écris

Fais la description physique et morale d'une personne de ton choix. Tu donneras le plus de précisions possible à l'aide d'adjectifs qualificatifs.

Utiliser les temps du journal intime

Je cherche

1. Lis cet extrait de journal intime.

Mardi 22 novembre

Je vais dormir chez Caroline ! Juste le temps de préparer mon sac à dos et, dès que maman **rentre**, je **pars**…

D'abord maman ne voulait pas parce qu'il faut que je sois là demain matin à huit heures pour garder Adrien. Maintenant qu'elle travaille, la vie est plutôt compliquée !

Chantal Cahour, *Touche pas à mon père*, coll. « Cascade », © Rageot Éditeur.

2. À quel temps les verbes en gras sont-ils conjugués ? Indiquent-ils des actions passées, présentes ou futures ?

3. À ton avis, pourquoi le narrateur n'a-t-il pas utilisé le futur ?

4. Relève le verbe conjugué à l'imparfait. Situe le moment durant lequel se déroule l'action qu'il décrit par rapport au moment où la narratrice écrit.

Je réfléchis

1. Lis cet autre extrait du même journal intime.

Mercredi 23 novembre

Ce matin, mamie est arrivée en disant : « Dépêchons-nous les enfants, je n'ai pas eu le temps de confectionner ma crème anglaise avant de partir. Si vous voulez un dessert à midi, il faut s'y mettre tout de suite. »

Chantal Cahour, *Touche pas à mon père*, coll. « Cascade », © Rageot Éditeur.

2. Cet extrait a-t-il été écrit avant, après ou au moment de l'arrivée de la grand-mère ? À quoi le vois-tu ?

Je m'exerce

1. Recopie ce texte en conjuguant les verbes entre parenthèses, d'abord en imaginant que la narratrice écrit en revenant de chez Leila ; ensuite, en imaginant qu'elle écrit avant d'y aller.

À 5 heures, après l'école, je (aller) chez Leila pour préparer un exposé sur les océans. Ses parents (acheter) un nouvel ordinateur. On (pouvoir) chercher des renseignements sur Internet, et après on (s'amuser). Moi, je (ne pas avoir) encore d'ordinateur.

J'ai compris

- Dans **les journaux intimes**, on utilise généralement :
  - **le présent** pour raconter ce qui se passe au moment où le narrateur écrit (Maintenant qu'elle **travaille**…) ou pour évoquer des actions habituelles (Tous les mercredis, je **vais** à la danse.)
  - **l'imparfait et le passé composé** pour décrire des actions passées, antérieures au moment où le narrateur raconte : J'**ai sauté** sur l'occasion.
  - **le futur** et parfois **le présent** pour parler d'actions à venir : J'**irai** chez Lola. – Je **vais dormir** chez Lola ce soir. – Dès que maman **rentre**, je **pars**.
- L'utilisation de ces temps crée une impression de **proximité avec le lecteur** (contrairement au passé simple qui est normalement le temps du récit, voir p. 40). Cela **donne davantage de vie au texte**.

Utiliser les pronoms personnels dans le récit

Je cherche

1. Lis cet extrait de texte.

Jusqu'à l'anniversaire de mes douze ans, j'ai été un garçon ordinaire. J'avais bien une petite malformation, le bout des pouces et des index très aplati, rien d'important.

Chantal Cahours, *Moi, Sorcier en 9 leçons*, © éd. Oskar Jeunesse.

2. Qui raconte cette histoire ? Relève les mots qui le montrent.

3. Observe le titre du livre et le nom de l'auteur. Penses-tu que l'auteur et le narrateur qui dit **je** sont la même personne ? Pourquoi ?

Je réfléchis

1. Lis ces extraits de textes.

A. Erik releva notre position à midi et constata que, pendant notre trajet à la voile, nous avions fortement dévié vers le nord le long de la côte.

Thor Heyerdalh, *L'Expédition du Kon Tiki*, © éd. Albin Michel.

B. Tom s'éloigna de l'horloge pour trouver l'interrupteur. Où était-il ? Ses doigts frôlèrent le mur en vain. De la lumière, de la lumière, voilà ce qu'il lui fallait !

Philippa Pearce, *Tom et le Jardin de minuit*, traduit par Cécile Loeb, © Gallimard Jeunesse.

2. Relève le pronom personnel utilisé dans le texte A. Qui désigne-t-il ?

3. Dans le texte B, cherche les pronoms personnels. Lesquels désignent-ils une personne ? De quelle personne s'agit-il ? Est-ce lui qui raconte ce qui lui arrive ?

4. Sait-on qui est le narrateur de cette histoire ?

5. Réécris ce texte en te mettant à la place de Tom. Quels sont les mots que tu as dû changer ?

Je m'exerce

1. Réécris ce récit en imaginant que c'est Gaspard, le chat, qui raconte. Fais bien attention aux pronoms et aux terminaisons des verbes !

Un matin, comme tous les matins, Gaspard prit son petit déjeuner avec Thomas. Quand celui-ci partit pour l'école, Gaspard l'accompagna jusqu'à la porte et lui dit "au revoir" comme d'habitude avec un petit miaou et un gros ronron.

Claude Roy, *Le Chat qui parlait malgré lui*, coll. « Folio Junior », © Gallimard.

J'ai compris

- Dans les récits en « je », le pronom personnel **je** désigne **le narrateur**, qui peut être :
  – **l'auteur**, comme dans les autobiographies et certains journaux intimes (voir pp. 190 et 196) ;
  – **un personnage imaginaire**, créé par l'auteur, qui raconte son histoire.
- Quand un récit est écrit à la **3e personne du singulier**, on ne peut pas savoir qui est le narrateur ; il n'intervient pas dans l'histoire.

Évaluation

Grammaire

1 Quelle liste ne contient que des noms ?

a. tabouret – hôtel – occasionnel – Londres – potion
b. pianiste – immense – craie – couvre-lit – signal
c. méfait – tourbillon – pourtant – hirondelle – Martine
d. marguerite – document – amitié – presse-citron – Léonie

Voir p. 44

2 Quel groupe de mots est un groupe nominal ?

a. éloignez les enfants
b. l'attaque du fourgon
c. qui habite à la ferme
d. que tu portes

Voir p. 46

3 Quel groupe nominal contient trois expansions du nom ?

a. un grand pianiste de renom
b. un grand volet qui claque
c. un petit chien marron qui aboie
d. une petite étoile scintillante

Voir p. 46

4 Quel groupe nominal contient un article indéfini ?

a. les poulets de ferme
b. des dictionnaires bien rangés
c. la mangeoire de l'étable
d. l'éponge du tableau

Voir p. 50

5 Quel groupe nominal contient un article défini contracté ?

a. les visiteurs étrangers
b. des poissons étranges
c. les enfants du village
d. une animation festive

Voir p. 50

6 Quels types de déterminants y a-t-il dans ces phrases ?

Dans mon rêve, je dévalais cette pente à toute vitesse. Quelle descente !

a. 1 possessif, 1 démonstratif et 1 interrogatif.
b. 2 possessifs, 1 démonstratif et 1 exclamatif.
c. 2 possessifs, 2 démonstratifs et 1 interrogatif.
d. 1 possessif, 1 démonstratif et 1 exclamatif.

Voir p. 58

7 Quelle liste ne contient que des déterminants possessifs ?

a. ces – quel – votre – son
b. nos – ses – quelles – ce
c. ses – mes – leurs – votre
d. cette – leur – mon – ces

Voir p. 58

8 Quelle phrase ne contient pas d'adjectif qualificatif ?

a. Ce sont des amis de longue date.
b. Cette histoire se termine vraiment très mal.
c. Les informations techniques ont permis le montage de l'engin.
d. Noël est un moment extrêmement magique pour les enfants.

Voir p. 60

9 Quelle phrase contient un adjectif qualificatif attribut du sujet ?

a. Malgré l'ambiance festive, Antoine paraît triste.
b. Le tas d'herbes sèches brûla rapidement.
c. La petite barque voguait lentement vers le rivage.
d. Quelques coups sourds tambourinaient à la porte.

Voir p. 60

Conjugaison

10 Dans quelle phrase le verbe est-il orthographié correctement ?

a. Ils vendirent leur voiture.
b. Ils vendèrent leur voiture.
c. Ils voulut avoir le dernier mot.
d. Il voulus avoir le dernier mot.

Voir p. 52

11 Avec quelle forme verbale peux-tu compléter cette phrase ?

Afeida et moi … de bon matin.

a. partirent
b. partîmes
c. partèrent
d. partis

Voir p. 52

12 Dans quelle phrase le verbe est-il conjugué au passé composé ?

a. Étienne a souvent peur des animaux.
b. Bruno n'a pas soufflé ses bougies d'anniversaire.
c. Mes cousins sont installés devant la télévision.
d. Hélène est présente.

Voir p. 54

13 **Avec quelle forme verbale peux-tu compléter la phrase suivante ?**

Les chevaux … les obstacles.

a. ont sauté
b. on sauté
c. ont sautés
d. sont sautés

Voir p. 54

14 **De quel verbe** étant **est-il le participe présent ?**

a. avoir
b. étaler
c. être
d. étendre

Voir p. 62

15 **Quelle phrase contient un participe passé employé sans auxiliaire ?**

a. Il aura fini son travail dans un quart d'heure.
b. Je suis allé chez le coiffeur.
c. Il a amassé beaucoup d'argent pour son association.
d. Les tableaux accrochés dans cette salle sont magnifiques.

Voir p. 62

Orthographe

16 **Dans quelle liste le pluriel d'un nom est-il mal orthographié ?**

a. des manteaux – des poteaux – des manchots – des robots
b. des neveux – des cloux – des noyaux – des noix
c. des choux – des malheurs – des épreuves – des bijoux
d. des plumes – des rideaux – des orteils – des feuilles

Voir p. 48

17 **Dans quelle liste tous les noms ont-ils la même terminaison au pluriel ?**

a. un pou – une image – un râteau – un abri – une châtaigne
b. un mérou – un pneu – un fauteuil – une statue – un appareil
c. une coutume – un trésor – un genou – une population
d. un jeu – un cadeau – un conseil – un bocal – une chenille

Voir p. 48

18 **Quel adjectif est mal accordé dans cette phrase ? Indique comment il devrait être écrit.**

Le vieille homme, qui marchait avec une canne blanche, traversait ce carrefour dangereux sans se préoccuper de la circulation abondante.

a. vieil
b. blanche
c. dangereux
d. abondante

Voir p. 64

19 **Avec quelle forme de l'adjectif** fier **faut-il compléter la phrase suivante ?**

Matthieu et ses sœurs étaient très … de leur travail.

a. fière
b. fières
c. fier
d. fiers

Voir p. 64

20 **Dans quelle phrase le participe passé n'est-il pas orthographié correctement ?**

a. Nous sommes allés à la piscine.
b. Marion est sortie de l'école à 16 heures.
c. Les enfants sont rentrés de bonne heure.
d. Il est venus avec moi.

Voir p. 66

21 **Dans laquelle de ces phrases les participes passés sont-ils correctement accordés ?**

a. Maman a présentée le plat dans une terrine joliment décorée.
b. Maman a présenté le plat dans une terrine joliment décoré.
c. Maman a présentée le plat dans une terrine joliment décoré.
d. Maman a présenté le plat dans une terrine joliment décorée.

Voir p. 66

Vocabulaire

22 **Quelle phrase exprime une émotion ?**

a. Dans cet appartement, il fait très chaud.
b. J'ai été bouleversé par tant de marques de sympathie.
c. Tu as mal organisé ton emploi du temps.
d. Ce résultat n'est pas acceptable.

Voir p. 56

23 **Quel mot est synonyme de** extérieur **?**

a. exclusion
b. dehors
c. intérieur
d. dedans

Voir p. 68

24 **Quel mot n'est pas le contraire de** beau **?**

a. moche
b. vilain
c. belle
d. affreux

Voir p. 68

Grammaire

Objectifs : Savoir identifier, manipuler et utiliser les compléments du nom.
Texte en lien : *Mamie Ouate en Papoâsie*, p. 202.

Le complément du nom

Je lis et je réfléchis

Senderl, assis les yeux dans le vide. Benjamin tourne comme ***un ours en cage****, consultant ses livres.*
BENJAMIN : Il faut trouver une idée.
On entend des flonflons venant d'une sorte de ***baraque de foire****.*
SENDERL : On dirait un cirque. Tu as déjà été au cirque ?
BENJAMIN : Non, jamais.
SENDERL : Moi non plus. Il paraît qu'il y a des clowns.
BENJAMIN : Des clowns ?
SENDERL : Oui, **des clowns qui font des clowneries pour faire rire.**
BENJAMIN : Je n'ai pas envie de rire.

Gérard Wajcman, *Le Voyage de Benjamin*, © éd. Actes Sud, 2004.

1. Recopie les groupes nominaux en gras. Souligne les noms-noyaux et entoure les expansions du nom de chacun d'eux.
2. Comment appelle-t-on ces expansions du nom ? À quoi servent-elles ?
3. Par quels mots sont-elles introduites ? À quelle classe grammaticale ces mots appartiennent-ils ?
4. Quelle est la nature de ces expansions du nom ?
5. À quel nom l'expansion du nom soulignée se rapporte-t-elle ? À quelle classe grammaticale appartient-elle ?

Je retiens

- **Le complément du nom** a pour fonction de **compléter et d'apporter des précisions** sur le nom-noyau d'un groupe nominal.
- Le complément du nom peut être :
  – **un nom** ou **un groupe nominal** : un ours **en cage** – un numéro **de puce acrobate**
  – **un verbe à l'infinitif** : l'envie **de rire** – un fer **à repasser**
  – **un adverbe** : les voitures **d'autrefois** – les enfants **d'ici**
  – **une proposition relative** : des clowns **qui font rire**
- Le complément du nom est souvent relié au nom par une préposition (voir leçon p. 88). Il ne s'accorde pas avec le nom-noyau : une baraque **de foire** → des baraques **de foire**.

Attention !
– Lorsque le complément du nom est introduit par **à** ou **de** suivi du déterminant **le** ou **les**, le déterminant se contracte avec la préposition : le numéro **de la** trapéziste → le numéro **du** trapéziste – le numéro **des** trapézistes
– Le complément du nom est parfois placé juste après le nom, sans préposition : le collège **Charlemagne** – la place **Vendôme** – une danseuse **étoile**

Je m'exerce

1 ★ **Recopie ces groupes nominaux. Souligne chaque complément du nom.**
une glace à la vanille – de la peinture sur soie – un gâteau qui sent bon – un manège pour enfant – ce grand jardin près d'un musée – le parc Monceau – des maisonnettes qui sont en bois

2 ★ **Recopie ces groupes nominaux. Souligne en bleu les compléments du nom introduits par une préposition et en vert les compléments du nom sans préposition.**

un maître chocolatier – la rue de la mairie – le boulevard des Capucines – le rayon boucherie – un bijou sans valeur – l'espace librairie – une fenêtre sur cour – l'hôtel Beaurivage

3 ★ **Recopie et complète ces phrases avec les prépositions qui conviennent. Certaines prépositions peuvent être utilisées plusieurs fois.**

de – à – sur – sans – en – pour – près

- Toumani a préféré acheter un téléphone … fil.
- Noah aime les choux … la crème.
- La maison … du parc a un toit … paille.
- Ce concerto … piano est interprété par l'Orchestre … Paris.
- Avec son chapeau … la tête et son nez … clown, ma petite sœur nous a fait rire.

4 ★ **Recopie ces phrases et souligne les compléments du nom.**

- Un petit koala est né au zoo d'Amneville.
- Il achète des croquettes pour chats.
- Vous trouverez les machines à laver dans ce rayon.
- Je vais à la gare Montparnasse prendre mon train.
- J'ai vu un homme qui portait un costume bleu.

5 ★★ **Relève le complément du nom de chaque phrase et indique sa nature** (nom, groupe nominal, verbe, proposition relative **ou** adverbe).

- Ils ont payé avec un billet de 20 euros.
- Ton invitation à dîner me fait très plaisir.
- Mila habite boulevard Voltaire.
- Les trains d'autrefois marchaient à la vapeur.
- J'ai un appartement qui est vide.
- Mes voisins du dessous sont vraiment sympathiques.

6 ★★ **Recopie ces phrases et complète chaque nom avec un complément du nom sans préposition.**

- Nous nous baignons dans la mer ….
- Voici un portrait du roi ….
- Tu traverses la place ….
- J'ai reçu la visite de mon oncle ….
- Demain, nous irons au musée ….

7 ★★ **Recopie ces groupes nominaux et remplace chaque adjectif par un groupe nominal complément du nom.**

Ex. : un moulin hollandais → un moulin de Hollande

- une décision gouvernementale
- le palais princier
- un polo rayé
- un personnage légendaire

8 ★★ **Recopie et complète ces noms par un complément du nom de la nature indiquée entre parenthèses.**

Ex. : un yaourt (verbe à l'infinitif)
→ un yaourt **à boire**

- un crayon (nom)
- une carte (verbe à l'infinitif)
- un morceau (groupe nominal)
- les films (proposition relative)
- le repas (adverbe)

9 ★★★ **Recopie et complète chaque nom avec plusieurs compléments du nom introduits par des prépositions différentes. Propose le nombre de solutions indiqué entre parenthèses.**

Ex : une table (3) → une table **à** repasser – une table **en** bois – une table **de** ping-pong

- une bouteille (2)
- un œuf (3)
- une assiette (3)
- un chemisier (4)

10 ★★★ **Recopie ce texte et complète les noms en rouge par des compléments du nom de différentes natures.**

Léo enfila son costume et se contempla dans le miroir. Il ajusta sa cravate, puis enfila son manteau et mit son chapeau. Une fois dans la rue, il fit signe au chauffeur et monta à l'arrière. Il s'arrêta devant une demeure et entra. Il avait accepté cette invitation dans l'espoir de revoir Sarah.

Je repère dans un texte

Dans le texte pp. 202-207, relève deux compléments du nom avec prépositions et un complément du nom sans préposition entre les lignes 58 et 66.

J'écris

Écris une carte d'invitation à ton anniversaire. Utilise au moins trois compléments du nom introduits par trois prépositions différentes.

Conjugaison

Objectif : Savoir conjuguer les verbes à l'imparfait de l'indicatif.
Texte en lien : *Finissez vos phrases !*, p. 200.

L'imparfait de l'indicatif

Je lis et je réfléchis

MARIE-LÉONIE : Quand je rentrais de l'école avec mes six sœurs, dès qu'on pénétrait dans le bois, on sentait la fumée, et à l'odeur on savait ce qu'on allait manger. Mes sœurs se mettaient à saliver et à prononcer le nom des mets[1] ou de la bestiole qui cuisait, mais quand elles salivaient sans rien dire et qu'elles se regardaient avec des yeux brillants, je savais.
ZONZON : Vous saviez quoi ?
MARIE-LÉONIE : Ce que maman cuisinait.
Silence.
ZONZON : Et vous n'aimiez pas ça ?
MARIE-LÉONIE : En tout cas, j'aimais pas l'odeur.

1. Mets : aliments servis à table.

Jean-Claude Grumberg, *Mange ta main*,
Heyoka Jeunesse, © éd. Actes Sud, 2006.

1. À quel temps les verbes de ce texte sont-ils conjugués ?
2. Relève un verbe du 1er groupe et un verbe du 3e groupe conjugués à la même personne. Que remarques-tu à propos de leur terminaison ?
3. Dans le groupe de mots soulignés, remplace le verbe **cuire** par le verbe **rôtir**. Que devient sa terminaison ?
4. À quel groupe ce verbe appartient-il ?

Je retiens

- **L'imparfait de l'indicatif** est un **temps du passé** que l'on utilise souvent dans **le récit** (voir **Clé de lecture**, p. 40). Ses terminaisons sont les mêmes pour tous les verbes, quel que soit leur groupe, comme **parler** : je parl**ais** – tu parl**ais** – il, elle parl**ait** – nous parl**ions** – vous parl**iez** – ils, elles parl**aient**
- Pour les verbes du **2e groupe**, il faut intercaler les lettres **ss** entre le radical et la terminaison à toutes les personnes : je fini**ss**ais – tu fini**ss**ais – il, elle fini**ss**ait – nous fini**ss**ions – vous fini**ss**iez – ils, elles fini**ss**aient
- Les auxiliaires **être** et **avoir** ont des formes particulières à l'imparfait : être → j'**ét**ais – avoir → tu **av**ais (voir les tableaux de conjugaison au début du manuel)
- **Attention !**
  – Pour les **verbes du 1er groupe** dont l'infinitif se termine en **-yer**, **-ier**, **-gner** et **-iller**, les 1re et 2e personnes du pluriel se prononcent de la même façon au présent et à l'imparfait. Il ne faut pas oublier le **i** de l'imparfait :
  gagner → nous gagnons (présent) / nous gagn**i**ons (imparfait) – crier → nous crions (présent) / nous cri**i**ons (imparfait) – travailler → nous travaillons (présent) / nous travaill**i**ons (imparfait)
  – Pour certains **verbes du 3e groupe**, le radical de l'infinitif est modifié à toutes les personnes : faire → je **fais**ais – voir → tu **voy**ais – prendre → il **pren**ait… (voir les tableaux de conjugaison à la fin du manuel)

Je m'exerce

1 ★ **Recopie ces phrases. Souligne les verbes à l'imparfait et indique leur infinitif.**

- Nous recopiions et traduisions ce texte.
- Je ne connaissais pas ce morceau.
- Vous écriviez des mails à vos amis de Londres.
- Elles berçaient et nourrissaient le petit prince.

2 ★ **Recopie et complète avec un pronom personnel sujet qui convient.**

- … effaçaient
- … faisait
- … agissaient
- … attendais
- … riions
- … alliez
- … essayiez
- … cherchais
- … dormions

3 ★ **Recopie et complète ce texte avec les verbes suivants.**

trouvaient – gagnions – affrontaient – poussions – franchissaient – faisions

Une fois nos devoirs terminés, ma sœur et moi … une partie de jeu vidéo. Nos héros … toutes sortes d'ennemis. Ils … des obstacles de plus en plus difficiles. Quand, enfin, ils … le trésor et que nous … la partie, nous … des cris de joie.

4 ★★ **Recopie ces phrases et remplace leurs sujets par ceux entre parenthèses.**

- Tu balayais le sol de la cuisine. (Vous)
- Nous bâtissions des châteaux de sable. (Elle)
- Je réveillais les enfants vers 8 h 00. (Nous)
- Vous logiez dans la maison près de la mairie. (Ils)
- À cette époque, nous étions timides. (tu)

5 ★★ **Recopie ces phrases et conjugue les verbes entre parenthèses à l'imparfait.**

- Jamel et toi (partir) de bonne heure.
- Elle n'(être) pas contente de son travail.
- Zoé et moi (avoir) de la chance : il (faire) très beau.
- Tu (vouloir) cueillir les roses qui (fleurir).
- Je (rincer) les assiettes et vous (essuyer) les verres.

6 ★★ **Conjugue à l'imparfait les verbes de ces expressions à la personne demandée.**

- apprécier les balades (2e personne du pluriel)
- beurrer et engloutir des tartines (3e personne du pluriel)
- classer et ranger les documents (2e personne du singulier)
- rincer puis remplir la bouteille (1re personne du singulier)

7 ★★ **Recopie et complète ces phrases avec des verbes conjugués à l'imparfait.**

- Nouredine et moi … sur le chemin, quand la pluie se mit à tomber.
- Alors qu'Élise et Jordan …, une sirène retentit.
- Ton père et toi … depuis plusieurs minutes quand le taxi arriva.
- Tu … ton stylo et … la date.

8 ★★★ **Trouve le verbe qui correspond à chaque définition. Emploie-le ensuite dans une phrase à l'imparfait, à la personne demandée.**

Ex. : regrouper des gens (2e personne du pluriel)
→ **réunir** – **Vous réunissiez** vos amis pour votre anniversaire.

- sauter dans l'eau la tête la première (2e personne du singulier)
- avaler un liquide (1re personne du pluriel)
- terminer (3e personne du pluriel)
- prendre le repas du soir (3e personne du singulier)
- détacher un fruit de sa branche (2e personne du pluriel)

9 ★★★ **Recopie ce texte et remplace** Mercredi dernier **par** Tous les mercredis. **Conjugue les verbes à l'imparfait.**

Mercredi dernier, Max et moi sommes allés chez ma grand-mère. Elle nous a fait faire des brownies. Nous avons mis nos tabliers, puis Max a mélangé du beurre et du chocolat fondu. Pendant ce temps, j'ai battu les œufs avec le sucre. Nous avons ensuite ajouté de la levure, de la farine et des noix écrasées. J'ai finalement réparti la pâte dans le moule et elle a cuit 25 minutes au four.

Je repère dans un texte

Dans le texte pp. 200-201, relève deux verbes conjugués à l'imparfait et indique à quelles personnes ils sont conjugués. Donne ensuite leur infinitif.

J'écris

Décris le dessin animé que tu préférais quand tu étais petit : l'histoire, les personnages, etc. Utilise des verbes conjugués à l'imparfait.

Grammaire

Objectifs : Savoir distinguer et utiliser les différents types de pronoms. Connaître leurs fonctions.
Texte en lien : *Mamie Ouate en Papoâsie*, p. 202.

Les pronoms

Je lis et je réfléchis

Maman Pingouin, *après un temps* **:** Que fais-tu là, mon fils, en pleine nuit ?
Pingouin : Je rêvais.
Maman Pingouin : Tu rêveras mieux en venant te coucher.
Pingouin : Ce n'est pas les mêmes rêves, Maman, qu'on fait debout et qu'on fait couché.
Maman Pingouin : Tu es bien raisonneur. Allez viens s'il te plaît, demain il y a concours de glissade sur la banquise, il faut être en forme.
Pingouin : Tous les jours il y a concours de glissade, **ça** ne m'amuse plus.
Maman Pingouin : Eh bien alors tu iras à la pêche sous-marine avec tes frères, ou tu feras des batailles de boules de neige, c'est toi qui choisiras.

Jean-Gabriel Nordman, *Le Long Voyage du pingouin vers la jungle*, © éd. La Fontaine, 2001.

1. Quel personnage désignent les mots en couleur ?
2. À quoi ces mots servent-ils ? À quelle classe grammaticale appartiennent-ils ?
3. Quelle est la fonction des mots en vert ? du mot en rouge ?
4. À quel événement le mot en gras se rapporte-t-il ?
5. À quel mot le mot souligné se rapporte-t-il ? À quelle classe grammaticale appartient-il ?
6. À quel type de phrase la première phrase appartient-elle ?
7. Par quel mot commence-t-elle ? Cherche la nature de ce mot.

Je retiens

Un pronom est un mot qui **remplace un nom ou un groupe nominal**. Il existe plusieurs types de pronoms, qui peuvent être **sujets** ou **compléments d'objet** (voir tableau des pronoms, p. 254) :

- **Les pronoms personnels singuliers** (je, tu, elle, me, m', toi, se, s', lui…) et **pluriels** (nous, vous, leur, eux…) : **Elle lui** pose une question.
- **Les pronoms possessifs singuliers** (le mien, la mienne, le tien, la tienne, le/la vôtre…) et **pluriels** (les tiens, les tiennes, les siens, les siennes…). Ils indiquent **à qui appartient ce dont on parle** : J'ai écouté les deux histoires : **la vôtre** est la plus drôle. → **la vôtre** remplace **votre histoire**
- **Les pronoms démonstratifs singuliers** (celui, celle, celui-ci, cela/ça…) et **pluriels** (ceux, celles, ceux-ci…). Ils indiquent **quelque chose qu'on montre ou dont on a déjà parlé** : Les concours de glissade, **ça** ne m'amuse plus.
- **Les pronoms interrogatifs** (qui, que, quoi, où, laquelle, lequel, lesquels, auquel…). Ils servent à **poser une question** : **Que** fais-tu là ? – **Qui** êtes-vous ? – **Laquelle** de ces deux B.D. prends-tu ? – **De qui** parlez-vous ?
- **Les pronoms relatifs** (qui, que, dont, où, laquelle, lesquelles, duquel…). Ils introduisent **des propositions relatives** (voir leçon p. 142) : C'est toi **qui** choisiras.

Je m'exerce

1 ★ **Recopie ces phrases et souligne les pronoms personnels.**
- Boubacar lui demande : « Tu viens avec nous ? ».
- Elle m'a parlé de toi hier.
- Dites-leur que nous arriverons après eux.
- Vous les avez encouragées et elles ont gagné.

2 ★ **Construis un tableau à 4 colonnes (**pronoms personnels**,** possessifs**,** démonstratifs **et** relatifs**) et classe ces pronoms.**
les nôtres – lui – nous – qui – celles-ci – dont – la sienne – ceux – t' – leur – les tiens – que – celui-là – laquelle – eux – où – les leurs

3 ★ **Recopie ces phrases. Souligne en bleu les pronoms démonstratifs et en rouge les pronoms relatifs.**
- Le bâtiment où il travaillait était immense.
- Cela me rappelle un film que j'ai vu.
- C'est un bracelet auquel je tiens beaucoup.
- La maison que tu aimes est à côté de celle-ci.

4 ★★ **Recopie et complète ces phrases par un pronom interrogatif qui convient.**
- … a oublié son écharpe ?
- … de ces jeunes filles veut commencer ?
- … avez-vous rangé votre cahier ?
- Avec … a-t-elle assaisonné la salade ?

5 ★★ **Recopie et complète ces phrases par un pronom possessif selon l'indication donnée entre parenthèses.**
Ex. : J'ai pris ton sac car … est trop petit. (1re personne du singulier)
→ J'ai pris ton sac car **le mien** est trop petit.
- J'ai perdu mon stylo. Peux-tu me prêter … ? (2e personne du singulier)
- Les maillots de notre équipe sont blancs, … sont rouges. (3e personne du pluriel)
- Vos vacances sont terminées alors que … ne font que commencer. (2e personne du pluriel)
- Il a emprunté mon gel douche car … était vide. (3e personne du singulier)

6 ★★ **Recopie ces phrases et remplace les groupes nominaux soulignés par des pronoms personnels.**
Ex : Aminata achète un cadeau et Aminata offre un cadeau à sa petite sœur. → Aminata achète un cadeau et **elle l'**offre à sa petite sœur.
- Le chien ronge son os et le chien enterre son os.
- Sheli et toi pensez à votre amie et Sheli et toi écrivez un mail à votre amie.
- Les hôtesses attendent les passagers et les hôtesses accueillent les passagers.
- Guillaume et moi appellerons nos parents et Guillaume et moi parlerons à nos parents.

7 ★★ **Recopie ces phrases et remplace les mots soulignés par des pronoms démonstratifs pour éviter les répétitions.**
Ex : Mes cheveux sont plus clairs que les cheveux de ma sœur. → Mes cheveux sont plus clairs que **ceux** de ma sœur.
- Parmi les fromages que j'ai goûtés, j'ai une préférence pour ce fromage.
- Ces bagues sont très jolies mais elle préfère les bagues de l'autre magasin.
- Nous avons examiné vos propositions et cette proposition nous paraît la plus intéressante.
- Son camion est garé tout près, le camion de son collègue est un peu plus loin.

8 ★★★ **Recopie et complète chaque groupe nominal en rouge par une proposition relative. Utilise cinq pronoms relatifs différents.**
Ex : **Le paquebot** s'éloigne. → Le paquebot qui part à New York s'éloigne.
- Le linge est presque sec.
- Le défilé a rassemblé beaucoup de monde.
- La petite rue est très calme.
- Le cerisier donne de beaux fruits cette année.
- Voilà le livre.

9 ★★★ **Construis un tableau à 5 colonnes (**pronoms personnels**,** possessifs**,** démonstratifs**,** relatifs **et** interrogatifs**) et classe les pronoms de ce texte.**
Les cerfs-volants que nous avions fabriqués étaient finis. Tous ceux qui avaient participé à cette activité étaient ravis. Thibault avait colorié le sien en rouge, celui de Nadia était rempli de petits motifs et le mien couvert de rayures multicolores. Cela fut un grand plaisir de les faire voler. Lequel allait réussir à voler le plus haut ?

Je repère dans un texte

Dans le texte pp. 202-207, relève quatre pronoms personnels (deux sujets et deux C.O.D.), deux pronoms relatifs, un pronom interrogatif, un pronom possessif et deux pronoms démonstratifs entre les lignes 131 et 145.

J'écris

Écris la suite du dialogue p. 78. Utilise au moins un pronom de chaque sorte (personnel, relatif, interrogatif, démonstratif, possessif).

Conjugaison

Objectif : Savoir conjuguer les verbes au futur simple de l'indicatif.
Texte en lien : *Finissez vos phrases !*, p. 200.

Le futur simple de l'indicatif

Je lis et je réfléchis

À l'hôpital

*Au début de la scène, le docteur sera assis au bureau. L'infirmière introduira chaque blessé par le côté cour et l'**installera** sur la chaise n° 2, face au public, pour que le docteur l'examine et le soigne. Le docteur pourra alors prendre ou faire mine de prendre le matériel nécessaire sur le bureau. L'infirmière quittera la scène côté cour pour aller chercher le patient suivant. Chaque blessé, une fois soigné, ira s'asseoir sur le banc. Le docteur quittera également la scène côté cour.*

François Fontaine, « À l'hôpital », *Des sketches à lire et à jouer*, © éd. Retz.

1. À quel temps les verbes soulignés sont-ils conjugués ? À quels groupes appartiennent-ils ?
2. À quelle personne ces verbes sont-ils conjugués ? Que remarques-tu à propos de leurs terminaisons ?
3. Compare la forme conjuguée du verbe en vert et son infinitif. Que constates-tu ?

Je retiens

- Le futur simple de l'indicatif sert à exprimer **un événement à venir**. Les terminaisons des verbes au **futur simple de l'indicatif** sont les mêmes pour tous les verbes, quel que soit leur groupe : **-ai**, **-as**, **-a**, **-ons**, **-ez**, **-ont**.
- Pour conjuguer les verbes des **1er** et **2e groupes** au futur simple, il suffit d'ajouter ces terminaisons à l'infinitif des verbes : installer → elle installer**a** (1er groupe) – guérir → nous guérir**ons** (2e groupe)
- **Attention !**
  – Pour les verbes du 1er groupe en **-ier**, **-ouer**, **-uer**, il ne faut pas oublier le **e** qui ne s'entend pas : tu pli**eras** – vous jou**erez** – elles distribu**eront**
  – Pour les verbes en **-yer**, le **y** se change en **i** devant un **e** muet : payer → je pa**ierai** – aboyer → il abo**iera** – appuyer → tu appu**ieras**
- Pour les verbes du **3e groupe**, les conjugaisons sont souvent irrégulières :
  – La plupart de ceux dont l'infinitif se termine par **-e** perdent cette lettre au futur simple : écrire → j'écrir**ai** – boire → tu boir**as**
  – Pour de nombreux verbes qui se terminent par **-ir** ou **-oir**, on ajoute un **r** au radical : pouvoir → il pour**ra** – parcourir → vous parcour**rez**
  – Certains verbes voient leur radical totalement modifié : faire → je **fer**ai – aller → tu **ir**as – vouloir → nous **voudr**ons – devenir → elle **deviendr**a – voir → vous **verr**ez
- Les auxiliaires **être** et **avoir** ont aussi des formes particulières au futur simple (voir les tableaux de conjugaison au début du manuel) : être → vous **serez** – avoir → ils **auront**

Je m'exerce

1 ★ **Dans chacune de ces phrases, relève les verbes conjugués au futur simple. Indique leur infinitif et leur groupe.**
- Nous lirons le poème que tu as écrit.
- Vous leur offrez un CD qu'elles écouteront ce soir.
- Elle réagira quand tu lui en parleras.
- Passez nous voir quand vous voudrez : vous serez les bienvenus.
- Tu iras à la pharmacie et tu prendras les médicaments dont nous avons besoin.

2 ★ **Recopie et complète ces phrases avec les pronoms de conjugaison qui conviennent.**

- … souffleras tes bougies ce soir.
- Pendant que … couperai les pommes, … ferez la pâte à tarte.
- … jouera de la guitare et … chanteras.
- Dès que … donnerez le signal, … lancera la balle.
- … viendront au gymnase et … jouerons ensemble.

3 ★ **Recopie ces verbes. Indique leur infinitif et la personne à laquelle ils sont conjugués.**

vous aurez – tu sauras – nous tiendrons – elles accourront – je voudrai – il recevra – vous devrez – nous pourrons – ils feront

4 ★ **Recopie et barre l'intrus dans chaque série.**

- ils boiront – ils défont – ils crieront – ils croiront
- tu vendras – tu dîneras – tu déchiras – tu riras
- nous remplirons – nous finirons – nous obéirons – nous retirons
- vous pourrez – vous démarrez – vous courrez – vous verrez

5 ★★ **Recopie et complète ce texte avec les verbes suivants.**

prépareront – passera – dégusterons – irons – pourrai – partiront

Le mois prochain, nous … skier dans les Alpes. Nos amis … quelques jours avant nous et … notre arrivée. Je … descendre les pistes avec mon nouveau snowboard. Mon petit frère … sa première étoile. Nous … des spécialités montagnardes.

6 ★★ **Recopie ces phrases et remplace chaque sujet par celui proposé entre parenthèses.**

- Ahmed choisira bientôt sa destination. (Vous)
- Mes amies reviendront à Nancy. (Kim et moi)
- Je sortirai du bureau vers 18 h 30. (Léon et lui)
- Vous essaierez d'atteindre le sommet en 30 minutes. (Tu)
- Nous désignerons les candidats. (Maël et toi)

7 ★★ **Recopie ces phrases et conjugue les verbes au futur simple.**

- Julie (apprécier) l'aide que tu (fournir) à sa mère.
- Nous (essuyer) la table et vous (balayer) le sol.
- Mona et Idir (aller) à la plage et (faire) des châteaux de sable.
- (Être)-tu content quand nous (avoir) un jardin ?

8 ★★★ **Recopie ces phrases et conjugue les verbes au futur simple.**

- Ma voisine compatit à mon malheur.
- Ibrahim et toi avez pris le train.
- Tu vois le soleil qui brille de mille feux.
- Elles payèrent l'addition et partirent.
- Nous dépliions la nappe et la disposions sur la table.
- Vous atterrîtes à l'heure et rentrâtes chez vous.

9 ★★★ **Recopie et complète ces phrases avec des verbes conjugués au futur simple. N'emploie pas deux fois le même verbe.**

- Quand j'… dix-huit ans, je … mon permis de conduire.
- Les deux sœurs … à cheval et … une promenade en forêt.
- Dans dix minutes, nous … dans la cour et nous … à la balle au prisonnier.
- Quand tu … ces soustractions, tu n'… pas les retenues.
- Hervé … son travail puis il … nous rejoindre.
- M'…-vous quand vous … à Madrid ?

10 ★★★ **Recopie et complète ce texte avec les verbes entre parenthèses conjugués au futur simple.**

La semaine prochaine, nous (partir) en classe de nature. Nous (voyager) en train ! Mes trois meilleures amies et moi (dormir) dans la même chambre. Le premier jour, la maîtresse nous (emmener) visiter un château médiéval. Des animateurs (accompagner) la classe dans toutes les excursions et (organiser) des veillées. Je n'(oublier) pas d'envoyer des lettres à mes parents. Ce (être) super, tu (voir) !

Je repère dans un texte

Dans le texte pp. 200-201, relève trois verbes conjugués au futur simple de l'indicatif. Indique pour chacun son infinitif et la personne à laquelle il est conjugué.

J'écris

Raconte comment tu imagines ta vie quand tu auras 20 ans : ton métier ou tes études, l'endroit où tu habiteras… Utilise des verbes conjugués au futur de l'indicatif.

Objectif : Savoir accorder les différentes composantes du groupe nominal.
Texte en lien : *Mamie Ouate en Papoâsie*, p. 202.

L'accord dans le groupe nominal

Je lis et je réfléchis

CARAMBA : Tiens, tiens, la voilà, ma petite mignonne. Ça va comme tu veux ? Tu as fêté tes 500 ans ?
GRINGONE : Ma grand-mère n'a pas voulu. Et toi, pépé sortilège, ça boume ?
ABRACA : Triste fin de vie. Tout allait si bien et il faut maintenant que le monde change. Jamais je ne m'adapterai à tous les **nouveaux** malheurs que peuvent faire leur Internet et leurs supersoniques. Les vers se sont mis dans ma baguette magique. *(Il sort un ver de sa baguette creuse)*. Tiens, je te le donne.
VACHIVACHOU : Quelle horreur ! Jette ça. *Il jette le ver dans le public.*
GRINGONE : Maintenant, mes petites, assez discuté avec le vieux. Laissons-le à ses confitures. Abrico 2000 va arriver pour nous faire un discours sur le monde contemporain, ses conflits et sa mondialisation.

Yves Heurté, *Abracadabra 2000*, Théâtre en scène n° 23, © éd. Magnard, 2001.

1. Que forment les groupes de mots en couleur dans ce texte ?
2. À quelles classes grammaticales appartiennent les mots qui les composent ?
3. Repère le nom-noyau de chacun de ces groupes. Quel est leur genre ? leur nombre ?
4. Dans le groupe de mots en vert, remplace **malheurs** par **catastrophes**. Que devient alors le mot en gras ? Quels sont le genre et le nombre du groupe de mots ainsi formé ?
5. Relève dans le texte deux groupes nominaux féminins singuliers.

Je retiens

- Dans un groupe nominal, les déterminants et les adjectifs **s'accordent en genre et en nombre avec le nom-noyau** : le monde contemporain – un chef respecté (masculin singulier) / ma petite mignonne – une grand-mère âgé**e** (féminin singulier) / le**s** nouveau**x** malheurs – des sorciers affaibli**s** (masculin pluriel) / ces vieill**es** sorcières – des missions accompli**es** (féminin pluriel)
- Quand un adjectif qualificatif **se rapporte à plusieurs noms**, il s'accorde :
  – **au masculin pluriel** si au moins l'un des noms est masculin : Il a un nez (masculin) et des dents (féminin) **pointus**.
  – **au féminin** si tous les noms sont féminins : Il a une bouche (féminin) et des oreilles (féminin) **affreuses**.
- **Attention !** dans un groupe nominal, il peut y avoir d'autres mots ou groupes de mots qui ne s'accordent pas avec le nom-noyau :
  – des compléments du nom : un ver **de sa baguette creuse** → des vers **de sa baguette creuse**
  – des adverbes : une **fort** belle journée → de **fort** belles journées

Je m'exerce

1 ★ **Indique le genre et le nombre de chaque groupe nominal en rouge.**
- Une brise légère souffle depuis ce midi.
- Ils observent ces magnifiques flamants roses.
- Nous longeons un mur épais.
- Cette jupe et ce pull noirs te vont très bien.
- Il servit de belles volailles rôties.
- Tom déguste une poire et une orange savoureuses.

2 ★ **Recopie ces groupes nominaux et mets les noms-noyaux au pluriel. Attention aux accords !**
- le jardin calme et silencieux
- son vaste appartement royal
- cette drôle de marionnette désarticulée
- l'amusante chienne du voisin

3 ★ **Recopie ces groupes nominaux et mets les noms-noyaux au singulier. Attention aux accords !**
- des portes fermées et verrouillées
- des petits cailloux gris
- ces journaux vendus aujourd'hui
- les meubles précieux de mes parents

4 ★★ **Recopie ces phrases et accorde les groupes nominaux quand c'est nécessaire.**
- Des (pompier volontaire) éteignent ce (gigantesque incendie).
- D'(important travail) seront effectués ces (jour prochain).
- L'(étroit passage) mène à ces (vieil immeuble).
- Additionne les (nombre décimal) sur ton cahier à (grand carreau).

5 ★★ **Recopie ces phrases et remplace les noms soulignés par les noms entre parenthèses. Attention aux accords !**
- Elle a acheté un <u>chemisier</u> doux et soyeux. (jupe)
- Un <u>léopard</u> solitaire et très dangereux menaçait les troupeaux. (hyène)
- Goûte ces petits <u>gâteaux</u> fondants et savoureux. (tartes)
- Le <u>public</u> admiratif et enjoué regarde le funambule. (foule)
- Manon lui rendit ses <u>draps</u> de soie lavés, séchés et repassés. (serviettes)

6 ★★ **Recopie ces phrases et accorde les adjectifs entre parenthèses.**
- Farid ramasse les fraises, les framboises et les abricots (mûr).
- Elle m'a offert un bracelet et un collier (doré).
- Une odeur de caramel s'échappait de la porte et de la fenêtre (ouvert).
- Hansel et Gretel, (perdu) dans la forêt, appelèrent leurs parents.
- (Battu) par leurs adversaires, Laure et Mina reçurent la médaille d'argent.

7 ★★ **Recopie ces phrases et remplace les déterminants soulignés par ceux entre parenthèses. Fais les accords.**
- Boris frotte <u>sa</u> main engourdie par le froid. (ses)
- <u>Un</u> patineur gracieux évolue sur la glace. (une)
- Elle entra dans <u>le</u> bureau silencieux de la direction. (les)
- <u>La</u> gentille infirmière rassura <u>son</u> patient angoissé par l'opération. (le / sa)
- <u>Mon</u> jeune neveu écoute <u>les</u> fabuleux morceaux de <u>ce</u> musicien génial. (ma / le / ces)

8 ★★★ **Invente des groupes nominaux et utilise les indications entre parenthèses pour construire des phrases. Accorde les verbes quand c'est nécessaire.**

Ex. : (GN masculin, pluriel) – installer – (GN féminin, singulier) → **Ses nouveaux voisins <u>installent</u> leur belle table de jardin.**
- (GN féminin, singulier) – appeler – (GN masculin, singulier)
- (GN masculin, singulier) – ouvrir – (GN féminin, pluriel)
- (GN masculin, pluriel) – prendre – (GN masculin, pluriel)

9 ★★★ **Recopie ce texte et accorde les noms et les adjectifs entre parenthèses.**

Une (musique) (entraînant) résonnait dans les (rue) (animé) du village. La (grand) (fête) (annuel) battait son plein. De (long) (guirlande) (lumineux) étaient accrochées aux (façade) des maisons. (Précédé) des (musiciens) de la (fanfare) (municipal), de (fier) (majorette) défilaient. Venaient ensuite des (char) (décoré) de (fleur) (multicolore).

Je repère dans un texte

Dans le texte pp. 202-207, relève un groupe nominal masculin singulier, un groupe nominal féminin singulier, un groupe nominal masculin pluriel et un groupe nominal féminin pluriel entre les lignes 9 et 22.

J'écris

Décris ton animal préféré en quelques lignes : utilise des groupes nominaux masculins singuliers, féminins singuliers, masculins pluriels et féminins pluriels. Échange ta description avec un(e) camarade : il (elle) doit deviner de quel animal il s'agit.

Objectif : Découvrir la polysémie des mots.
Texte en lien : *Finissez vos phrases !*, p. 200.

Les différents sens d'un mot

Je lis et je réfléchis

Paul : Bonjour, j'ai rendez-vous avec le commissaire.
L'agent : Vous avez une pièce d'identité ?
Paul : Euh… oui, bien sûr. *(Il fouille nerveusement ses poches et quelques pièces en tombent.)* Voilà.
L'agent : Bien. Monsieur le commissaire vous attend dans la pièce d'à côté. *(Paul rentre.)*
Le Commissaire : Ah ! Je brûlais d'impatience de vous rencontrer !
Paul *(mal à l'aise)* **:** … C'est-à-dire… euh…
Le Commissaire : Cher monsieur, ce n'est pas tous les jours qu'on rencontre quelqu'un qui brûle trois feux rouges en cinq minutes !

1. Quel est le sens habituel du verbe en rouge ?
2. Quel sens a-t-il dans chacune des phrases où il est employé ?
3. Dans le texte, cherche un autre mot qui a trois sens différents. Quels sont ces différents sens ?
4. Qu'est-ce qui t'a permis de les distinguer ?

Je retiens

- **Un même mot** peut avoir **plusieurs sens**. C'est en fonction du **contexte** (c'est-à-dire l'ensemble des mots ou des phrases qui l'accompagnent) que l'on peut identifier le sens dans lequel il est employé : J'ai perdu mes **pièces de monnaie**. – Le salon est la plus grande **pièce de la maison**. – Il présente sa **pièce d'identité**.
- **Attention !** selon **sa construction**, un verbe peut avoir des sens différents.
  brûler → La forêt **brûle**. (se consumer) – Il **brûle** d'impatience. (avoir très envie de) – L'automobiliste **brûle** un feu rouge. (ne pas s'arrêter) – Tu **brûles** ! (avoir presque trouvé)
  jouer → Elle **joue** à la marelle. (s'amuser) – Elle **joue avec** sa santé. (risquer)
- **Le dictionnaire** indique les différents sens d'un mot.

Je m'exerce

1 ★ **Recopie et relie chaque phrase au sens du verbe** jouer **qui convient.**

Jamaïa joue dans une pièce de Molière. •	• se distraire
Mon grand-père joue au Loto. •	• se servir d'un instrument
Les enfants jouent au ballon. •	• interpréter un rôle
Darius joue du piano. •	• risquer de l'argent

2 ★ **Recopie et relie chaque phrase au sens du nom** ligne **qui convient.**

Mallorie a écrit un texte de quinze lignes. •	• une limite
L'orage a coupé la ligne. •	• l'itinéraire d'un moyen de transport
Le coureur franchit la ligne d'arrivée. •	• un câble qui transporte l'électricité
Le trafic est interrompu sur la ligne 5. •	• une suite de mots écrits
Pablo a tracé une ligne. •	• un trait continu

3 ★ **Recopie et complète ces phrases avec un même mot qui a plusieurs sens.**

- Jules et Joachim jouent avec une balle en ….
- Les troncs d'arbres sont recouverts de ….
- Papa utilise de la … à raser.
- Ce shampoing fait beaucoup de ….
- On a goûté ta … au chocolat : elle est délicieuse.

4 ★★ **Recopie ces définitions et écris le mot qui leur correspond.**

- Elle peut être croustillante ou appartenir au chef d'orchestre. → …
- Écrire quelque chose ou réussir un but. → …
- Elle peut être un miroir ou de l'eau gelée. → …
- Dire de nouveau ou s'exercer à jouer un spectacle sans le public. → …

5 ★★ **Recopie chaque phrase et remplace le verbe** donner **par l'un des synonymes suivants.**

offrir – produire – causer – indiquer – confier

- Sa vieille voiture lui donne des soucis.
- Elle a donné son chien à la gardienne.
- Nous donnerons des fleurs à Hélène.
- Cette pendule donnait l'heure exacte.
- Ces cerisiers donnent beaucoup de fruits.

6 ★★ **Recopie chaque phrase et remplace le mot en rouge par un mot ou un groupe de mots qui exprime le contraire.**

- Cette sacoche est très légère.
- Elle est tombée mais n'a que de légères égratignures.
- Les enfants lèvent la tête.
- Ma mère se lève tôt.
- Il vous a parlé d'un ton sec.
- Je crois que le linge est sec.

7 ★★ **Recopie ces phrases et indique lequel des sens proposés entre parenthèses correspond au mot souligné.**

- Ilan a obtenu une bonne <u>note</u> en géographie. (un signe musical / une appréciation)
- Ma cousine va <u>changer</u> la roue de sa voiture. (remplacer / transformer)
- Ce pichet en <u>terre</u> cuite est très joli. (la planète / la matière)
- Kenza va <u>retenir</u> une table pour ce soir au restaurant. (se souvenir / réserver)
- Le <u>valet</u> apporte le dîner du marquis. (le domestique / la carte à jouer)

8 ★★★ **Utilise chacun des mots soulignés dans un sens différent de celui qu'il a dans ces phrases. Tu peux t'aider d'un dictionnaire.**

Ex. : Les <u>feuilles</u> tombent en automne. (partie d'une plante) → Les élèves dessinent sur une **feuille**. (rectangle de papier)

- Au retour des vacances, Zoé avait bonne <u>mine</u>.
- Amine a une belle voix <u>grave</u>.
- J'ai reçu une <u>lettre</u> de mon oncle.
- Le joueur a mis la balle dans le <u>filet</u>.
- Monsieur Martin s'est mis au <u>régime</u> car il était en surpoids.

9 ★★★ **Utilise chaque verbe dans deux phrases où il aura un sens différent. Tu peux t'aider d'un dictionnaire.**

Ex. : chercher → Il **cherche** ses clés – Il **cherche** à te joindre.

commencer – compter – charger – pousser

10 ★★★ **Recopie chaque phrase et remplace le verbe** passer **par l'un de ses synonymes qui se trouvent dans la grille.**

C	O	U	L	E	R	E	G
C	R	J	M	Z	S	R	X
O	A	X	I	E	R	S	Z
N	V	O	P	E	W	T	E
C	C	D	O	N	N	E	R
L	T	B	Q	S	I	R	N
U	S	A	U	T	E	R	I
R	E	N	F	I	L	E	R
E	R	Z	L	Y	A	X	K

- Peux-tu me passer le sel ?
- Le café va passer en quelques minutes.
- Vous devrez passer une ligne après l'exercice.
- Je vais passer ma veste avant de sortir.
- Les deux chefs d'État doivent passer un accord.

Je repère dans un texte

Dans le texte pp. 200-201, cherche le sens du mot **bout** (ligne 24). Écris une phrase dans laquelle ce mot aura un autre sens.

J'écris

Écris un petit texte dans lequel tu utiliseras le mot **carte** dans trois sens différents.

Objectifs : Savoir distinguer les trois niveaux de langue et les utiliser.
Texte en lien : *Mamie Ouate en Papoâsie*, p. 202.

Les niveaux de langue

Je lis et je réfléchis

ALICE. On se connaît ?
LE PETIT CHAPERON ROUGE. Je suis le Petit Chaperon rouge.
ALICE. Ah oui. Tu lui ressembles.
LE PETIT CHAPERON ROUGE. Je ne peux pas lui ressembler, puisque c'est moi.
ALICE. Tu lui ressembles pas à ce point-là !
LE PETIT CHAPERON ROUGE. Laisse-moi entrer, je t'en supplie.
Elle se précipite. Alice la ceinture. Combat. Les filles se crêpent le chignon.
ALICE. C'est mon terrier. C'est mon lapin. Tu te casses !
LE PETIT CHAPERON ROUGE. Mon histoire, elle est nulle à côté de la tienne ! Des années que je fais les courses pour Mère-Grand, j'en ai plein les bottes !

Fabrice Melquiot, *Alice et Autres merveilles*, © L'Arche Éditeur, Paris, 2007.

1. Les groupes de mots en vert sont-ils rédigés en langage soutenu, courant ou familier ?
2. Quel mot manque-t-il pour que la phrase en bleu soit correcte ?
3. Dans quel niveau de langue cette phrase est-elle écrite ?
4. Observe la première réplique du texte. De quel type de phrase s'agit-il ? Est-elle écrite correctement ? Pourquoi ?

Je retiens

- Selon **le contexte et la personne à qui l'on parle** (ou à laquelle on écrit), on utilise différents niveaux de langue pour s'exprimer. Il en existe trois :
  - **Le langage soutenu**, employé le plus souvent à l'écrit : Elles **se querellent**.
  - **Le langage courant**, employé à l'oral comme à l'écrit : Elles **se disputent**.
  - **Le langage familier**, plus fréquemment employé à l'oral. Il est cependant parfois utilisé à l'écrit, notamment dans des dialogues. Les mots et expressions signalés comme « familiers » dans le dictionnaire appartiennent à ce niveau de langue : Elles **se crêpent le chignon**.
- Pour écrire ou parler en langage familier, on peut aussi :
  - exprimer **la négation de façon incomplète** : Tu **ne** lui ressembles **pas**. (langage courant) → Tu lui ressembles **pas**. (langage familier)
  - faire des phrases interrogatives **sans inverser le sujet** : Où **part-on** en vacances ? (langage courant) → Où **on part** en vacances ? (langage familier)

Je m'exerce

1 ★ **Construis un tableau à 3 colonnes** (langage familier, langage courant **et** langage soutenu) **et classe les mots des ces séries.**
- se grouiller – se hâter – se dépêcher
- casse-pieds – fâcheux – ennuyeux
- dérober – piquer – voler
- une claque – une torgnole – un soufflet

2 ★ **Associe 2 à 2 les expressions qui appartiennent au langage courant et au langage familier.**
raconter des histoires – se faire la malle – avoir du pot – s'en aller – faire un tabac – raconter des salades – avoir du succès – résister – avoir de la chance – tenir le coup

3 ★ **Recopie ces phrases et remplace les mots en rouge, qui appartiennent au langage courant, par un des mots suivants, qui appartiennent au langage soutenu.**

une tâche – se hâter – hilarante – fastidieuse – se vêtir – le courroux

- Manon doit se dépêcher de rentrer à la maison.
- Mon petit frère met beaucoup de temps à s'habiller.
- On m'a raconté une histoire drôle.
- Vous deviez accomplir un travail difficile.
- La bêtise de Léon a provoqué la colère de sa mère.

4 ★★ **Réécris ces phrases en langage courant. Tu peux t'aider d'un dictionnaire.**

- Ce mec a des godasses rouges.
- J'ai du boulot par-dessus la tête.
- Ils sont rentrés en faisant un sacré boucan.
- Ses tifs lui cachent la moitié de la tronche.
- Comme on était crevés, on a piqué un roupillon.
- Elle s'est tirée avant qu'on ait fini de bouffer.

5 ★★ **Recopie et choisis le mot ou l'expression entre parenthèses qui convient en fonction du niveau de langue du reste de la phrase.**

- Ce type-là a d'énormes (mains / paluches).
- Mamie nous a préparé un succulent (poiscaille / poisson).
- Auriez-vous l'obligeance de me montrer la (baraque / demeure) de monsieur Dupont ?
- Mon cousin s'est fait piquer son (fric / argent).
- Mon (pote / ami) vient de vendre sa bagnole.
- Samuel apprécie les romans : il a emprunté plusieurs (bouquins / livres) à la bibliothèque.

6 ★★ **Recopie ces phrases et remplace le mot ou le groupe de mots en rouge, qui appartient au langage soutenu, par un mot du langage courant. Tu peux t'aider du dictionnaire.**

- Il est très épris d'elle.
- Le capitaine donna des ordres : les marins obtempérèrent.
- Samuel a rédigé un ouvrage sur les volcans.
- Cette automobile roulait à vive allure.
- Mes hôtes se sont divertis pendant la soirée.
- Le roi morigéna le serviteur qui avait égaré sa couronne.

7 ★★ **Réécris ces phrases en langage courant.**

Ex. : **Ça veut dire quoi** ce mot ? → **Que veut dire** ce mot ?

- T'as rien compris !
- C'est quand qu'on pourra jouer ?
- Comment t'as fait ?
- Elles font quoi ?
- C'est qui qui vous a dit ça ?

8 ★★★ **Écris une phrase avec chacun de ces verbes. Tu peux t'aider d'un dictionnaire.**

vociférer – s'enticher – feindre – exulter

9 ★★★ **Réécris ce texte en langage courant (les mots ou groupes de mots à changer sont en rouge).**

On avait crapahuté toute la matinée. On était complètement crevés et l'heure du casse-croûte approchait. Mon daron nous fit signe de nous arrêter. C'était pas trop tôt : j'avais une de ces dalles ! Je mordis dans mon sandwich : trop bon ! Je bus de grandes gorgées de flotte et m'assis à l'ombre d'un arbre. Je commençai à piquer du nez, quand ma frangine gueula : « Debout, feignant ! Faut repartir : elle est pas finie la randonnée ! » J'avais mal aux panards mais je me remis en marche.

10 ★★★ **Réécris ces phrases et remplace les mots ou groupes de mots en rouge, qui appartiennent au langage courant, par des mots du langage soutenu. Tu peux t'aider d'un dictionnaire.**

- Ce fondant au chocolat est délicieux.
- Ton petit frère est poli.
- La forêt prend feu.
- Il a envoyé une lettre au marquis.
- Cette maison est très belle.

Je repère dans un texte

Dans le texte pp. 202-207, trouve une expression appartenant au langage familier entre les lignes 9 et 18.

J'écris

Réécris le texte de la p. 86 en remplaçant les mots et expressions du langage familier par des mots ou expressions du langage courant.

Objectifs : Identifier et utiliser les prépositions et à quoi elles servent.
Texte en lien : *La rentrée des classes*, p. 210.

Les prépositions

Je lis et je réfléchis

Turk et De Groot, *Léonard – On a marché sur le génie*, t. XXVII, © Lombard, 1997.

1. Par quel mot les noms du groupe nominal **un gisement de sel** (vignette 1) sont-ils reliés ?
2. À quelle classe grammaticale ce mot appartient-il ?
3. Quelle est la fonction du nom introduit par ce mot ?
4. Dans la vignette 1, quels mots sont reliés par la préposition **à** ? À quelle classe grammaticale ces mots appartiennent-ils ?

Je retiens

- **Une préposition** est un **mot invariable** qui introduit :
  - **un complément du nom** : un gisement **de sel** – une bague **en argent** – une machine **à laver** (voir leçon p. 74)
  - **un complément du verbe** (complément d'objet indirect, complément circonstanciel de lieu ou de temps) : Ils parlent **de Mathurine** (C.O.I.). (voir leçon p. 120) – Je pars **à sa recherche** (C.C.L.). – Tu reviens **après la fête** (C.C.T.). (voir leçon p. 134)
- Il existe de nombreuses prépositions : à, de (d'), en, avec, chez, sur, sous, dans, par, pour, sans, avant, après, pendant, parmi, devant…
- Une préposition peut **changer le sens de la phrase** : Beaucoup de véhicules passent **sous** ce pont. – Beaucoup de véhicules passent **sur** ce pont. – Beaucoup de véhicules passent **devant** ce pont.

Je m'exerce

1 ★ **Recopie ces phrases et entoure les prépositions.**

- Il y a des pastilles à la menthe dans le placard.
- Je l'ai rencontré par hasard sur ce bateau.
- Après déjeuner, nous irons chez Hugo pour prendre le café.
- Il attendait devant la porte avec un bouquet de fleurs à la main.
- Malgré mes conseils, il est sorti sans son manteau.

2 ★ **Recopie et complète ces phrases avec les prépositions proposées.**

sans – vers – de – sauf – par – depuis – entre – à

- Ils ont tous aimé mon gâteau, … Jim.
- Sa bille est tombée … les deux tables.
- Nina a gagné la course … pied … difficultés.
- Papa viendra vous chercher … 16 heures.
- Tu prends des cours … portugais … un mois.
- Il a passé sa commande … téléphone.

3 ★ **Recopie ces phrases et remplace chaque groupe de mots en rouge par une préposition qui convient.**

pendant – dans – pour – derrière

- Elle a économisé dans le but de s'acheter un ordinateur.
- Cette histoire se déroule au moment de la Révolution.
- Le jardin est de l'autre côté de la maison.
- Tu rangeras ce livre à l'intérieur de ton casier.

4 ★ **Recopie ces phrases et remplace chaque préposition soulignée par une autre qui change le sens de la phrase.**

Ex. : Le chat dort <u>sur</u> le banc.
→ Le chat dort **sous** le banc.

- Il y a quelqu'un <u>derrière</u> toi.
- Hector est sorti <u>sans</u> son parapluie.
- Le match de basket commence <u>à</u> 18 heures.
- Nous apprendrons nos leçons <u>dès</u> demain.

5 ★★ **Recopie et indique la nature du mot introduit par chaque préposition en rouge.**

- Ma mère a changé de coiffure.
- Hussein a réservé une table pour nous.
- Peux-tu sortir le fer à repasser ?
- Fathia revient de son voyage en Argentine.
- Nous avons longuement discuté avec eux.

6 ★★ **Recopie ces phrases. Encadre les prépositions et indique si elles donnent une indication de lieu ou de temps.**

Ex. : On a vu des souris dans le grenier.
→ On a vu des souris **dans** **le grenier**.
indication de lieu

- Adrien attend le taxi depuis dix minutes.
- Nous t'avons croisé à la boulangerie.
- Ils ont pris leur petit déjeuner sur la terrasse.
- Tu dois revenir avant 21 heures.
- Je l'ai rencontrée en 2007.

7 ★★ **Recopie chaque phrase et complète le nom souligné avec un complément du nom introduit par une préposition.**

Ex. : <u>La balade</u> est agréable
→ La balade **<u>en</u> barque** est agréable.

- <u>Ma lampe</u> ne fonctionne plus.
- <u>Ce livre</u> appartenait à mon grand-père.
- Jorge achète <u>des croquettes</u>.
- Manu boit <u>du thé</u>.

8 ★★ **Recopie ces phrases. Souligne en rouge les prépositions qui introduisent un complément du nom et en vert celles qui introduisent un complément du verbe.**

- Les cavaliers se dirigent vers le château.
- Mon cousin porte une veste à carreaux.
- Dany a retrouvé son crayon à papier.
- Madame Joly est arrivée par le train de 17 h 56.

9 ★★★ **Recopie et complète chacune de ces phrases avec une préposition suivie d'un C.C.L. ou d'un C.C.T., selon les indications données entre parenthèses.**

Ex. : Elle m'a donné rendez-vous … . (C.C.L.)
→ Elle m'a donné rendez-vous **<u>devant</u> la poste**.

- Johanna et Teddy déjeunent …. (C.C.L.)
- La séance de cinéma commence …. (C.C.T.)
- Tu partiras à Madrid …. (C.C.T.)
- Posez ces gros cartons …. (C.C.L.)
- Je ne l'avais pas vu …. (C.C.T.)

10 ★★★ **Recopie et complète ce texte avec les prépositions qui conviennent.**

Mattéo fouilla … le placard et sortit son sac … dos. Il y fourra quelques vêtements … été, deux pulls … laine et sa trousse … toilette. … … partir, il passa … sa voisine … lui confier les clés … son appartement. Arrivé … l'aéroport, il s'aperçut qu'il avait laissé son passeport … sa table … nuit. Impossible de partir … ce document !

11 ★★★ **Utilise chacune des prépositions suivantes dans deux phrases : l'une où elle introduit un complément du nom et l'autre où elle introduit un complément du verbe.**

Ex. : à → Il faut deux <u>cuillères</u> **à** café de sucre. (complément du nom) – Hugo m'<u>emmène</u> **à** Dublin. (complément du verbe)

de – pour – avec – chez – devant

Je repère dans un texte

Dans le texte pp. 210-211, relève quatre prépositions différentes.

J'écris

Ce matin, il y a 30 cm de neige dans le parc. Raconte ce que tu vas faire. Utilise au moins six prépositions différentes.

Objectifs : Savoir identifier et utiliser les adverbes et locutions adverbiales dans un texte. Distinguer les différents types d'adverbes.
Texte en lien : *Gastronomie*, p. 212.

Les adverbes et les locutions adverbiales

Je lis et je réfléchis

Jim Davis, © 2009 PAWS Inc., all rights reserved, distributed by Universal Press Syndicate et © 2009 Dargaud.

1. À quelle classe grammaticale les mots **trop**, **simplement** et **plus** appartiennent-ils ?
2. Mets le texte de la première bulle à la 1re personne du pluriel et au féminin. Quels mots ne sont pas modifiés ? Pourquoi ?
3. À quelle classe grammaticale le mot qui est encadré par les mots en gras appartient-il ?
4. À partir de quel mot a-t-on formé l'adverbe **simplement** ? Sur le même modèle, trouve un adverbe formé à partir de **bruyant**.
5. Quelle remarque peux-tu faire sur la terminaison de ces deux adverbes ?

Je retiens

- **Un adverbe** est un mot **invariable** qui **précise ou modifie** le sens d'un verbe, d'un adjectif ou d'un autre adverbe.
  Je ne deviens pas **trop** gras. (trop : adverbe ; gras : adjectif) – Il s'habille **simplement** mais avec élégance. (s'habille : verbe ; simplement : adverbe) – C'est **très** bien. (très : adverbe ; bien : adverbe)
- Les adverbes peuvent se présenter sous la forme de **mots simples** (toujours, rapidement, ici…) ou de **groupes de mots** qu'on appelle « **des locutions adverbiales** » (n'importe où, petit à petit, de mieux en mieux…). Ils peuvent exprimer :
  – **le temps** (souvent, soudain, tout à l'heure, de temps en temps…) : Ils vont **souvent** au restaurant.
  – **le lieu** (ici, ailleurs, autour, derrière, en bas, quelque part, à gauche…) : Léa habite **ici**.
  – **la manière** (fort, calmement, bien, plutôt, tout de même, après tout…) : Ces deux personnes parlent **fort**.
  – **la quantité** (beaucoup, moins, trop, à peine, en tout…) : Théo a bu **beaucoup** de café.
  – **l'affirmation** (sûrement, oui, certainement, volontiers…) : Elle est **sûrement** disponible.
  – **la négation** (non, ne… rien, ne… jamais, pas du tout…) : Tu **n'**as **rien** voulu dire.
- Les adverbes en **-amment** sont formés à partir d'adjectifs qui se terminent par **-ant** : méch**ant** → méch**amment**
- Les adverbes en **-emment** sont formés à partir d'adjectifs qui se terminent par **-ent** : appar**ent** → appar**emment**

Je m'exerce

1 ★ Recopie ces phrases et souligne les adverbes ou les locutions adverbiales.

- La cuisine est inondée : il y a de l'eau partout !
- Le camion s'est arrêté brusquement.
- Elle a assez d'argent pour partir au Japon.
- Ils ont vraiment beaucoup de chance.
- Antoine achète ce journal de temps en temps.
- Nous ne sommes pas du tout d'accord avec vous.

2 ★ Recopie et complète ce texte avec les adverbes suivants.

régulièrement – beaucoup – autrefois – de bonne heure – ici

…, mes grands-parents vivaient …. Nous leur rendions visite …. Nous nous levions … pour les aider à traire les vaches qui produisaient … de lait.

3 ★ Recopie et complète ce tableau.

Adjectifs	Adverbes
doux	doucement
particulier	…
…	exactement
…	puissamment

4 ★ Réécris ces phrases au pluriel puis souligne les adverbes.

- Ma nièce est rarement malade.
- La tarte est presque cuite.
- Le chien a enterré cet os quelque part.
- Elle écrit certainement une longue lettre.

5 ★★ Construis un tableau à 5 colonnes (adverbes de temps, de lieu, de manière, de quantité **et** de négation) **et classe ces adverbes.**

loin – trop – énergiquement – pas du tout – gentiment – devant – bientôt – ne… plus – à l'avenir – au-dehors – non – maintenant – très – là – vite – ne… rien – peu – jamais

6 ★★ Recopie uniquement les adverbes.

brillamment – poliment – gouvernement – sensiblement – compliment – tremblement – précisément – entraînement – entièrement – gratuitement – roulement – encadrement – apparemment – compartiment – monument

7 ★★ Recopie ces phrases et remplace chaque adverbe ou locution adverbiale souligné(e) par un autre adverbe afin que le sens de la phrase soit modifié.

Ex. : Hannah chante faux.
→ Hannah chante **à tue-tête.**

- Jeanne s'est légèrement blessée au genou.
- Mon cousin Xavier est parti vivre ailleurs.
- Hakim entre à pas de loup dans la maison.
- Mégane prend rarement l'avion.
- J'irai sans doute chez le coiffeur aujourd'hui.

8 ★★ Recopie ces phrases. Encadre les adverbes et indique la nature des mots qu'ils modifient (verbe, adjectif **ou** adverbe)**.**

Ex. : Cette peinture est plutôt originale. → Cette peinture est [plutôt] **originale.** (adjectif)

- Samir plie soigneusement ses vêtements.
- Cette ligne est parfaitement droite.
- Il a neigé assez souvent cet hiver.
- Le palais du roi est absolument splendide !

9 ★★★ Recopie et complète ces phrases avec un adverbe ou une locution adverbiale du type indiqué entre parenthèses.

- Gaspard va faire ses courses. (temps)
- On assistera au feu d'artifice. (lieu)
- Jamy fait la sieste après le repas. (négation)
- Les élèves écoutent le maître. (manière)
- Mina cueille des framboises. (quantité)
- Mes amis nous écriront cet été. (affirmation)

10 ★★★ Recopie ces phrases et indique si le mot en rouge est un adverbe ou un adjectif qualificatif.

- Un fort bourdonnement parvint à nos oreilles.
- Mamie serre très fort Bilal dans ses bras.
- Il avait risqué gros dans cette affaire.
- Sam posa le gros livre sur l'étagère.
- L'arbitre a coupé court à la dispute.
- On accède au jardin par un court chemin.

11 ★★★ Recopie et complète ce texte avec des adverbes et des locutions adverbiales.

Gus se demanda s'il aurait … de carburant pour tenir jusqu'à Mégar. …, il pourrait … réparer son vaisseau endommagé. …, son écran radar lui signala la présence de deux poursuivants. …, Gus poussa … sur l'accélérateur et bifurqua … pour rejoindre un champ d'astéroïdes et cacher … son appareil derrière un gros rocher.

Je repère dans un texte

Dans le texte pp. 212-213, relève un adverbe dans la vignette 4 et indique la nature du mot qu'il précise.

J'écris

Dessine et écris une vignette de B.D. qui met en scène un chat et une souris. Utilise un adverbe de lieu, de temps, de manière et de négation.

Objectif : Savoir écrire les noms qui se terminent par les sons [e], [te] et [tje].
Texte en lien : *La rentrée des classes*, p. 210.

Les noms terminés par [e], [te] ou [tje]

Je lis et je réfléchis

Franquin et Jidehem, *Gaston Lagaffe – Gala de gaffes à gogo*,
© Marsu 2009 by Franquin – www.gastonlagaffe.com.

1. Relève le nom masculin qui se termine par le son **[e]**. Comment sa terminaison s'écrit-elle ?
2. Trouve d'autres noms masculins qui se terminent par le son **[e]** et qui ont une terminaison différente.
3. Relève le nom féminin qui se termine par le son **[te]**. Quelle est sa terminaison ?
4. Relève un autre nom féminin qui se termine par le son **[e]**. Quelle est sa terminaison ?
5. Quel est le nom qui correspond à l'adjectif **dur** ? Quel est le genre de ce nom ?
6. Par quel son se termine-t-il ? Comment sa terminaison s'écrit-elle ?

Je retiens

- Les **noms masculins qui se terminent par le son [e]** s'écrivent généralement **-é** ou **-er** : le marché – un boucher – un papier – un quartier
  Il y a cependant **des exceptions** : certains noms masculins se terminent en **-ée** (un scarabée – un lycée – un musée – un pygmée – un trophée…), en **-ez** (le nez) ou en **-ed** (le pied).
- Les **noms féminins qui se terminent par le son [e]** s'écrivent généralement **-ée** : une idée – une bouée
  Il y a cependant **une exception** qui se termine par **-é** : la clé (ou la clef)
- Les noms **féminins qui se terminent par** le son **[tje]** s'écrivent toujours **-tié** : une amitié
- Les noms **féminins** qui se terminent par le son **[te]** s'écrivent généralement **-té** : la naïveté – la société – l'agilité
  Il y a cependant **des exceptions** : certains noms féminins se terminent par **-tée** (la dictée – la montée – la portée – la pâtée – la jetée ; et les noms indiquant **un contenu** comme l'assiettée, la pelletée…).

Je m'exerce

1 ★ **Construis un tableau à 2 colonnes** (noms masculins **et** noms féminins) **et classe ces mots. Rajoute devant chacun d'eux un déterminant singulier.**
égalité – blé – tablier – soirée – chandelier – propreté – pré – clé – chantier – poupée – pitié – fusée – musée – canapé – métier – vérité – acidité – palier – qualité

2 ★ **Recopie ces phrases et complète les noms masculins par** -é, -er **ou** -ée.
- Zohra écrit un résum… de cette histoire.
- Théo va chez le bouch… , puis chez le boulang….
- J'ai trouvé un scarab… sous ce gros pav….
- Le fianc… de Laura est gauch….
- Dans ce jardin poussent un pêch… et un orang….
- Le défil… se terminera devant le lyc….

3 ★ **Écris le nom féminin en** -ée **de la même famille que ces noms.**

Ex. : un soir → une soirée

la gorge – le matin – une arme – une cuiller – la niche – un poing – un an

4 ★ **Recopie ces phrases et complète les noms par** -tier **ou** -tié.

- Les ouvriers arrivent tôt sur le chan….
- Leur ami… dure depuis plus de quinze ans.
- On accède au lac par ce petit sen….
- Elle a eu pi… de cet oiseau blessé et l'a soigné.
- Hervé exerçait le mé… de po….
- Julia connaît la moi… des habitants du quar….

5 ★★ **Recopie et remplace chaque adjectif qualificatif par un nom féminin de la même famille.**

Ex. : un enfant timide → **la timidité** d'un enfant

un endroit tranquille – un commerçant honnête – un fier soldat – l'herbe humide – la main propre – un homme pauvre – un meuble ancien – un peintre créatif – le linge sale – le combat loyal

6 ★★ **Trouve le nom masculin terminé en** -é, -er **ou** -ée **qui correspond à chaque définition.**

- C'est une figure géométrique qui a quatre côtés égaux et quatre angles droits. → un …
- C'est le repas du midi. → le …
- C'est un lieu public où sont rassemblées par exemple, des peintures et des sculptures. → un …
- C'est une grosse masse de pierre. → un …
- C'est une boisson faite avec des feuilles que l'on fait infuser. → le …

7 ★★ **Recopie ces phrases et complète les noms féminins par** -té **ou** -tée.

- Notre chienne a eu une por… de six chiots.
- Cette dic… ne contenait aucune difficul….
- Ce chien vient d'avaler sa pâ… avec voraci….
- Cette forte pluie a provoqué la mon… des eaux.
- Avec un peu de volon…, tu y arriveras.
- Au bout de la je…, le phare projette une clar… intense.

8 ★★ **Recopie ces mots et écris pour chacun un mot de sens contraire qui se termine par** [e] **ou** [te].

la laideur – la sortie – un défaut – la lenteur – un retour – la maladresse – un départ – la tristesse

9 ★★ **Écris le nom terminé en** [e] **qui correspond à chacun de ces verbes.**

assembler – exposer – énoncer – tourner – pincer – paver – avancer – plonger – percer

10 ★★★ **Retrouve les 10 noms terminés par** -ée **qui se trouvent dans cette grille. Réécris-les précédés du déterminant qui convient.**

P	O	U	P	É	E	G	T
U	H	L	Y	C	É	E	R
R	A	N	G	É	E	L	O
É	F	U	M	É	E	É	P
E	É	J	É	Y	W	E	H
X	E	C	E	É	É	E	É
S	C	A	R	A	B	É	E

11 ★★★ **Recopie ce texte et complète les noms avec la terminaison qui convient.**

Les chevali… longèrent les champs de bl… et parvinrent à l'or… du bois à la tomb… du jour. Le vent agitait les feuilles des noiseti… et des peupl…. Messire Gontrand cueillit une brass… de pens… sauvages pour sa dulcin…, Léonore, qu'il n'avait pas vue depuis l'ét… précédent. L'obscurit… gagna la forêt, mais ils aperçurent le château. Ils seraient bientôt en sécurit… et n'auraient pas eu à se servir de leurs ép… ni de leurs boucli….

12 ★★★ **Trouve le nom féminin en** -té **qui correspond à chaque adjectif qualificatif, puis utilise-le dans une phrase. Tu peux t'aider d'un dictionnaire.**

Ex. : particulier → la **particularité**
→ Les kangourous ont la **particularité** de porter leur petit dans une poche ventrale.

autoritaire – capable – curieux – mensuel – régulier – pauvre – sévère

Je repère dans un texte

Dans le texte pp. 210-211, relève un nom qui se termine en **[e]** et un nom qui se termine en **[te]**.

J'écris

Écris un petit texte où tu utiliseras deux mots masculins terminés en **[e]**, deux mots féminins terminés en **[e]**, deux mots masculins terminés en **[tje]** et deux mots féminins terminés en **[te]**.

Objectifs : Connaître l'origine des mots de la langue française. Avoir conscience de son évolution permanente.
Texte en lien : *Gastronomie*, p. 212.

L'évolution de la langue française

Je lis et je réfléchis

1. À ton avis, quelle est l'origine du mot **bonus** ? du mot **channel** ? (vignette 1)
2. Le mot **télécharger** (vignette 2) était-il déjà utilisé au Moyen Âge ? Pourquoi ?
3. Quel est le sens du mot **console** dans la vignette 2 ?
4. Quel autre sens a-t-il ?

Midam, *Kid Paddle – Jeux de vilains, t. I*, © Dupuis, 1996.

Je retiens

- La plupart des mots de la langue française viennent du **latin** ou du **grec ancien** : **jeu** vient du mot latin **jocus** – **parabole** vient du mot grec **parabolê**
- Mais la langue française évolue au fil du temps :
  - **certains mots disparaissent** parce qu'on ne les utilise plus du tout : chacunière → la maison de chacun – s'esquicher → éviter de se prononcer, de dire ce qu'on pense…
  - **certains mots qui existent encore** ne sont plus beaucoup utilisés : un gentilhomme → un homme noble – un destrier → un cheval de guerre
  - **le sens de certains mots** peut également **changer ou se diversifier** : un **régal** désignait une **fête** à l'origine et désigne aujourd'hui quelque chose de délicieux – une **console** est à l'origine une **petite table**, mais désigne également depuis son apparition un **appareil de jeux vidéo**
- C'est également une **langue vivante** qui a intégré (et continue à intégrer) :
  - des mots d'origine anglaise (un sandwich), arabe (zéro), espagnole (une paella), italienne (un carnaval)…
  - des mots appartenant au vocabulaire issu des **progrès techniques** : un CD-Rom – un internaute…
  - des **abréviations** créées à partir de mots existants : une B.D. (une bande dessinée) – une télé (une télévision)…

Je m'exerce

1 ★ **Recopie et relie chaque mot français au mot grec dont il est issu.**

athlète •	• monoarkhein
monarchie •	• kardia
orthographe •	• athlêtês
cœur •	• orthographein

2 ★ **Associe le mot français et le mot anglais qui ont la même signification.**

skateboard – coussin gonflable – entraîneur – boss – fast-food – planche à roulettes – coach – patron – airbag – restauration rapide

3 ★ **Recopie chaque mot et son sens d'autrefois, puis cherche son sens actuel.**

Ex. : l'engin → l'intelligence (sens ancien)
→ un appareil, un instrument ou une machine (sens actuel)

- *une rondelle* → un petit bouclier (sens ancien) → …
- *chétif* → captif (sens ancien) → …
- *entonner* → boire (sens ancien) → …
- *un sigle* → une voile de navire (sens ancien) → …
- *une brosse* → un buisson (sens ancien) → …
- *un bachelier* → un jeune homme qui veut devenir chevalier (sens ancien) → …

4 ★ **Recopie ces phrases et associe chaque mot en rouge à sa langue d'origine. Tu peux t'aider d'un dictionnaire.**

italien – arabe – japonais – anglais – inuit

- Mets ta parka : il fait froid ce matin. → …
- J'ai acheté un sarouel noir. → …
- Fred a renversé du lait sur son pantalon. → …
- Le judoka ajuste son kimono avant le combat. → …
- Dora a profité des soldes pour s'acheter un jogging. → …

5 ★★ **Recopie ces phrases et remplace chaque nom de métier en rouge par un nom plus actuel. Tu peux t'aider d'un dictionnaire.**

- Il va chercher ses médicaments chez l'apothicaire.
- Le lunetier a fabriqué cette paire de lunettes.
- J'ai acheté ce beau tissu à un colporteur.
- Des ménestrels sont venus animer la soirée.
- Les garde-pompes ont éteint l'incendie.

6 ★★ **Construis un tableau à 4 colonnes** (arabe, espagnol, allemand **et** italien) **et classe ces mots d'origine étrangère. Tu peux t'aider d'un dictionnaire.**

un chiffre – un soldat – une cible – des épinards – une banque – une guitare – un abricot – des bretelles – bizarre – un nénuphar – un opéra – un camarade

7 ★★ **Réécris ce texte et remplace chaque abréviation en rouge par le mot entier qui convient.**

Comme j'avais terminé mes exos de maths, je suis allé au ciné. Hélas ! un homme à moto m'a renversé. Rien de grave, mais j'ai dû passer des radios et faire des analyses au labo. Je ne pourrai pas faire de gym ni de foot pendant quinze jours. Mais je peux marcher et, ce week-end, je prendrai le métro pour aller au resto avec Farid.

8 ★★ **Recopie et associe les 2 mots français au mot latin dont ils sont issus.**

navigare •	• ausculter •	• forge
fabrica •	• direct •	• nager
auscultare •	• mâcher •	• droit
directum •	• naviguer •	• mastiquer
masticare •	• fabrique •	• écouter

9 ★★★ **Recopie ces définitions et trouve les mots d'origine anglaise qui leur correspondent. Vérifie l'orthographe dans le dictionnaire.**

- une rencontre sportive → …
- un courriel → …
- un maillot de corps à manches courtes → …
- discuter en direct sur Internet → …
- un gardien de but → …

10 ★★★ **Relève dans ce texte 9 mots latins qui n'ont pas changé au fil du temps. Tu peux t'aider d'un dictionnaire.**

Chère Nassima,

Après mes examens de fin d'année, je me repose dans la villa de ma grand-mère. Hier, j'ai visité un aquarium où j'ai vu de beaux spécimens de poissons. Je n'ai pas pu utiliser le jeu vidéo que tu m'as offert car il y a un virus dans mon ordinateur. Je rentre dans huit jours au maximum. À bientôt. *Delphine.*

Post-scriptum : j'ai trouvé un petit agenda qui te plaira, j'en suis sûre !

11 ★★★ **Cherche le sens de ces mots apparus récemment dans la langue française et utilise chacun d'eux dans une phrase.**

un logiciel – positiver – un blog – double-cliquer – un vidéoprojecteur

12 ★★★ **Recopie et relie ces mots anciens à leur définition.**

chancir •	• moquerie
ergastule •	• rendre doux au toucher
mâtin •	• prison souterraine
ire •	• se couvrir de moisissures
lazzi •	• gros chien de garde
ensuaver •	• colère

Je repère dans un texte

Dans le texte pp. 212-213, relève trois mots d'origine anglaise, un mot d'origine latine et un mot abrégé.

J'écris

Raconte ta journée idéale. Utilise des mots anglais, des mots abrégés et des mots qui appartiennent au vocabulaire issu des progrès technologiques.

Vocabulaire

Objectifs : Savoir reconnaître et utiliser les préfixes. Connaître le sens des principaux préfixes, notamment ceux exprimant une idée de lieu ou de mouvement.
Texte en lien : *Gastronomie*, p. 212.

Les préfixes

Je lis et je réfléchis

Dupa, *Cubitus ne mord jamais*, tome 36, © Lombard, 2000.

1. Quel est le préfixe du mot **impossible** ?
2. Que se passe-t-il si tu supprimes le préfixe de ce mot ? Que peux-tu en déduire sur le sens de ce préfixe ?
3. Trouve le radical et le préfixe du verbe **envoler**.
4. Quel est le sens de ce mot ?
5. Que peux-tu en déduire sur le sens de ce préfixe ?

Je retiens

- **Un préfixe** est composé d'**une ou plusieurs lettre(s) placée(s) devant le radical** d'un mot pour former un nouveau mot : pré (préfixe) / voir (radical)
- Les préfixes permettent de **modifier le sens du radical**. Connaître leur sens aide à comprendre le sens d'un mot. Par exemple :
  - **en-**, **em-**, **in-**, **im-**, **intra-** signifient « à l'intérieur » (un **em**prisonnement – **en**terrer – **im**mergé – **in**filtrer – **intra**veineux…) ou indiquent l'éloignement (**em**mener – **em**porter…).
  - **é-**, **és-**, **ex-**, **extra-** signifient « hors de » ou indiquent l'éloignement : **é**couler – **ex**porter – **extra**ordinaire
  - **sou-**, **sous-** signifient « au-dessous » et **sub-**, **sur-** signifient « au-dessus » : une **sou**coupe – **sur**monter
  - **a-**, **ab-**, **ac-**, **ad-**, **al-**, **ap-**, **ar-**, **att-**, **trans-** indiquent une direction ou un mouvement : **ab**attre – **ad**osser – **ap**paraître – **ar**rondir – une **trans**formation
  - **re-** et **ré-** indiquent la répétition : **re**commencer – la **ré**écriture
  - **in-**, **im-**, **il-**, **mal-**, **mé-**, **dé-** et **dés-** indiquent le contraire : **in**suffisant – **im**possible – **il**légal – **mal**entendant – **mé**content – se **dé**chausser – **dés**articulé
- Il existe de nombreux autres préfixes (pré-, para-, multi-, inter-, télé- anti-, pro-…) : la **pré**histoire – un **para**pluie – **multi**fonction – un **inter**phone – **télé**charger – un **anti**vol – **pro**poser…
- **Attention ! un même préfixe peut avoir plusieurs sens.** Les préfixes **in-** et **im-** peuvent, par exemple, indiquer le lieu ou le contraire : **im**planter → installer de façon durable (le lieu) – **im**personnel → qui n'est pas personnel (le contraire)

Je m'exerce

1 ★ **Recopie ces phrases et complète chaque mot avec un des préfixes proposés.**
in – mé – en – re – dé – em – sur
- Dans combien de temps va-t-il …venir ?
- Mona arrivera lundi et partira le …lendemain.
- Son comportement est …excusable.
- Gary a …tassé du sable pour faire un château.
- Le berger …menait son troupeau dans les alpages.
- Sam a …branché la lampe.
- Nous sommes …contents d'avoir perdu.

2 ★ **Recopie et complète ces phrases avec le mot entre parenthèses qui convient.**

- La nageuse a (exporté / remporté) une médaille d'or.
- Mon père écoute les (informations / déformations) à la radio.
- Les victimes de vol (surviennent / préviennent) la police.
- Khalid a pris son rendez-vous par (téléphone / interphone).
- Lors de l'inondation, l'eau a (émergé / submergé) les rues du village.

3 ★ **Certains mots n'ont pas de préfixe mais commencent par des lettres qui sont un préfixe dans d'autres mots. Recopie chaque série de mots et barre celui qui n'a pas de préfixe.**

- réchauffer – réélire – réduire – réutiliser
- malpropreté – malpoli – malchance – malaise
- précuire – préhistoire – présent – prénom
- admettre – adulte – adjoindre – adverbe
- soulier – soulever – souligner – soupeser

4 ★★ **Recopie et ajoute le préfixe qui convient devant le verbe** poser **pour former des mots qui correspondent aux définitions.**

ex – im – ap – pro – inter – dé

- offrir un choix → ...poser
- poser une chose quelque part → ...poser
- obliger quelqu'un à subir ou à faire quelque chose → ...poser
- présenter une œuvre au public → ...poser
- intervenir entre deux personnes → s'...poser
- appliquer quelque chose sur une surface → ...poser

5 ★★ **Recopie et complète chaque paire de phrases avec des mots formés à l'aide du même préfixe.**

Ex. : Jamel ...givre son pare-brise. / Le ballon de Léa est ...gonflé. → Jamel **dé**givre son pare-brise. / Le ballon de Léa est **dé**gonflé.

- Tania sort un plat ...gelé du congélateur. / Il a réussi à ...monter ses difficultés.
- On a sauvé ce blessé grâce à une ...fusion sanguine. / Une flèche lui a ...percé la cuisse.
- Brice s'est ...tardé devant cette vitrine. / Ce jouet coloré ...tire le bébé.
- Ces fées ont ...chanté le château. / La maison est ...cerclée par la police.

6 ★★ **Recopie et complète ces phrases avec des mots qui contiennent un préfixe et qui sont de la même famille que les mots en rouge.**

- Un piano qui n'est pas accordé est un piano ....
- Pour te protéger de la pluie, prends ton ....
- Avec ses semelles ..., il ne peut pas déraper.
- Un passage creusé sous la terre est un passage ....
- Il y a beaucoup de soleil dans ce jardin : il est très ....

7 ★★★ **Recopie ces phrases et complète chaque mot avec le préfixe qui convient.**

- Mon petit frère croit aux ...terrestres.
- J'aimerais que tu ...lèves tes chaussures.
- Paul ...tend son linge.
- Ce magicien sait ...dire l'avenir.
- Ses parents ont ...couru à ses cris.
- Lucie a bien ...mis ton message à Ludo.

8 ★★★ **Ajoute 2 préfixes différents à chacun de ces mots pour former un verbe et un nom appartenant à la même famille.**

Ex. : couvrir → **re**couvrir (verbe) – une **dé**couverte (nom)

une commande – le ménage – neiger – voir

9 ★★★ **Recopie ces phrases et remplace le groupe de mots souligné par un mot formé avec un préfixe. Utilise les indications entre parenthèses.**

Ex. : L'oiseau <u>part en volant</u>. (verbe) → L'oiseau s'**en**vole.

- La princesse <u>devenait plus belle</u>. (verbe)
- Alice change de chaîne à l'aide d'<u>un petit appareil qu'elle tient à distance</u>. (nom féminin)
- Pour l'épreuve de saut en hauteur, Sacha <u>se prépare en faisant de nombreux exercices</u>. (verbe)
- Il vit dans un quartier <u>où la population est trop nombreuse</u>. (adjectif)

Je repère dans un texte

Dans le texte pp. 212-213, relève un mot qui contient un préfixe.

J'écris

Tu viens d'inventer un nouvel appareil. Décris-le (sa forme, sa taille, ses fonctions...). Utilise au moins six préfixes différents.

Utiliser la ponctuation dans le théâtre

Je cherche

1. Lis cette scène.

Perrichon – Où sont nos bagages ?... *(regarde à droite ; à la cantonade.)* Ah ! très bien ! Qui est-ce qui a les parapluies ?
Henriette – Moi, papa.
Perrichon – Et le sac de nuit ? Les manteaux ?
Madame Perrichon – Les voici !

Eugène Labiche, *Le Voyage de Monsieur Perrichon*.

2. Combien de questions Perrichon pose-t-il ? À quoi le vois-tu ?
3. Comment Henriette et madame Perrichon répondent-elles ?
4. Quelles conséquences cela a-t-il sur le rythme auquel s'enchaînent les répliques ?
5. Qu'indiquent les points d'exclamation dans ce texte ?

Je réfléchis

1. Lis cette autre scène.

L'homme. Madame, n'ayez pas peur... On m'a complètement oublié dans votre salle d'attente.
Viviane. C'est incroyable... En partant, mon assistante ferme toutes les lumières... Vous m'avez fait peur... Vous étiez dans le noir ?...Vous n'avez pas frappé, monsieur. J'ai été surprise.
L'homme. J'ai frappé à la porte de votre bureau... Vous n'avez pas entendu.

Victor Haïm, *La Visite*, © éd. des Quatre-vents.

2. Pourquoi y a-t-il tant de points de suspension dans la première réplique de Viviane ?
3. Comment la comédienne doit-elle dire cette réplique ?

Je m'exerce

1. Recopie cet extrait de scène de théâtre en rétablissant la ponctuation.

Lola Gilles _ **Gilles** Oui _ **Lola** Tu dors _ **Gilles** Ben non _ Et toi _ **Lola** T'es idiot _ puisque je te réponds _ **Gilles** T'as entendu ce bruit _ **Lola** J'ai peur _ On va réveiller maman _ **Gilles** J' sais pas _ peut-être qu'elle va se moquer de nous _

J'ai compris

- Dans les pièces de théâtre, il y a souvent plus de signes de ponctuation que dans les récits. Les auteurs s'en servent pour **indiquer aux comédiens sur quel ton interpréter les textes** :
  – les **points d'interrogation** indiquent un échange de questions/réponses. Plus les questions et les réponses sont courtes, plus le rythme du dialogue est rapide, le ton est vif :
  Et le sac de nuit ? Les manteaux ? Les voici !
  – les **points d'exclamation** soulignent la force des sentiments des personnages : Ah ! très bien !
  – les **points de suspension** marquent une hésitation, un silence : C'est incroyable...

Distinguer les types d'écrits dans la B.D.

Je cherche

1. Observe et lis ces vignettes de B.D.
2. Quels sont les personnages de l'histoire ?
3. Combien vois-tu de bulles ? Sont-elles toutes identiques ? Pourquoi ?
4. Comment la vieille dame parle-t-elle ?
5. Que pense le chat ? Comment le sais-tu ?

Je réfléchis

1. Observe et lis la fin de cette BD.
2. Quand cette scène se passe-t-elle ? Comment le sais-tu ?
3. Pourquoi est-ce drôle ?
4. Comment sait-on qu'il y a du bruit ?
5. Pourquoi le texte de la bulle est-il écrit en majuscules ? Quelle indication cela donne-t-il ?

Je m'exerce

1. Observe cette vignette. Rédige un cartouche donnant une indication de temps et de lieu.
2. Que montre l'enfant ?
3. Qui arrive en courant ? avec quoi ?
4. Écris ce que dit l'ours et trouve des onomatopées adaptées à la situation.

J'ai compris

- Pour bien lire une bande dessinée, il faut savoir **distinguer les différents types d'écrits** qui s'y trouvent. Les textes peuvent être écrits :
  – dans **des cartouches** (petits encadrés). C'est alors le narrateur qui parle et donne des renseignements que l'image ne peut pas montrer comme dans un récit.
  – dans **des bulles** de formes différentes selon que les personnages parlent ou pensent. Elles sont écrites dans **un style direct proche de l'oral** ;
  – **directement dans le dessin** quand il s'agit de bruits (onomatopées).

Évaluation

Grammaire

1 Lequel de ces groupes nominaux ne contient-il pas de complément du nom ?

a. un manuel d'histoire
b. une crème au caramel
c. un souvenir merveilleux
d. le rayon crèmerie Voir p. 74

2 Recopie et relie le complément du nom en rouge à la classe grammaticale à laquelle il appartient.

un foulard en soie •	• adverbe
la porte de derrière •	• verbe à l'infinitif
un fer à lisser •	• nom

Voir p. 74

3 Quels types de pronoms y a-t-il dans cette phrase ?

Ce gâteau est délicieux, celui-là aussi, mais c'est le tien que je préfère.

a. 1 pronom personnel, 1 pronom relatif et 1 pronom possessif.
b. 2 pronoms possessifs et 1 pronom démonstratif.
c. 1 pronom relatif, 1 pronom possessif et 1 pronom démonstratif.
d. 2 pronoms démonstratifs et 1 pronom personnel.

Voir p. 78

4 Avec quel groupe de pronoms peux-tu compléter cette phrase ?

Prenez-... cette voiture ou ..., ... est garée à côté de ... ?

a. nous / celui-là / que / les nôtres
b. vous / celle-ci / qui / la mienne
c. tu / les leurs / dont / ceux-là
d. vous / laquelle / les siennes / celle-là Voir p. 78

5 Dans quelle phrase la préposition n'introduit-elle pas un complément du nom ?

a. Mamie enfile sa chemise de nuit.
b. Je bois un jus de pamplemousse.
c. Elles pensent à leurs vacances.
d. Nous portons une veste en coton. Voir p. 88

6 Avec quel groupe de prépositions peux-tu compléter cette phrase ?

... déjeuner, Max est venu ... nous ... son vélo ... course.

a. avant / parmi / pour / en
b. après / avec / pendant / à
c. avant / chez / derrière / pour
d. après / chez / avec / de Voir p. 88

7 Quelle phrase contient un adverbe de manière ?

a. Le spectacle de danse aura lieu prochainement.
b. Paul lui a répondu aimablement.
c. Tida n'a pas assez mangé.
d. On voyait des petites lumières partout. Voir p. 90

8 Dans cette phrase, quel mot l'adverbe modifie-t-il ou précise-t-il ?

Ils jouent souvent dans le grand parc.

a. le nom b. l'adjectif c. le verbe Voir p. 90

Conjugaison

9 Dans quelle phrase les verbes sont-ils conjugués à l'imparfait de l'indicatif ?

a. Vous travaillez et gagnez de l'argent.
b. Nous nettoyons puis essuyons la vaisselle.
c. Vous vous ennuyiez et bâilliez de temps en temps.
d. Nous copions et envoyons une lettre. Voir p. 76

10 Quelles sont les formes verbales correctes pour compléter cette phrase à l'imparfait de l'indicatif ?

Mégane et moi ... nos amis qui ... les joueurs du club.

a. rejoignons / encourageaient
b. rejoignions / encourageaient
c. rejoignons / encouragiez
d. rejoigniez / encourageais Voir p. 76

11 Quelle phrase contient des verbes conjugués au futur simple de l'indicatif ?

a. Nous courons et tirons dans la balle.
b. Je déchirai mon pantalon et pleurai.
c. Tu garas ta voiture et attendis quelques instants.
d. Tu feras un gâteau que je dégusterai. Voir p. 80

12 **Quelles sont les formes verbales correctes pour compléter cette phrase au futur ?**
J'… sur cette pédale et la voiture ….
a. appuirai / accéléra
b. appuierai / accélérera
c. appuierais / accélérait
d. appuiyerai / accélérerai Voir p. 80

13 **Dans quelle phrase le verbe est-il conjugué au présent de l'impératif ?**
a. Tu dois rentrer à la maison à 17 heures.
b. Nous te conseillons de fermer la porte à clé.
c. Ce matin, n'empruntez pas cette route.
d. Ce soir, je veux que vous restiez dîner. Voir p. 92

14 **Avec quelles formes verbales faut-il compléter cette phrase à l'impératif ?**
…-y, n'… pas peur ! … que je serai là en cas de problème.
a. Va / ayez / Sais
b. Vas / ais / Sachons
c. Va / ai / Saches
d. Vas / aie / Sache Voir p. 92

Orthographe

15 **Dans quelle phrase les GN en rouge sont-ils correctement orthographiés ?**
a. Les technicien effectuent d'importantes travaux sur la navette spatial.
b. Les techniciens effectuent d'importants travaux sur la navette spatiale.
c. Les techniciens effectuent d'importants travail sur la navette spatiaux.
d. Le techniciens effectuent d'important travails sur la navette spatiales. Voir p. 82

16 **Dans quel groupe l'adjectif n'est-il pas correctement accordé ?**
a. des paroles et des musiques surprenantes
b. des lits, des tables et des chaises anciennes
c. des pêches, des fraises et des melons sucrés
d. des filles et des garçons imprudents Voir p. 82

17 **Parmi ces noms, lequel est correctement écrit ?**
a. la libertée
b. la tranquilité
c. la timiditée
d. la porté Voir p. 94

18 **Parmi ces noms, lequel est un nom masculin ?**
a. journée
b. gorgée
c. lycée
d. fumée Voir p. 94

Vocabulaire

19 **Recopie et relie chaque phrase au sens du nom** gorge **qui convient.**

Mina a mal à la gorge. •	• partie avant du cou
Le torrent a creusé une gorge profonde dans le calcaire. •	• fond de la bouche
La cravate de Sam lui serre la gorge. •	• vallée étroite et encaissée

Voir p. 84

20 **Quelle est la définition du verbe en rouge dans cette phrase ?**
Après déjeuner, Baptiste va attaquer le rangement de sa chambre.
a. engager le combat
b. critiquer avec violence
c. abîmer, ronger
d. commencer à exécuter quelque chose Voir p. 84

21 **Recopie et relie chaque phrase au niveau de langue qui convient.**

Cette besogne est exténuante. •	• langage familier
Ce boulot est crevant. •	• langage courant
Ce travail est fatigant. •	• langage soutenu

Voir p. 86

22 **Recopie et relie le mot anglais et le mot ou groupe de mots français qui ont la même signification.**

blog •	• ensemble de choses gardées en réserve
square •	• spectacle
stock •	• carnet de bord
show •	• jardin public

Voir p. 96

23 **Quel mot ne contient pas de préfixe ?**
a. emplacement
b. emprunter
c. emporter
d. emmêler Voir p. 98

24 **Quel est le mot dans lequel le préfixe** im- **n'indique pas le lieu ?**
a. importation
b. implanter
c. immigration
d. impossibilité Voir p. 98

Objectifs : Savoir identifier un attribut du sujet et en utiliser pour enrichir un texte.
Texte en lien : *Nelson Mandela, combattant de la liberté*, p. 218.

L'attribut du sujet

Je lis et je réfléchis

Les esprits sont partout.
Pour les habitants des Bijagos, aucun malheur n'arrive par hasard. Il y a toujours un esprit responsable. Alors les villageois passent environ 100 jours par an en cérémonies pour que les esprits leur soient favorables.
Les enfants se rendent utiles.
Dès l'âge de 7 ans, les enfants font des travaux utiles pour leur village après l'école. Quand ils deviennent adolescents, puis adultes, ils passent des épreuves. Ils montrent alors à tous qu'ils sont courageux, résistants et capables de rendre davantage de services.

Images Doc n° 198, juin 2005, © IMAGES DOC, Bayard Jeunesse.

Deux enfants bijagos (Guinée-Bissau).

1. De quelle nature les mots soulignés sont-ils ?
2. Peux-tu les supprimer ou les déplacer ?
3. Quels verbes les précèdent ? Comment appelle-t-on ce type de verbes ?
4. Dans la dernière phrase, avec quel autre mot l'adjectif **résistants** est-il accordé ?
5. Quelle est la fonction de ce mot ?

Je retiens

- **L'attribut du sujet** est un mot ou un groupe de mots qui **donne des informations sur les caractéristiques ou la manière d'être du sujet**. Il est essentiel à la phrase et ne peut être **ni déplacé, ni supprimé** : Ils (sujet) deviennent **adolescents** (attribut du sujet). – Ils (sujet) sont **courageux** (attribut du sujet).
- L'attribut est séparé du sujet par **un verbe d'état** (être, sembler, paraître, demeurer, devenir, rester, avoir l'air, passer pour, se nommer, se prénommer…). Ces verbes sont dits « **d'état** » pour les distinguer **des verbes d'action**, qui sont **suivis d'un complément d'objet** (bouger, dormir, sauter, fuir, prendre…) : Ils sont (verbe d'état) **des adultes** (attribut du sujet). – Il respecte (verbe d'action) **les adultes** (C.O.D.).
- L'attribut du sujet est le plus souvent **un adjectif**, **un nom** ou **un groupe nominal**. Il s'accorde **en genre** et **en nombre** avec le sujet.
  Lucien est **vieux** (adjectif). – Elle est **coiffeuse** (nom). – Ils sont devenus **des artisans très compétents** (groupe nominal).
- L'attribut du sujet peut parfois être **un verbe** ou **un pronom**.
  Le ciel semble **s'éclaircir** (verbe). – Es-tu contente ? Je **le** (pronom personnel) suis !

Je m'exerce

1 ★ **Construis un tableau à 3 colonnes** (adjectifs qualificatifs, noms **et** groupes nominaux) **et classe les attributs du sujet en rouge.**
- Sophie est une gentille petite fille.
- Ce matin, Djibril me semble fiévreux.
- Cet homme est un vrai saltimbanque !
- Mon cousin est menuisier.
- Malgré son âge, mon père reste très actif.
- Avec le temps, la peinture devient plus claire.
- Quand je serai grand, je serai décorateur !

2 ★ **Recopie ces phrases. Encadre le verbe d'état, souligne le sujet en bleu et l'attribut du sujet en rouge.**
- Mon frère paraît fatigué.
- Ses yeux étaient bleu clair.
- Il semblait absent et restait impassible.
- Ce vêtement me paraît trop petit pour Matthieu.
- Les roses de mon jardin seront bientôt fanées.

3 ★ **Recopie et complète ces phrases avec l'un des mots ou groupes de mots suivants (**groupe nominal **ou** adjectif attribut du sujet**).**
magnifique – dangereuses – très âgée – fatigués – tranquilles
- Les randonneurs seront ....
- Ce vase plein de fleurs est ....
- Cette femme a l'air ....
- Les routes de montagne sont souvent ....
- Ne t'inquiète pas, nous resterons ....

4 ★★ **Recopie ces phrases. Souligne les adjectifs qualificatifs épithètes en bleu et les adjectifs qualificatifs attributs du sujet en rouge.**
- La musique bruyante de cette fête s'entend de très loin.
- Kévin reste muet devant ce spectacle fascinant.
- Les enfants demeuraient sages et silencieux et admiraient les animaux sauvages.
- La jeune gymnaste exécute de nombreuses figures sur un rythme diabolique.

5 ★★ **Recopie ces phrases. Souligne les sujets et accorde les attributs du sujet entre parenthèses comme il convient.**
- Cette petite fille est (l'aîné de la famille).
- Mes clés demeurent (introuvable).
- Pour la fête de l'école, les enfants seront tous (déguisé de la même façon).
- Ces pâtisseries me semblent (excellent).
- Ces enfants sont (de vrai pirate) !

6 ★★ **Recopie ces phrases et remplace le verbe** être **par un autre verbe d'état conjugué au même temps. Change de verbe pour chaque phrase.**
- Ces employés sont très occupés.
- Le village était désert.
- Ce spectacle est ennuyeux.
- À la fin de l'histoire, le héros est en vie.
- Après le match, le vainqueur était épuisé.

7 ★★ **Recopie et complète ces phrases avec un attribut du sujet de la nature indiquée entre parenthèses.**
- Paul et Sofiane sont .... (groupe nominal)
- Les villes d'Italie restent .... (adjectif qualificatif)
- Mon grand-père était .... (nom)
- Mes cousins deviendront .... (groupe nominal)

8 ★★ **Recopie ces phrases. Souligne les sujets et leur attribut de la même couleur. Encadre les adjectifs épithètes.**
- Un joli bouquet de fleurs sera ta récompense.
- Le ciel lourd semblait s'assombrir.
- Même dompté, le tigre reste un animal très dangereux. Il faut toujours s'en méfier.
- Il est président du club sportif et le restera certainement quelques années.

9 ★★★ **Recopie et complète chaque début de phrase avec un groupe nominal, puis avec un adjectif qualificatif.**
Ex. : Le chien était .... → Le chien était <u>un adorable petit caniche</u>. / Le chien était <u>mignon</u>.
- Le directeur du centre semblait ....
- Le texte de la poésie demeurait ....
- Le nageur imprudent est ....
- Léonie deviendra bientôt ....

10 ★★★ **Construis un tableau à 2 colonnes (**phrases dont le verbe est conjugué à un temps composé avec l'auxiliaire « être » **et** phrases contenant le verbe « être » et un attribut du sujet**) et classe ces phrases.**
- Ma cousine est plus âgée que moi.
- Il est parti depuis longtemps.
- Je suis désespéré !
- Les feuilles sont tombées avec le vent.
- Ce chanteur est très célèbre.

Je repère dans un texte

Dans le dernier paragraphe du texte pp. 218-219, relève les trois attributs du sujet. Recopie les phrases où ils se trouvent en modifiant la nature de chacun d'eux.

J'écris

Choisis cinq noms propres dans le dictionnaire et rédige un petit texte pour les définir. Utilise des attributs du sujet de natures variées.

Objectifs : Savoir identifier et manipuler les compléments du verbe. Savoir distinguer les compléments essentiels et les compléments circonstanciels.
Texte en lien : *Dans l'atelier du sculpteur – Visite à Ousmane Sow*, p. 220.

Les compléments du verbe

Je lis et je réfléchis

Alerter les gens sur les dangers de l'eau sale.

Septembre 2004 : l'association Solidarité, présente au Darfour, découvre un camp de réfugiés près du village de Muhajaria. Plus de 20 000 personnes y survivent dans des abris précaires, sans rien à manger à part des herbes bouillies, rien à boire à part l'eau recueillie au seul « point d'eau » du camp. Une eau croupie. […]

Il y a urgence. Dans le monde, 5 millions de gens meurent chaque année d'une maladie attrapée après avoir bu une eau sale… C'est ce qui guette les réfugiés du Darfour si personne ne leur vient en aide.

Okapi n° 778, 15 mars 2005, © OKAPI, Bayard Jeunesse.

Une femme qui porte de l'eau (Darfour, Soudan).

1. Observe les mots ou les groupes de mots en bleu. Quelles indications donnent-ils par rapport au verbe ?
2. Si tu les supprimes ou si tu les déplaces, la phrase reste-t-elle correcte ?
3. Observe les mots ou les groupes de mots en rouge. Peux-tu les supprimer ?
4. De quelle nature ces groupes de mots sont-ils ? Quelles indications donnent-ils par rapport au verbe ?

Je retiens

- **Les compléments du verbe** sont des mots ou des groupes de mots qui **complètent le verbe.**

  Près du village de Muhajaria (complément du verbe), l'association Solidarité (sujet) découvre (verbe) **un camp de réfugiés** (complément du verbe).

- Il existe deux sortes de compléments du verbe :
  - les compléments **essentiels** à la phrase, c'est-à-dire qui ne peuvent être **ni supprimés, ni déplacés.** Ce sont **les compléments d'objet** (C.O.D., C.O.I. ou C.O.S. – voir leçons pp. 118 et 120) : L'association découvre (verbe) **un camp de réfugiés** (complément essentiel (C.O.D.)).
  - les compléments **facultatifs**, qui peuvent généralement être **supprimés** ou **déplacés.** Ce sont **les compléments circonstanciels** (de lieu, de temps, de manière – voir leçon p. 134) :

    Près du village de Muhajaria (complément facultatif (C.C.L.)), l'association découvre (verbe) **un camp de réfugiés** (complément essentiel (C.O.D.)).

    L'association découvre un camp de réfugiés **près du village de Muhajaria.** (déplacement)

    L'association découvre un camp de réfugiés. (suppression)

- Les compléments du verbe peuvent être :
  - **des groupes nominaux** ou **des noms propres** : L'association est présente **en Afrique.**
  - **des pronoms** : Personne ne **leur** vient en aide. – Ils **y** survivent.
  - **des groupes infinitifs** : Il faut **informer les réfugiés.**
  - **des adverbes** (uniquement pour les compléments facultatifs) : Ils sont arrivés **hier.**

Je m'exerce

1 ★ **Recopie ces phrases. Encadre les verbes, entoure le sujet et souligne les compléments.**

- Nicolas attend la sortie des classes.
- Je pars demain.
- J'ai vu des chiens errants.
- Kim s'adresse au postier.
- Sur le chemin de l'école, Saïd marche rapidement.
- Mon petit frère n'aime pas aller à la piscine.

2 ★ **Construis un tableau à 2 colonnes (**compléments essentiels **et** compléments facultatifs**) et classe les compléments en rouge dans ces phrases.**
- Après le repas, les marcheurs se sont rassemblés sur la place de l'église.
- Ma maison est près d'un magnifique jardin.
- Actuellement, les gens préfèrent habiter en ville.
- Je lui ai demandé de se taire.

3 ★ **Recopie uniquement les phrases qui ne contiennent pas de complément du verbe.**
- Les sportifs de cette équipe déjeunent.
- Il va souvent à la mer.
- Les étrangers aiment visiter Paris.
- Tous les enfants de cette colonie de vacances ont bronzé.
- Axel a terminé son travail.
- Les roses de mon jardin fleurissent.
- Nos nouveaux voisins sont arrivés.

4 ★ **Recopie ces phrases et déplace les compléments facultatifs en rouge. Souligne les compléments essentiels.**
- Souvent mon chat dort l'après-midi.
- Les camarades de Chloé jouent à la marelle pendant la récréation.
- Les élèves punis se sont regroupés sous le préau.
- Hier, j'ai ramassé les feuilles du jardin.
- Je prends mon petit déjeuner sur la terrasse tous les matins.
- Qui a emprunté mon stylo tout à l'heure ?

5 ★★ **Recopie et complète ces phrases avec un complément facultatif de ton choix.**
- Samir travaille.
- Je prends l'autobus.
- Léo et Amélie déménagent.
- On construit un nouvel immeuble.
- Ce quartier a beaucoup changé.

6 ★★ **Réécris et complète ces morceaux de phrases avec un complément essentiel et un complément facultatif.**

Ex. : … nous avons mangé ….

→ **Hier**, nous avons mangé **des crêpes**.
complément facultatif — complément essentiel

- … mon chien aime ….
- … la maîtresse surveille ….
- … un troupeau de vaches broutait ….
- … l'automobiliste aperçoit ….

7 ★★ **Recopie ces phrases et souligne tous les compléments. Précise sous chaque complément s'il est essentiel ou facultatif.**
- De gros nuages sombres arrivent dans le ciel.
- Ce matin, Magali a cueilli des fleurs de son jardin.
- Cette nuit-là, les habitants de l'immeuble ont entendu le même bruit.
- Pendant notre promenade, nous avons remarqué le changement de temps.

8 ★★ **Écris des phrases en utilisant les groupes de mots suivants comme compléments du verbe.**

au bord de la route – une tarte aux fraises – les journaux du matin – demain soir

9 ★★★ **Recopie et complète ce texte avec les compléments facultatifs suivants.**

sur les trottoirs glissants – durant la nuit – mais bien vite – de bon matin – dans la cour de l'école – à la récréation suivante

Il a neigé. Les enfants partent à l'école. Ils marchent. Les premiers arrivés se lancent des boules de neige. La neige se met à fondre et il ne reste que des flaques d'eau. Les enfants sont déçus.

10 ★★★ **Classe les compléments soulignés selon leur nature (**groupe nominal**,** nom propre**,** pronom**,** groupe infinitif **ou** adverbe**) et selon qu'ils sont essentiels ou facultatifs.**

Ex. : <u>Demain</u> je suis en vacances.
→ adverbe, complément facultatif

- <u>Hier</u>, nous avons oublié <u>nos clés</u>.
- <u>Pendant les prochaines vacances</u>, nous irons <u>nous baigner</u> <u>dans un lac</u>.
- Il <u>lui</u> a indiqué <u>le chemin du retour</u>.
- Il <u>le</u> voit <u>tous les week-ends</u>.
- <u>Souvent</u>, <u>en hiver</u>, je m'enferme <u>dans ma maison</u>.

Je repère dans un texte

Dans le texte pp. 220-221, relève un complément facultatif et deux compléments essentiels entre la ligne 19 et la fin du texte.

J'écris

Imagine que tu es dans ton lit et que tu entends un bruit inquiétant. Raconte les circonstances et l'enchaînement des actions. Utilise au moins deux compléments essentiels et deux facultatifs.

Objectif : Savoir écrire les mots qui commencent par *ap-*, *ac-*, *af-*, *ef-*, *of-*.
Texte en lien : *Nelson Mandela, combattant de la liberté*, p. 218.

Les mots commençant par *ap-*, *ac-*, *af-*, *ef-* ou *of-*

Je lis et je réfléchis

Un éléphant en train de marcher.

Au XVe siècle, les Portugais découvrent l'ancien royaume de la ville Bénin située dans l'actuel Nigeria. Ils y admirent de magnifiques sculptures fabriquées à partir de défenses d'éléphants.
Ces défenses sont ensuite fixées au sommet des têtes commémoratives en bronze et appuyées contre un autel ; l'oba[1] apparaît ainsi tel un dieu, doté de la force et la puissance de l'éléphant ! […]
Mais à partir du XVIIe siècle, l'Afrique de l'ouest devient une pomme de discorde entre les Occidentaux qui se disputent les terres : les Hollandais, les Allemands et les Anglais concurrencent les Portugais, qui s'effacent peu à peu. Parallèlement, la fabuleuse cité royale du Bénin est affaiblie par des divisions internes.

1. Roi de l'époque, considéré comme un dieu.

Le Petit Léonard n° 120, décembre 2007, © éd. Faton.

1. Relève dans le texte les deux mots qui commencent par **ap-**. Par quelle lettre la syllabe qui suit commence-t-elle ?
2. Observe le mot en bleu. Par quelle syllabe commence-t-il ?
3. Connais-tu d'autres mots qui commencent par cette syllabe ? Si oui, lesquels ?
4. Quel est leur point commun ?
5. Cherche des mots qui commencent par **ac-**, **af-** et **of-**. Quelle remarque peux-tu faire ?

Je retiens

- Les mots qui commencent par la syllabes **ac-** prennent deux **c** : accrocher – un accord – accueillant…
- Les mots qui commencent par la syllabes **ap-** prennent deux **p** : apparaître – un apport – appétissant…
- Les mots qui commencent par les syllabes **af-**, **ef-** et **of-** prennent deux **f** : affaiblir – l'affaire – un effaceur – effacé – une offrande – officiel…
- Il y a cependant des exceptions :
  – **ac-** : un acacia – une académie – un acompte – un acrobate – un acolyte – acajou…
  – **ap-** : apaiser – apercevoir – apéritif – apitoyer – aplanir – aplatir – apeuré…
  – **af-** : afin – l'Afrique – africain…
- **Attention !** les lettres **acc** se prononcent **[ak]** quand elles sont suivies d'une consonne, de **a**, **o** ou **u** (accaparer – accorder – l'accueil) et **[aks]** quand elles sont suivies de **e** ou **i** (un accident – accéder).

Je m'exerce

1 ★ **Recopie et complète avec le verbe qui convient comme dans l'exemple.**
Ex. : une affiche → afficher
- un affolement → …
- une affirmation → …
- un accord → …
- un appel → …
- un effondrement → …
- une accusation → …
- un accroc → …
- un accueil → …

2 ★ **Recopie ces phrases et complète les mots par** acc- **ou** app-.
- Mamie est d'…ord pour que tu viennes.
- Avant de commencer le repas, Papy nous souhaite toujours bon …étit.
- Il m'a …elé hier avec son portable.
- Veux-tu que je t'…ompagne chez le médecin ?

3 ★ **Recopie chaque série et barre l'intrus.**

- accommoder – accomplir – une acrobatie – accoster – un accoudoir
- un appareil – apparaître – un appel – apercevoir – appâter
- affréter – un affront – affranchir – affirmatif – africain
- appareiller – aplatir – une apparition – l'apparence – l'appellation

4 ★★ **Recopie et complète ces phrases au présent avec les verbes suivants. Conjugue-les comme il convient.**

appartenir – affirmer – s'affoler – accomplir

- Cette femme … que son mari est innocent.
- Cette mère de famille … très vite dès qu'elle ne voit plus ses enfants.
- Il … son travail avec sérieux.
- Ce livre … à mon frère.

5 ★★ **Recopie ces phrases et complète les mots avec** p **ou** pp.

- Ma sœur a commencé un stage d'a…rentissage dans un salon de coiffure.
- L'enfant le regardait avec un regard a…euré.
- Ces délicieuses bouchées a…éritives me mettent en a…étit.
- Cette région s'est a…auvrie depuis la fermeture de ces usines.
- Ton exposé sur les Pyramides nous a donné un bon a…erçu de l'Égypte.

6 ★★ **Recopie ces phrases et complète les mots avec** c **ou** cc.

- Cet a…acia s'a…orde bien avec ce canapé.
- J'aime beaucoup écouter l'a…ordéon !
- Ce voleur et son a…olyte ont été arrêtés : ils avaient a…umulé un important butin.
- Ce cirque emploie des a…robates de premier ordre !
- L'a…ident a été brutal.

7 ★★ **Recopie et complète ces phrases avec des mots qui commencent par** af-, ef- **ou** of-.

- Dans ce roman, le héros est un … personnage.
- Pose et … toutes ces opérations.
- J'aimerais t'… un bijou pour ton anniversaire.
- Le lieu du spectacle est indiqué sur l'….
- Ce film m'a fait peur : certaines scènes sont ….

8 ★★★ **Recopie et complète avec le mot qui correspond à chaque définition. Ils commencent tous par la lettre** a.

- Un animal qui n'a pas mangé depuis longtemps est un animal ….
- Quand on habite dans un immeuble, l'endroit où l'on vit s'appelle un ….
- Les parties d'un fauteuil qui servent à poser ses coudes sont des ….
- Avant le repas, on sert parfois une boisson : c'est un ….

9 ★★★ **Recopie et complète ces phrases avec des verbes qui commencent par** aff-, app- **ou** acc-. **Tu peux t'aider d'un dictionnaire.**

- J'ai essayé d'… cet oiseau mais il est encore très sauvage.
- Dès qu'il a su la nouvelle, il a … pour nous prévenir.
- Je n'… pas ton attitude. J'attends des excuses.
- N'oublie pas d'… ta lettre avant de la poster.

10 ★★★ **Cherche la définition des mots suivants et construis une phrase avec chacun d'eux.**

s'offenser – une effraction – affilier

11 ★★★ **Recopie et complète les mots incomplets. Tu peux t'aider d'un dictionnaire.**

Ce matin, je me suis levée de bonne heure parce qu'hier, maman a ac…. Toute la famille est très excitée et papa va m'ac… à l'hôpital pour que je rencontre mon petit frère. Il s'ap… Victor. J'aimerais bien of… un cadeau à maman. Malheureusement, je n'ai pas d'argent ; donc je vais lui faire un dessin en m'ap… beaucoup. Et quand mon petit frère rentrera à la maison, je ferai des ef… pour être sage et aider maman.

Je repère dans un texte

Dans le premier paragraphe du texte pp. 218-219, relève deux mots qui commencent par **af-**. Cherche des mots de la même famille.

J'écris

Imagine que tu as vu un spectacle de magie. Décris un des tours du magicien. Utilise des mots qui commencent par **af-**, **ac-**, **ap-**, **ef-**, **of-** (apparaître – apercevoir – accueillir…).

Objectifs : Savoir conjuguer les verbes au conditionnel présent et utiliser le mode conditionnel.
Texte en lien : *Dans l'atelier du sculpteur – Visite à Ousmane Sow*, p. 220.

Le conditionnel présent

Je lis et je réfléchis

Un paradis pour les pêcheurs
Avec son climat tropical, l'archipel des Bijagos pourrait être un lieu de rêve pour des vacanciers européens. Mais les projets de grands hôtels et de pistes d'atterrissage risquent de dévaster les îles sans améliorer la vie des habitants. […]
Un trésor pour l'humanité
Pour protéger les îles des Bijagos, la Guinée-Bissau a besoin de l'aide d'autres pays. Elle demande à l'UNESCO de reconnaître cet archipel comme un patrimoine naturel et culturel mondial. Car pour protéger la nature, il faut préserver les coutumes des habitants.

Images DOC n° 198, juin 2005, © IMAGES DOC, Bayard Jeunesse.

Hommes bijagos en train de pêcher (Guinée-Bissau).

1. En lisant uniquement la première phrase, peux-tu dire si l'archipel des Bijagos est un lieu de rêve ? Pourquoi ?
2. Quel est l'infinitif du verbe souligné ?
3. Conjugue ce verbe à l'imparfait puis au futur. Que remarques-tu sur le radical et sur la terminaison ?

Je retiens

- Le conditionnel est **un mode verbal** (voir leçon p. 18). **Le présent du conditionnel** est utilisé pour exprimer :
  - **un fait qui dépend d'une condition**, exprimée ou non. Quand elle est exprimée, cette condition est à l'imparfait :
    Si la pluie **cessait** (verbe à l'imparfait), nous **pourrions** (verbe au conditionnel présent) enfin sortir. – L'archipel des Bijagos **pourrait** être un lieu de rêve.
  - **un souhait, un doute, un rêve…** : J'**aimerais** bien vous voir. – À ta place, je me **méfierais**.
  - **une demande formulée avec politesse** : **Pourriez**-vous me donner l'heure, s'il vous plaît ?
- Les terminaisons du présent du conditionnel sont les mêmes pour **tous les verbes** : **-ais, -ais, -ait, -ions, -iez, -aient**. Ce sont les mêmes que celles de l'imparfait de l'indicatif.
- Pour conjuguer un verbe au conditionnel présent, il faut généralement **ajouter ces terminaisons à l'infinitif du verbe** : manger → je manger**ais** – réfléchir → tu réfléchir**ais**
- La plupart des verbes du **3e groupe** et les auxiliaires **être** et **avoir changent de radical au conditionnel présent**. Il faut utiliser le même radical qu'au **futur simple de l'indicatif** : faire → je **fer**ai (futur simple de l'indicatif) – je **fer**ais (conditionnel présent) / être → je **ser**ai (futur simple de l'indicatif) – je **ser**ais (conditionnel présent) / avoir → j'**aur**ai (futur simple de l'indicatif) – j'**aur**ais (conditionnel présent)

Je m'exerce

1 ★ **Recopie uniquement les phrases dont l'un des verbes est conjugué au conditionnel présent.**
- J'aimerais bien avoir ce jeu.
- Si j'avais du temps, je pourrais peindre davantage.
- Les arbres seront bientôt en fleurs.
- Pourrais-tu m'apporter mon pull, s'il te plaît ?
- Les insectes arrivaient par nuées.

2 ★ **Recopie ces phrases. Souligne les verbes conjugués au conditionnel présent et donne leur infinitif.**

- Si tu allais plus souvent à la piscine, tu saurais déjà nager !
- Il pédalerait plus vite s'il avait une bicyclette plus légère.
- Aimerais-tu aller dans ce pays ?
- Je souhaiterais te parler de ce problème.
- Si tu étais plus sage, je te ferais confiance.
- À ta place, j'y réfléchirais avant.

3 ★ **Recopie et associe chaque sujet au(x) verbe(s) conjugué(s) au conditionnel présent qui convien(nen)t.**

les parents •	• adresserais
j' •	• collerait
tu •	• rentreraient
Jules •	• ferait
elles •	• pourraient
on •	• guiderais

4 ★ **Recopie et conjugue les verbes entre parenthèses au conditionnel présent.**

tu (aimer) – je (fuir) – nous (préférer) – il (affranchir) – vous (cuire) – elle (finir) – nous (vouloir) – elles (promener) – tu (fleurir)

5 ★★ **Recopie ces phrases et conjugue les verbes entre parenthèses au conditionnel présent.**

- Si tu étais plus en confiance, tu (prendre) le train tout seul.
- (Pouvoir)-vous m'indiquer le chemin de la gare ?
- Ils (préférer) que tu restes une journée de plus.
- S'il était en forme, il (aller) avec vous.
- (Acheter)-tu ce genre de vêtement ?
- Zora (choisir) ce pull.

6 ★★ **Recopie ces phrases en changeant la personne de conjugaison.**

- Si tu faisais du sport, tu aurais moins mal aux articulations. (1re personne du pluriel)
- Si vous étiez malade, vous iriez chez vos enfants. (1re personne du singulier)
- S'ils marchaient plus vite, ils arriveraient à l'heure. (2e personne du pluriel)
- Si j'étais moins peureux, j'irais voir les ruches de près. (3e personne du pluriel)
- S'il était plus grand, il pourrait naviguer seul. (2e personne du singulier)

7 ★★ **Recopie et complète ces phrases avec l'un des verbes suivants conjugué au conditionnel présent.**

avoir – être – rougir – vouloir – nager

- Si tu étais moins timide, tu ... moins souvent.
- ...-tu venir avec moi chez mon ami ?
- Ces arbres ...-ils une maladie ?
- Si j'avais une piscine, j'y ... avec plaisir.
- L'idéal ... de trouver un logement proche de la gare.

8 ★★★ **Recopie ces phrases et remplace le verbe** faire **par un autre verbe au conditionnel présent.**

Ex. : Cet hiver, je **ferais** volontiers du ski.
→ Cet hiver, je **skierais** volontiers.

- Si tu avais du temps, tu ferais de la cuisine.
- Feriez-vous un feu dans la cheminée ?
- Si j'avais du talent, je ferais de la sculpture.
- Il ferait de l'allemand au collège si c'était possible.

9 ★★★ **Recopie ces phrases et conjugue les verbes soulignés à l'imparfait. N'oublie pas de transformer la suite de la phrase !**

Ex. : Si tu <u>sors</u> ce soir, tu **seras** fatiguée demain.
→ Si tu <u>sortais</u> ce soir, tu **serais** fatiguée demain.

- Si tu <u>restes</u> trop longtemps au soleil, tu attraperas des coups de soleil.
- Si le chien <u>aboie</u>, il réveillera les enfants.
- Si nous <u>dormons</u> en pleine chaleur, nous risquons de nous sentir mal.
- Si les vacanciers <u>mettent</u> de la bonne volonté, les plages seront plus propres.

10 ★★★ **Recopie et complète ces débuts de phrases.**

- Si tu insistais, ...
- Si j'avais soif, ...
- Si vous parliez trop, ...
- Si Mathis savait chanter, ...

Je repère dans un texte

Dans le premier paragraphe du texte pp. 220-221, transforme la phrase qui commence par « On accède… » (ligne 7) au conditionnel présent.

J'écris

Imagine que tu as des pouvoirs magiques. Dis ce que tu en ferais. Utilise des verbes conjugués au conditionnel présent.

Orthographe

Objectif : Distinguer les terminaisons du participe passé et de l'infinitif des verbes du 1er groupe.
Texte en lien : *Dans l'atelier du sculpteur – Visite à Ousmane Sow*, p. 220.

Participe passé en *-é* ou infinitif en *-er* ?

Je lis et je réfléchis

Au Togo, on apprend à ne plus maltraiter les enfants.

Au Togo (Afrique), 1 enfant sur 4 est battu par ses parents ou ses professeurs. Pour lutter contre cette pratique et pour défendre les droits des enfants, un Code de l'enfant a été adopté en juin 2006. [...] 70 % des enfants togolais sont forcés de travailler, en plus d'aller à l'école. La plupart aident leurs parents et même leurs professeurs à aller chercher de l'eau, parfois à 15 minutes de marche, à balayer la cour, à vendre les légumes au marché, à préparer les repas, à couper du bois, à aider dans les champs...

Mon Quotidien n° 3760, 15 mai 2009 – Mon Quotidien, le quotidien de l'actualité dès 10 ans, www.playbac.fr.

Une enfant en train de moudre du piment (Lomé, Togo).

1. À quelle classe grammaticale les mots en couleur appartiennent-ils ?
2. Par quel son se terminent-ils ?
3. Peux-tu expliquer leurs terminaisons ?
4. Essaie de remplacer les formes verbales en rouge par une forme verbale du verbe **prendre**. Quelle est la forme verbale qui convient ?
5. Observe les verbes soulignés. Quelle est la nature des mots qui les précèdent ?

Je retiens

- **Le participe passé et l'infinitif** des verbes du **1er groupe** et du verbe **aller** se prononcent de la même manière mais **n'ont pas la même terminaison** à l'écrit.

  des enfants **maltraités** (participe passé) – On ne doit pas **maltraiter** (infinitif) les enfants.

- Pour être sûr de la terminaison à écrire, on peut **remplacer** à l'oral **le verbe en -er** par **un verbe du 2e ou du 3e groupe** :
  – si on peut remplacer la forme verbale par **l'infinitif d'un verbe du 3e groupe**, il faut **utiliser la terminaison -er** : Ils aident à **couper** du bois. → Ils aident à **vendre** du bois.
  – si on peut remplacer la forme verbale par **le participe passé d'un verbe du 3e groupe**, il faut **utiliser les terminaisons -é(s) ou -ée(s)** (voir leçon p. 66) : du bois **coupé** → du bois **vendu** – une fillette **enjouée** → une fillette **épanouie** – Ils sont **allés** au puits. → Ils sont **partis** au puits.
- **Remarque :** le verbe est toujours à l'infinitif :
  – quand il est placé après une préposition (à, de, pour, sans...) : Pour **lutter** contre cette pratique et pour **défendre** les droits des enfants, le Code de l'enfant a été adopté en juin 2006.
  – quand il est placé après certains verbes conjugués comme **aller**, **falloir**, **devoir**, **aimer**, **vouloir**... : Ils vont **couper** du bois. – Il faut **balayer**. – Ils veulent **aller** à l'école.

Je m'exerce

1 ★ **Recopie ces phrases et indique entre parenthèses quelles sont les formes verbales des verbes en rouge** (participe passé **ou** infinitif**).**
- Fatigués, les randonneurs égarés atteignirent enfin une ferme.
- Pour sauver la planète, chacun doit respecter son environnement.
- Pour aller au spectacle, il s'est habillé avec soin.
- Avant de nettoyer le salon, elle s'était débarrassée des vieux journaux.

2 ★ **Recopie uniquement les phrases qui contiennent un verbe à l'infinitif.**

- Le bateau de Lisa a accosté il y a une heure.
- Il est interdit de se baigner à cet endroit.
- Quand tu auras cassé les œufs, tu mettras le sucre.
- Il faudra réparer la roue de ton vélo.
- Elle avait terminé son travail quand il est venu la chercher.
- Dans son panier, elle avait récolté des champignons.

3 ★ **Recopie et complète ces phrases avec des verbes du 1er groupe à l'infinitif. Entoure les prépositions qui les précèdent.**

- Dans les restaurants, il est interdit de ....
- À vélo, pour se ... la tête, il faut mettre un casque.
- Pour apprendre à ..., il ne faut pas craindre l'eau.
- Mélissa est capable de ... en équilibre sur un pied, sans ... pendant plusieurs secondes.
- Avant de ... l'exercice, relisez la consigne.

4 ★★ **Recopie ces phrases et remplace les formes verbales soulignées par l'infinitif ou le participe passé du verbe entre parenthèses.**

- Kévin a <u>peint</u> (dessiner) un arbre en fleurs.
- Alexia a <u>mis</u> (poser) les fleurs sur la table.
- Samy veut <u>vendre</u> (donner) ses patins à roulettes.
- Avez-vous <u>perdu</u> (égarer) votre billet de train ?
- Maman doit <u>conduire</u> (emmener) Océane chez le dentiste.

5 ★★ **Recopie et transforme ces expressions comme dans l'exemple. Attention à l'accord du participe passé !**

Ex. : distribuer les lettres → les lettres **distribuées**
→ Les lettres **sont distribuées**.

- empiler les livres → les livres ... → ...
- décorer la table → la table ... → ...
- colorier le dessin → le dessin ... → ...
- exécuter les consignes → les consignes ... → ...

6 ★★ **Recopie et complète ces phrases avec la forme du verbe entre parenthèses qui convient.**

- Florian a (trouvé / trouver) des clés dans la cour.
- Nous avons (discuté / discuter) très tard hier soir.
- Akil aime beaucoup (marchée / marcher).
- Augustin, (vexé / vexer), ne voulait plus (parlé / parler).
- Omar a (étudié / étudier) le piano.

7 ★★ **Recopie ces phrases et remplace les formes verbales du verbe** mettre **par l'un des verbes suivants. Corrige la terminaison quand c'est nécessaire.**
enfiler – installer – ranger – chausser – disposer – déposer

- Après avoir mis son jean, Martin a mis ses sandales.
- Tu n'oublieras pas de mettre ce chèque à la banque.
- Le salon de jardin a été mis sur la terrasse.
- Pour décorer la table, il faudra mettre ces petits bouquets de fleurs.
- Fadela a mis son cartable dans sa chambre.

8 ★★★ **Recopie ces phrases et remplace les formes verbales soulignées par les verbes entre parenthèses. Mets la terminaison qui convient.**

- Encore tout <u>endormie</u>, ma petite sœur déjeune tranquillement. (ensommeiller)
- La conductrice a été <u>éblouie</u> par les phares des voitures. (aveugler)
- Pour <u>se détendre</u>, Éliès aime <u>courir</u> dans les bois. (se reposer, marcher)
- Au XIXe siècle, les scientifiques ont <u>découvert</u> une multitude de choses. (inventer)
- Avant de sortir, il faut <u>finir</u> ton travail. (terminer)

9 ★★★ **Recopie ce texte et complète par les terminaisons qui conviennent. Attention aux accords des participes passés !**
Hier, j'ai assist... à un match de football avec mon oncle. Quelques jours plus tôt, la pelouse était inond... mais le match n'a pas été annul.... Mon équipe préfér... a gagn... mais tout le monde a bien jou.... Pour termin... la soirée, mon oncle m'a emmen... mang... une glace délicieuse. Je suis rentr... fatigu... mais tellement content d'avoir vu mon équipe gagn....

Je repère dans un texte

Dans le deuxième paragraphe du texte pp. 220-221, relève tous les verbes du 1er groupe qui se terminent par **-é** ou **-er**. Explique leurs terminaisons.

J'écris

Écris un petit texte qui explique tout ce que l'on peut faire quand on est en vacances en montagne. Utilise des verbes comme : escalader – monter – grimper – se reposer – skier – marcher – observer...

Objectifs : Savoir regrouper des mots selon le sens de leur suffixe et connaître ce sens.
Texte en lien : *Nelson Mandela, combattant de la liberté*, p. 218.

Les suffixes

Je lis et je réfléchis

L'urbanisation en Afrique

Les citadins rattrapent les ruraux

L'Afrique est le continent où les villes se développent le plus vite : leur population a été multipliée par onze depuis 1950. Elle représentait 15 % de la population totale à l'époque, 40 % aujourd'hui, et elle passera le cap des 50 % autour de 2020.

Internet et la téléphonie mobile explosent

L'Afrique se modernise et c'est dans les villes que ça se voit : l'usage d'Internet se répand et on trouve des « cafés Internet » dans tous les quartiers. Autre technologie incontournable : les téléphones mobiles. Leur nombre a dépassé celui des téléphones fixes en 2001. […]

Okapi n° 826, 15 mai 2007, © OKAPI, Bayard Jeunesse.

Le Caire (Égypte).

1. Connais-tu d'autres mots qui commencent comme le mot en bleu mais ne se terminent pas de la même façon ? Lesquels ?
2. Recopie ces mots et sépare leur radical et leur terminaison. Comment appelle-t-on ces terminaisons ?
3. Trouve d'autres mots qui se terminent comme le mot en rouge. Quelle est la nature de ces mots ?
4. À ton avis, qu'indique le suffixe **-able** : une qualité ? une possibilité ? un diminutif ?

Je retiens

- **Un suffixe** est **une terminaison** ajoutée au radical d'un mot dit « **simple** » pour former un mot appelé « **mot dérivé** » : contourn/able (radical / suffixe)
- **Les suffixes** donnent **des indications sur le sens du mot**. Par exemple :
  – le suffixe **-eux (-euse)** indique **une qualité ou un défaut** : courag**eux** – orgueill**euse**
  – les suffixes **-et (-ette)**, **-on/-eron** indiquent **un diminutif** : un garçonn**et** – une fill**ette** – un ân**on**
  – le suffixe **-ation** indique **une action ou son résultat** : l'opér**ation** – la transform**ation**
  – le suffixe **-able** indique **une possibilité** : contourn**able** – abord**able**
- Il existe de **nombreux suffixes** : **-ible**, **-ard**, **-age**, **-if**… (voir le tableau des principaux suffixes et de leurs sens, p. 255).
- **Attention !**
  – Pour ajouter un suffixe à un mot simple, il faut souvent **supprimer une lettre de ce mot** (**e** muet, par exemple) et **parfois en ajouter une** : serrure → serrur**ier** / pigeon → pigeon**nier**
  – Le radical **peut varier** d'un mot à l'autre : le peuple → le peupl**ement** → la popul**ation**

Je m'exerce

1 ★ **Recopie et associe les mots 2 par 2 selon leur suffixe. Entoure ces suffixes.**
redoutable – gentiment – acheteur – bestiole – dessinateur – acceptable – japonais – rêvasser – faiblement – carriole – traînasser – maltais

2 ★ **Recopie ces mots. Entoure les radicaux et souligne les suffixes.**
terrain – naturel – maladif – finlandais – pâtissier – balayage – sagesse – chirurgien – lancement – hachure – nettoyage – séchoir

3 ★ **Recopie ces noms et donne leurs diminutifs en utilisant les suffixes** -et(te), on **ou** -eron.

Ex. : une fille → une fill**ette**

une boule – une mouche – une valise – un ours – un chat – un jardin – une cour – une chemise – une nappe

4 ★ **Recopie ces noms et sépare leur radical et leur suffixe. Forme ensuite un verbe avec le radical de chaque mot.**

Ex. : liberté → liber/té → libér**er**

trottinette – résistance – dérapage – développement – transformation – comparaison – bavardage – baignade

5 ★★ **Pour chaque série, forme des mots dérivés en utilisant le suffixe indiqué entre parenthèses.**

- transformer – jeter – conserver (-able)
- sage – fin – jeune (-esse)
- chimie – ironie – métal (-ique)
- sot – bête – franc (-ise)
- raser – nager – laver (-oir)

6 ★★ **Recopie chaque mot et trouve le mot simple dont il est issu. Attention à l'orthographe !**

Ex. : bleuté → bleu

crayonner – gentiment – un missionnaire – verdâtre – piétiner – une chanson – raisonnable

7 ★★ **Recopie ces adjectifs qualificatifs et forme l'adverbe dérivé correspondant.**

Ex. : lent → lent**ement**

courageux – accidenté – patient – gai – facile

8 ★★ **Recopie ces verbes et forme des mots dérivés en utilisant les suffixes indiqués entre parenthèses. Attention ! certains radicaux peuvent changer.**

- incliner (-son, -able)
- naviguer (-able, -tion)
- boire (-son, -able)
- patiner (-oire, -eur)
- plonger (-oir, -eur)
- favoriser (-able, -eur)

9 ★★ **Forme un mot dérivé à partir de chacun des noms suivants en ajoutant un suffixe. Construis ensuite une phrase avec ce mot. Attention ! les radicaux peuvent changer.**

espace – calme – foudre – ordre – science

10 ★★★ **Recopie et complète ces phrases avec un mot dérivé du mot entre parenthèses.**

- …, je n'irai pas voir mes parents ce week-end. (exception)
- Léonie nous a beaucoup aidés : c'est une fille très …. (service)
- Les … ont pu ramasser les blés avant l'arrivée de la pluie. (culture)
- Dans sa maison de campagne, il a des animaux …. (nuire)
- La … des lieux touristiques augmente énormément au mois d'août. (fréquent)

11 ★★★ **Recopie et complète ce tableau.**

Mot simple	Verbe dérivé	Nom dérivé
blanc	blanchir	blanchiment
jardin	…	…
extrait	…	…
moderne	…	…
industrie	…	…
affiche	…	…
équipe	…	…
chasse	…	…

12 ★★★ **Recopie et transforme ces phrases en groupes nominaux. Utilise ensuite ces groupes nominaux dans des phrases.**

Ex. : Ce chien est méchant. → la méchanceté de ce chien → Je suis stupéfaite de **la méchanceté de ce chien**.

- Cet artiste est populaire.
- Mon magasin préféré a fermé.
- Il a isolé sa maison.
- J'ai fini mon travail.
- Nous avons repéré le trajet.

Je repère dans un texte

Dans le texte pp. 218-219, trouve quatre mots terminés par le suffixe **-ation** ou **-ition**. Pour chacun d'eux, donne ensuite un verbe de la même famille.

J'écris

Ajoute des suffixes aux mots suivants puis écris des devinettes pour faire trouver ces mots (*ex. :* Mexique → mexicain → C'est un habitant du Mexique) : loup – herbe – courage – libre.

Objectifs : Reconnaître, former et utiliser des mots d'une même famille. Regrouper les mots selon leur radical.
Texte en lien : *Dans l'atelier du sculpteur – Visite à Ousmane Sow*, p. 220.

Les familles de mots

Je lis et je réfléchis

La ville de Ghat (Libye).

Dans les villes du désert
Aujourd'hui, la plupart des habitants du désert vivent dans des villes, parfois très peuplées.
L'architecture du soleil
Dans les villes du désert, les habitations ont souvent des murs épais pour protéger les occupants de la chaleur, le jour, et du froid, la nuit. […]
À l'ombre des palmiers dattiers
La présence d'une oasis permet d'exploiter une palmeraie qui fait vivre un grand nombre d'habitants. L'ombre des palmiers et l'eau canalisée par des rigoles apportent une fraîcheur exceptionnelle dans le désert. […]

Mégascope n° 5, février 2002, © éd. Nathan.

1. Observe les mots en rouge. Quelle est leur partie commune ?
2. Comment appelle-t-on la partie commune de plusieurs mots ?
3. Dans le texte, quel mot de la même famille peut te donner une indication sur le sens du mot en vert ?
4. Connais-tu des mots de la famille des mots soulignés ? Lesquels ?
5. À quelles classes grammaticales appartiennent-ils ?

Je retiens

- **Une famille de mots** comporte tous les mots formés à partir d'un même **radical**. Tous ces mots **se rapportent à une même idée** : **habit**er – **habit**ation – **habit**ant…
- **Les suffixes et les préfixes** s'ajoutent au radical pour donner **des mots dérivés**. Ils donnent des indications sur **le sens de ces mots dérivés** : une **palm**e → un **palm**ier → une **palm**eraie (le suffixe **-ier** indique qu'il s'agit d'un arbre, le suffixe **-eraie** indique qu'il s'agit d'un lieu de plantation) / **habité** → in**habité** (le préfixe **in-** indique le sens contraire)
- Les mots de la même famille peuvent appartenir à des classes de mots différentes : admiration (nom commun) – admiratif (adjectif) – admirer (verbe) – admirablement (adverbe)
- **Attention !**
  – Le radical est parfois **très différent** d'un mot à l'autre : chaleur → calorie
  – Certains mots **se ressemblent mais n'appartiennent pas à la même famille** : un **habit** / une **habit**ation

Je m'exerce

1 ★ Recopie chaque famille de mots et encadre le radical dans chaque mot.
Ex. : [terr]asse – [terr]eau – en[terr]er – dé[terr]er
- élargir – large – largeur – largement
- jour – séjourner – journée – journal
- fin – finalement – finalité – finaliser
- réutiliser – utilement – utile – utilisation

2 ★ Recopie et barre l'intrus dans chaque famille de mots.
- long – longueur – largeur – allonger – longtemps
- mobiliser – immobile – mobile – mobilité – mobylette – mobilisation
- loger – logement – loge – logique – logeuse
- vendeur – revendre – ventiler – vendre – revente

3 ★ **Construis un tableau à 4 colonnes et classe ces mots par famille. Dans chaque mot, entoure le radical.**

feuille – livrer – illisible – feuillage – luminaire – livreur – lire – lumière – luminosité – effeuiller – lisiblement – lumineux – lisible – livraison

4 ★ **Recopie et complète chaque famille de mots avec un nom de métier.**

Ex. : coiffure – coiffer → **coiffeur**

- décoration – décorer → …
- fleur – fleurir → …
- épice – épicerie → …
- médical – médecine → …
- dent – dentaire → …
- poisson – poissonnerie → …

5 ★★ **Recopie et complète chaque famille par un nom commun (le radical peut changer).**

Ex. : noctambule – nocturne → **la nuit**

- salaison – saler → …
- digital – doigté → …
- maritime – amerrir → …
- manucure – manipuler → …

6 ★★ **Dans chaque série, 3 familles sont mélangées. Recopie chaque série de mots en regroupant les familles.**

- aérer – accès – accessible – coller – air – aérien – accoler – accession – décoller
- muraille – musique – mur – musculaire – muscle – musicalement – murer – musculation – musicien
- planter – transpercer – plaisanterie – plante – plaisanter – percer – plantation – perceuse – plaisantin

7 ★★ **Recopie et complète ces phrases avec les mots suivants.**

festive – festivités – fêter – fête – festin

- La … du 14 Juillet fut une réussite.
- À quelle date comptes-tu … ton anniversaire ?
- Pour les … du village, les organisateurs avaient tout prévu.
- Le repas que tu nous as préparé est un vrai … !
- L'ambiance de cette réunion était très ….

8 ★★ **Pour chacun des verbes suivants, trouve au moins 3 mots de la même famille puis choisis-en 1 pour faire une phrase.**

porter – chanter – actionner – libérer – filer

9 ★★★ **Retrouve les mots de la famille de** terre **qui correspondent à ces définitions. Aide-toi des indications entre parenthèses.**

- endroit d'une maison ou d'un restaurant sur lequel on peut prendre un repas en plein air → (nom)
- abri de certains animaux comme le lapin ou le renard → (nom)
- action de se poser sur terre → (verbe)
- espace sur lequel on peut construire une maison → (nom)
- action de mettre dans la terre → (verbe)

10 ★★★ **Les mots en rouge sont des mots de la famille de** temps. **À l'aide des préfixes et suffixes, définis ces mots sans t'aider du dictionnaire.**

- Cet été, Antonio a trouvé un travail temporaire.
- Les intempéries de cet hiver ne lui ont pas permis de terminer les travaux extérieurs.
- Ce magasin est temporairement fermé.
- Il se fait remarquer par ses éclats de rire intempestifs.
- Amélie temporise la confrontation avec sa mère.

11 ★★★ **Retrouve dans cette grille 10 mots de la famille de** voir **et recopie-les.**

I	N	V	I	S	I	B	L	E	A
A	V	I	S	I	B	L	E	N	P
V	I	S	E	U	R	M	O	T	E
V	O	I	L	F	B	N	G	R	R
I	V	O	Y	A	N	T	C	E	C
S	T	N	J	V	U	W	P	V	E
E	R	H	J	Q	Z	O	S	O	V
R	E	V	O	I	R	L	M	I	O
D	G	U	C	R	I	O	G	R	I
B	D	E	Y	A	S	Q	H	J	R

Je repère dans un texte

Dans le texte pp. 220-221, cherche trois mots de la famille de **sculpter** et un mot de la famille de **Dakar**. Donne la nature de chacun d'eux.

J'écris

Pour chacun des mots suivants, écris une définition en utilisant le plus possible de mots de la même famille : pluviomètre – réchaud – guerrier.

Objectif : Savoir identifier les compléments d'objet directs.
Texte en lien : *L'Homme et sa maison*, p. 224.

Le complément d'objet direct

Je lis et je réfléchis

L'industrie peut-elle agir ?
Les usines fabriquent des produits que les gens achètent. En réalisant des profits, elles peuvent poursuivre leur activité et créer des emplois. Mais s'il est souvent difficile de réussir dans l'industrie, il est encore plus difficile d'éviter la pollution.

L'objectif principal
L'industrie et la production de masse nous **fournissent** des produits de consommation qui nous **facilitent** la vie. Elles **peuvent** aussi nous aider en découvrant de nouvelles façons de lutter contre la pollution de notre environnement. De nombreux pays **ont adopté** des réglementations contre la pollution, mais les industries parviennent parfois à les contourner.

Steve Parker, *Environnement : la planète polluée*,
© Gamma / École Active.

Fumées polluantes d'une usine (France).

1. Dans la première phrase, quelle est la nature du mot en vert ? Quel mot remplace-t-il ?
2. Quelle question doit-on poser après les verbes pour obtenir les informations soulignées ?
3. Quelle est la nature de ces groupes de mots ?
4. Si tu les supprimes, la phrase a-t-elle encore un sens ? Peux-tu les déplacer ?
5. Dans le second paragraphe, trouve deux C.O.D.

Je retiens

- **Le complément d'objet direct (C.O.D.)** est **un complément essentiel** du verbe d'**action**. Il indique **sur qui** ou **sur quoi** porte l'action exprimée par ce verbe.
  Les usines fabriquent **des produits** (C.O.D.). – Les industriels conseillent **les consommateurs** (C.O.D.).
- Il répond à la question **Qui ?** ou **Quoi ?** posée après le verbe : Les usines fabriquent **quoi ?** → **des produits** – Les industriels conseillent **qui ?** → **les consommateurs**
- La plupart du temps, le C.O.D. **ne peut être ni supprimé, ni déplacé**. Il suit généralement le verbe mais peut être séparé du verbe par d'autres compléments ou des adverbes.
  Elles peuvent aussi **nous aider**. (adverbe + C.O.D.) / Il a acheté, pour sa sœur, **des livres**. (complément circonstanciel + C.O.D.)
- Un verbe peut avoir plusieurs C.O.D. : J'aime **les pommes** (C.O.D. 1) et **le chocolat** (C.O.D. 2).
- Le C.O.D. peut être :
  – **un nom propre ou un groupe nominal** : L'industrie fournit **des produits de consommation**.
  – **un pronom personnel** (le, la, l', les…) ou un pronom relatif (que, qui…) placé avant le verbe :
  Je **le** mange. / Les usines fabriquent (verbe 1) **des produits** (C.O.D. 1) **que** (C.O.D. 2) les gens achètent (verbe 2).
  – **un infinitif** ou **un groupe infinitif** : Elles peuvent **poursuivre leur activité**.
- **Attention !** il ne faut pas confondre le C.O.D. avec un sujet inversé : Dans le ciel volent **des oiseaux**. (sujet inversé) – Je vois **des oiseaux** dans le ciel. (C.O.D.)

Je m'exerce

1 ★ **Recopie ces phrases. Encadre les verbes et souligne les C.O.D.**

- Le photographe survole de beaux paysages.
- Ma tante Sophie aime marcher.
- Les coureurs ont fait une course remarquable.
- Le commentateur explique le match.
- Il fait son lit tous les matins.

2 ★ **Recopie et complète chaque phrase avec 2 C.O.D. de ton choix.**

- Le jardinier a planté ….
- La maîtresse de maison a accueilli ….
- Ils ont reçu ….
- Les chats de cette maison peuvent ….

3 ★ **Recopie ces phrases et indique entre parenthèses la nature du C.O.D. en rouge** (groupe nominal**,** nom propre**,** pronom **ou** groupe infinitif**).**

- Il faut respecter la nature.
- Pendant leur voyage scolaire, ces élèves ont découvert Paris.
- Choisis bien ton dessert. Moi, je prends celui-ci.
- Le maître interroge Yann, puis il le félicite.
- Nous construisons des jeux que les enfants apprécieront.

4 ★★ **Recopie ces phrases. Encadre le verbe conjugué et souligne le(s) C.O.D. s'il y en a.**

- Malheureusement, les sauveteurs ne sont pas arrivés à temps.
- La chienne ne pensait pas faire du mal. Elle voulait simplement jouer.
- Le singe sautait d'arbre en arbre. Nous n'arrivions pas à le photographier.
- L'entraîneur se dirige vers l'athlète. Il le conseille pour la suite de la compétition.
- Nous avons choisi les livres que nous aimons.
- Dans le bois, on entendit un bruit sourd. Personne ne put l'identifier.

5 ★★ **Recopie chaque série de verbes et barre celui qui ne peut pas être suivi d'un C.O.D.**

- aider – craindre – tenir – aller – suivre
- alerter – combattre – voir – construire – plaire
- décrire – rire – cueillir – apprécier – essuyer
- accéder – abîmer – manger – disperser – éblouir
- lire – acquérir – bénéficier – atteindre – éviter

6 ★★ **Recopie et complète chaque phrase avec un C.O.D. de la nature indiquée.**

- Pour mon anniversaire, je souhaiterais …. (groupe infinitif)
- Pendant la visite du musée, le guide nous commentait …. Nous … suivions de près. (groupe nominal, pronom personnel)
- Nos invités seront bientôt de retour. Nous … attendons avec impatience. (pronom personnel)
- Nous avons visité …. Cette ville mérite …. (nom propre, groupe nominal)

7 ★★★ **Recopie uniquement les phrases qui contiennent un C.O.D., puis souligne-les.**

- En Martinique, il a mangé des fruits exotiques qu'il ne connaissait pas.
- Dans la cage des fauves rugissent les lions.
- Tous les élèves ont-ils pris leur sac de pique-nique ?
- Sur la scène de la salle de spectacle sont rassemblés les chanteurs.
- Les enquêteurs attendent avec impatience le compte-rendu des experts.
- Tous les habitants de cette commune doivent se prononcer lors d'un référendum.

8 ★★★ **Réécris ces phrases et remplace les pronoms C.O.D. soulignés par des groupes nominaux.**

Ex. : Julia le sort tous les soirs après le dîner.
→ Julia sort **son chien** tous les soirs après le dîner.

- La grêle l'a détruite.
- L'automobiliste la gare sur le bas-côté.
- L'artiste les expose dans la salle réservée à cet effet.
- Une bande d'oiseaux le traversa.
- La battue terminée, les chasseurs les rappellent à leurs pieds.

Je repère dans un texte

Dans le texte pp. 224-227, retrouve trois C.O.D. de nature différente dans le paragraphe **Été comme hiver**. Indique quels verbes ils complètent.

J'écris

Raconte ce que tu voudrais faire plus tard et pourquoi. Utilise au moins quatre C.O.D.

Objectifs : Savoir identifier et manipuler le C.O.I et le C.O.S.
Texte en lien : *La question de l'énergie*, p. 228.

Le complément d'objet indirect et le complément d'objet second

Je lis et je réfléchis

Des associations utiles

En France et dans le monde, il existe de nombreuses associations de défense de l'environnement. Elle étudient les dégradations infligées à la nature et, surtout, sensibilisent l'opinion aux dangers. Parfois, elles conduisent les gouvernements à faire changer les lois ou les règlements. Certaines associations n'hésitent pas à **avoir recours à des actions violentes** pour se faire entendre.

Jean-Benoît Durand, *Protégeons notre planète*, coll. « Castor Poche », © éd. Flammarion, 2002.

Manifestation de l'association Greenpeace contre les essais nucléaires (Paris, 1995).

1. Quelle question doit-on poser après le verbe en rose pour obtenir l'information en gras ?
2. Quelle est la nature du mot placé juste avant cette information ?
3. Peux-tu déplacer le groupe de mots en gras ?
4. Quelles sont la nature et la fonction du groupe de mots en bleu ?
5. Quelle question doit-on poser après le verbe en vert pour obtenir l'information en rouge ?

Je retiens

- Le **complément d'objet indirect (C.O.I.)** est un **complément essentiel** du verbe d'action. Il désigne l'être ou la chose **sur lesquels** porte l'action exprimée par le verbe.
  Certaines associations n'hésitent (verbe) pas **à avoir recours à des actions violentes** (C.O.I.).
- On peut identifier le C.O.I. en posant les questions **À qui ?**, **De qui ?**, **À quoi ?** ou **De quoi ?** après le verbe d'action : Ils jouent **au tennis**. → Ils jouent **à quoi ?** au tennis. – Il profite de ses vacances. → Il profite **de quoi ?** de ses vacances.
- Il **ne peut pas être déplacé** dans la phrase. Il **peut parfois être supprimé** mais le sens de la phrase est alors modifié : Ils jouent au tennis. → Ils jouent.
- Le C.O.I. est le plus souvent composé d'une **préposition** (à, de…) ou d'un **article contracté** (au, des…) suivis :
  – d'**un groupe nominal** : Il se plaint de **son travail**.
  – d'**un nom propre** : Il écrit à **Antoine**.
  – d'**un pronom** : Il **leur** a parlé.
  – d'**un infinitif ou d'un groupe infinitif** : J'ai envie de **nager**.
- Le **complément d'objet second (C.O.S.)** est un C.O.I. qui se trouve dans une phrase où il y a déjà :
  – un C.O.D. : Elles sensibilisent **l'opinion** (C.O.D.) aux dangers (C.O.S.).
  – un C.O.I. : Elles hésitent **à parler** (C.O.I.) de ce problème (C.O.S.).

Je m'exerce

1 ★ **Recopie ces phrases et indique si les mots ou groupes de mots en rouge sont des C.O.D. ou des C.O.I.**
- L'enfant se protège du soleil.
- Ce problème préoccupe les scientifiques.
- Je pense à ce malheureux chien !
- Je t'emprunte ce livre et je te le rendrai la semaine prochaine.
- L'agent de police nous a indiqué la route.

2 ★ **Recopie ces phrases. Souligne chaque C.O.I. (ou C.O.S.) et entoure la préposition ou l'article contracté qui l'introduit.**
- Grand-père parle souvent de son enfance.
- Samia réfléchissait à son voyage.
- Les élèves rendront leur travail au professeur lundi prochain.
- Mon frère a décidé de se présenter aux élections.
- Cette jeune fille s'occupe souvent de leurs enfants.

3 ★ **Recopie et complète ces phrases avec un C.O.I. de ton choix. Entoure la préposition ou l'article contracté qui l'introduit.**
- Les camarades de Thibaud se moquent ….
- Redouane ne se souvient pas ….
- Lors de notre visite, je me suis adressé ….
- Les pompiers s'occupent ….
- Surtout, ne touche pas ….

4 ★★ **Recopie ces phrases. Souligne les C.O.D. et complète-les par des C.O.S.**
- Le maître explique l'exercice ….
- Le facteur distribue le courrier ….
- Mon ami a reçu un cadeau ….
- Le marchand a rendu la monnaie ….
- Cet homme livre des pizzas ….
- Il a obtenu une avance d'argent ….

5 ★★ **Recopie ces phrases et indique si les groupes de mots en rouge sont des C.O.I. ou des C.O.S.**
- Anaïs a expliqué le problème à son frère.
- Les chiens des chasseurs obéissent toujours à leur maître.
- Le médecin lui a prescrit des médicaments.
- C'est alors qu'il s'aperçut de son erreur.
- J'ai parlé de cette histoire à ta sœur.

6 ★★ **Recopie ces phrases et indique la nature des C.O.I. (ou C.O.S.) en rouge** (nom propre, groupe nominal, pronom **ou** groupe infinitif**).**
- Cette vedette répond aux lettres que lui envoient ses fans.
- Pour soigner les chevaux, le vétérinaire leur a mis de la pommade.
- L'élève attentif s'appliquait à écrire correctement.
- Cette activité leur permet de garder la forme !
- À la terrasse du café, Morgan a commandé une boisson chaude à la serveuse.

7 ★★ **Recopie ces phrases et remplace le C.O.I. ou le C.O.S. souligné par un pronom** (lui, leur, elles **ou** eux**).**

Ex. : Maître Renard se moque de Maître Corbeau.
→ Maître Renard se moque de **lui**.
- Ma mère a promis un cadeau à mon frère.
- Nous nous plaignons souvent de nos voisins.
- Ce cadeau n'a pas plu aux invités.
- Nous pensons beaucoup à nos sœurs.
- La directrice a distribué des cahiers aux élèves.

8 ★★★ **Recopie et complète ces phrases avec des C.O.I. ou des C.O.S. de la nature indiquée entre parenthèses.**

Ex. : Le voleur a dérobé des objets précieux …. (nom propre) → Le voleur a dérobé des objets précieux **à Jérémy**.
- J'ai accepté …. (groupe infinitif)
- Il … a écrit une carte postale. (pronom)
- Boris donne des conseils …. (groupe nominal)
- Joséphine a consacré sa vie …. (groupe infinitif)

Je repère dans un texte

Dans le document pp. 228-231, retrouve trois C.O.I. et un C.O.S dans le paragraphe **Le nucléaire en question**. Indique pour chacun le verbe dont il est complément.

J'écris

Un animateur d'un centre de vacances organise le départ des enfants. Décris la scène et la façon dont l'animateur donne des ordres. Utilise des verbes comme : expliquer – commander – indiquer – permettre – signaler – interdire…

Objectif : Savoir écrire sans erreur les verbes dont l'infinitif se termine par *-yer*, *-eter*, *-eler* aux temps étudiés.
Texte en lien : *L'homme et sa maison*, p. 224.

Les verbes en *-yer*, *-eter* et *-eler*

Je lis et je réfléchis

La pollution de l'eau

• Les usines contribuent de manière importante à la pollution de l'eau. Elles rejettent par exemple des métaux lourds, très toxiques (comme le plomb).
• Dans notre vie quotidienne, nous polluons tous l'eau ! Il y a des polluants dans les produits dont nous nous servons pour nettoyer la maison ou pour faire la lessive. Et nous les rejetons ensuite avec les eaux usées. […]
• Les pays européens, pourtant, contrôlent sévèrement la qualité de l'eau potable. Mais plus les pollutions s'accumulent, plus les techniques employées doivent être efficaces. C'est en grande partie pour cela que nous payons l'eau de plus en plus cher.

Sylvie Deraime, *Je sais préserver l'environnement*, pp. 10-11, © éd. Magnard, 2001.

Des déchets toxiques déversés dans la mer.

1. Quel est l'infinitif des formes verbales en bleu ?
2. À quel temps et à quelles personnes sont-elles conjuguées ?
3. Dis ces deux formes du même verbe à l'oral. Que remarques-tu ?
4. Les radicaux de ces deux formes verbales sont-ils identiques ? Pourquoi ?
5. Conjugue le verbe en rouge au présent de l'indicatif. Que se passe-t-il pour le radical ?

Je retiens

- En règle générale, les verbes dont l'infinitif se termine en **-eler** ou **-eter**, comme **appeler** ou **jeter**, **doublent** la consonne **-l** ou **-t** devant les terminaisons qui commencent par **un -e muet** :
  il appe**ll**e – je je**tt**e – nous appe**ll**erons – tu je**tt**eras – ils appe**ll**eraient – vous je**tt**eriez
  Il y a cependant des **exceptions** (acheter, modeler, geler, congeler, peler…) qui prennent **un accent grave sur le e** qui précède le **l** ou le **t** : j'ach**è**te – tu mod**è**leras – il g**è**le – ils p**è**leraient
- Pour les verbes dont l'infinitif se termine en **-yer**, comme **nettoyer** ou **appuyer**, le **y** se transforme en **i** devant un **e muet** : je netto**i**e – il appu**i**era
- **Attention !**
  – Pour les verbes dont l'infinitif se termine par **-ayer** comme **payer**, on peut utiliser les deux orthographes : je pa**i**e – je pa**y**e
  – À l'imparfait, il ne faut pas oublier **le i après le y** pour les 1re et 2e personnes du pluriel : nous envo**yi**ons – vous appu**yi**ez
  – Le verbe **envoyer** est **irrégulier** au **futur simple** et au **conditionnel présent** à toutes les personnes : j'en**verr**ai (futur) – vous en**verr**iez (conditionnel)

Je m'exerce

1 ★ **Recopie ces phrases et donne l'infinitif des verbes conjugués.**
• Ma sœur jette souvent son travail à la poubelle.
• Étienne feuillette un livre dans la bibliothèque.
• Cela ennuierait-il ta mère de me recevoir ?
• Le fermier attelle le cheval pour promener les enfants dans le village.
• Nous balaierons la salle demain matin.

2 ★ **Conjugue ces verbes aux 1res personnes du pluriel et du singulier du présent de l'indicatif.**

côtoyer – cacheter – ficeler – rayer – convoyer

3 ★ **Recopie ces phrases et conjugue les verbes entre parenthèses au présent de l'indicatif puis au futur simple.**

- Le chien (aboyer) violemment.
- Rachid (délayer) la farine avec le lait.
- Au collège, on (vouvoyer) les professeurs.
- Cette couleur (égayer) la pièce.
- Pour cette recette, il (broyer) des noix.

4 ★ **Recopie ces phrases et conjugue les verbes entre parenthèses au présent de l'indicatif puis au futur simple.**

- Je (projeter) de passer mes prochaines vacances en Afrique.
- Luna (acheter) ses provisions au marché.
- Pedro (appeler) souvent ses parents au téléphone.
- Ces enfants (peler) leurs fruits eux-mêmes.
- Il (racheter) une nouvelle voiture.

5 ★★ **Conjugue ces verbes au futur simple puis au conditionnel présent. Garde le même pronom de conjugaison.**

il paie – je larmoie – ils effraient – nous appuyons – vous tournoyez

6 ★★ **Conjugue ces verbes au futur simple puis au conditionnel présent. Garde le même pronom de conjugaison.**

nous décachetons – je rejette – il modèle – vous dételez – tu nivelles

7 ★★ **Réécris ces phrases au futur simple.**

- Ma sœur a essayé une nouvelle robe.
- Les agents municipaux balayaient la rue.
- Le soleil rougeoie à l'horizon.
- J'envoie mon courrier.
- Corentin a essuyé le tableau.
- Vous rayez les noms de la liste.

8 ★★ **Réécris ces phrases au présent de l'indicatif.**

- L'eau a ruisselé le long des murs.
- J'ai acheté une pomme et je l'ai pelée.
- La flamme de la bougie chancelait.
- Le cordonnier a ressemelé mes chaussures.
- Ils projetaient un film.

9 ★★ **Recopie et complète ces phrases avec les verbes suivants conjugués au présent de l'indicatif.**

empaqueter – foudroyer – étinceler – décacheter – ficeler – festoyer

- Nous … les colis puis nous les … solidement.
- Cet enfant nous … du regard.
- Les étoiles … toute la nuit.
- Nous … ces enveloppes.
- Les chevaliers … gaiement après la bataille.

10 ★★★ **Recopie et complète ce tableau avec les verbes indiqués conjugués aux 1res personnes du singulier et du pluriel.**

Verbes à l'infinitif	Présent de l'indicatif	Futur simple	Imparfait	Conditionnel présent
tutoyer	…	…	…	…
pagayer	…	…	…	…
renouveler	…	…	…	…
congeler	…	…	…	…
déchiqueter	…	…	…	…

11 ★★★ **Recopie et conjugue les verbes entre parenthèses au conditionnel présent.**

- Si j'avais le temps, je m'(apitoyer) sur ton sort !
- Si tu n'étais pas venu pendant mes vacances, le courrier s'(amonceler) dans la boîte aux lettres.
- Si j'avais assez d'argent, j'(acheter) des vêtements de meilleure qualité.
- (Feuilleter)-tu un magazine avec moi sur la plage ?
- S'il était sûr de lui faire plaisir, il lui (envoyer) une invitation.

Je repère dans un texte

Dans le texte pp. 224-227, retrouve un verbe dont l'infinitif se termine en **-yer** et un verbe dont l'infinitif se termine en **-ter** entre les lignes 36 et 45. Conjugue-les aux 1res personnes du singulier et du pluriel au présent et au futur de l'indicatif.

J'écris

Tu décides d'envoyer un cadeau accompagné d'une lettre à un(e) ami(e) qui est malade. Écris un petit texte au présent pour raconter ce que tu fais et pourquoi tu le fais. Utilise entre autres les verbes : s'ennuyer – empaqueter – étiqueter – envoyer – cacheter.

Écrire des titres d'articles de presse

Je cherche

1. Lis le sommaire d'un magazine qui consacre 40 pages au Sénégal.

2. Tous ces titres te semblent-ils plutôt courts ou longs ? À ton avis, pourquoi ?
3. Classe ces titres selon le type de phrase auquel ils appartiennent.
4. Quels sont les adjectifs qualificatifs utilisés dans ces titres pour donner envie de lire les articles ?

Je réfléchis

1. Lis ces titres d'un reportage sur les grands singes en Afrique.
Massacres des grands singes au Congo ! – Comment protéger les gorilles ? – Au Rwanda : le tourisme pourra-t-il sauver les singes ? – Ces animaux, si proches des hommes ! – Des milliers de pièges : une menace mortelle contre les gorilles ! – Des raisons d'espérer ?

2. Que veut communiquer le journaliste à son lecteur en utilisant des phrases exclamatives ?
3. Combien y a-t-il de phrases sans verbe conjugué ? Pourquoi utiliser ce type de phrase ?

Je m'exerce

1. Lis ces phrases et recopie celles qui sont des titres d'articles.
Un écrivain a raconté sa passion pour les paysages africains. / Les forêts de baobabs sont nombreuses dans tout le pays. / La magie du fleuve ! / Depuis des siècles, les Peuls suivent leurs troupeaux en famille. / Quel avenir pour les peuples du fleuve ?

2. Trouve deux titres différents à partir de la phrase suivante.
Du Mali au Sénégal, nous avons fait mille kilomètres à travers l'Afrique de l'Ouest.

J'ai compris

- **Le titre d'un article de presse** doit donner **une idée rapide et précise du contenu** de l'article. C'est pourquoi il est court et souvent sans verbe conjugué (ex. : Les nouveaux visages de Dakar).
- Un titre peut être rédigé sous la forme :
  – d'**une phrase déclarative**, simplement pour donner le thème de l'article (ex. : 1 000 km au fil du fleuve Sénégal) ;
  – d'**une phrase interrogative**, destinée à éveiller la curiosité du lecteur (ex. : Comment protéger les gorilles ?) ;
  – d'**une phrase exclamative**, pour susciter ou communiquer des réactions (ex. : de l'enthousiasme → Exclusif : reportage au cœur d'une vieille cité coloniale ! – de l'indignation → Des milliers de pièges : une menace mortelle contre les gorilles !).

Comprendre le vocabulaire scientifique

Je cherche

1. Lis cette série de mots.

des spores – les fleurs – l'eau – l'érosion – la faune – les nitrates – l'engrais – la mer – l'aquaculture – la marée – le compost – le plancton – s'alimenter – la photosynthèse – la chlorophylle – se protéger – un décibel – le bruit

2. Construis un tableau à deux colonnes (**appartient au vocabulaire scientifique** et **appartient au vocabulaire courant**) et classe ces mots. Comment as-tu fait ?

3. Y a-t-il des mots qui figurent dans les deux colonnes ? Qu'en conclus-tu ?

Je réfléchis

1. Lis ce texte.

Le transport des hydrocarbures : le pétrole

Les oléoducs sont des canalisations qui permettent le transport du pétrole (« oléo » signifie « huile ») depuis les gisements jusqu'aux usines de raffinerie du pays ou jusqu'aux ports. En effet, la majorité du pétrole brut est exporté grâce à des supertankers jusqu'aux raffineries d'autres pays. En cas d'avarie ou de naufrage, ces navires constituent une grave menace pour les écosystèmes.

2. Quel est le préfixe du mot en rouge ? Que signifie-t-il ?

3. Quelle indication cela donne-t-il sur le sens du mot ?

4. D'après la définition d'un oléoduc donnée dans ce texte, explique ce qu'est un gazoduc.

Je m'exerce

1. Recopie ce texte et remplace les expressions entre parenthèses par l'un des mots ou expressions suivants.

écosystème – supertankers – raffineries – forage – gisement – oléoducs

Le pétrole a été trouvé grâce à (un trou profond) creusé dans le sol jusqu'(à la nappe de pétrole). (Des canalisations spéciales) le conduisent vers (des usines de traitement) ou des bateaux. (Ces pétroliers géants) sillonnent les mers. Mais, parfois, leur naufrage entraîne une marée noire qui détruit (le milieu naturel).

J'ai compris

- Dans les textes scientifiques, les auteurs emploient **un vocabulaire spécialisé** (*ex. :* un écosystème). Pour le comprendre sans dictionnaire, on peut :
  - **se fonder sur la construction du mot** en cherchant le radical, le sens du préfixe ou du suffixe (*ex. :* un éco/système → **éco** signifie « qui a trait à l'écologie, à la nature » et **système** signifie « organisation ») ;
  - **raisonner par comparaison** (*ex. :* un oléoduc sert à transporter du pétrole → un gazoduc sert à transporter du gaz) ;
  - **utiliser le contexte** (*ex. :* une raffinerie est une usine de traitement du pétrole brut).

Évaluation

Grammaire

1 Dans quelle phrase le groupe de mots en rouge est-il attribut du sujet ?

a. Un ensemble de chansons françaises forme son répertoire.
b. Son répertoire est un ensemble de chansons françaises.
c. Son répertoire regroupe un ensemble de chansons françaises.
d. Son répertoire permet d'écouter un ensemble de chansons françaises. Voir p. 104

2 Quelle liste ne contient que des verbes d'état ?

a. sembler – importuner – charmer – dérouter
b. rester – hériter – éteindre – enduire
c. paraître – être – devenir – sembler
d. être – imiter – avertir – couvrir Voir p. 104

3 Quelle phrase ne contient pas de complément du verbe ?

a. Nos voisins partent en vacances.
b. Nous avons déjeuné avec nos meilleurs amis.
c. Nos meilleurs amis ont changé de voiture.
d. Nos meilleurs amis ont déménagé. Voir p. 106

4 Quelle phrase ne contient pas de complément facultatif ?

a. En automne, les arbres perdent leurs feuilles.
b. Mon chat n'aime pas les caresses.
c. Les bus circulent sur une voie spéciale.
d. Pendant les vacances, je prends mon temps. Voir p. 106

5 Quelle phrase ne contient pas de complément d'objet direct ?

a. J'attends l'arrivée du réparateur.
b. Il adore manger des fruits de saison.
c. Mon oncle a invité toute la famille.
d. J'ai envie de me reposer ce week-end. Voir p. 118

6 Dans quelle phrase le groupe nominal en rouge est-il complément d'objet direct ?

a. Le compte-rendu permettra une meilleure compréhension.
b. Il faudra se référer au compte-rendu.
c. Le chef de projet attend le compte rendu.
d. Demain, sera rédigé le compte rendu. Voir p. 118

7 Quelle phrase contient un complément d'objet second ?

a. Le fermier donne à manger aux poules.
b. Elle répond facilement aux questions.
c. Ils jouent à un jeu de société.
d. Le maître donne les consignes. Voir p. 120

8 Dans quelle phrase le complément d'objet indirect est-il un pronom ?

a. Hier, Paul a joué au tennis.
b. Louis a envie d'apprendre l'anglais.
c. Le fauve obéit au dompteur.
d. Elle lui a téléphoné. Voir p. 120

Conjugaison

9 Quelle phrase ne contient pas de verbe au conditionnel présent ?

a. Aimerais-tu avoir ce jeu ?
b. Serais-tu prêt à déménager ?
c. Tu n'oublieras pas de faire tes devoirs.
d. Si tu avais assez d'argent, tu achèterais un nouveau jeu. Voir p. 110

10 Avec quelle forme verbale peux-tu compléter cette phrase ?

Si tu était plus âgé, je te … partir tout seul.

a. laisserait
b. laisserai
c. laisserais
d. laisse Voir p. 110

11 Avec quelle forme verbale peux-tu compléter cette phrase ?

Quand il est revenu, elle ….

a. aura déménagé
b. a déménagé
c. avaient déménagé
d. avait déménagé Voir p. 124

12 **Quelle phrase contient un verbe conjugué au plus-que-parfait ?**

a. Je constate que vous avez rempli votre mission.
b. Je savais que vous n'étiez pas disponible.
c. J'ai lu le livre que tu m'avais offert pour mon anniversaire.
d. J'ai regretté votre absence.

Voir p. 124

Orthographe

13 **Dans quelle liste y a-t-il un mot mal orthographié ?**

a. accroc – accusation – accueil – acompte
b. appel – apparaître – appercevoir – apéritif
c. affaiblir – affoler – affirmatif – Afrique
d. effacer – effondrer – offrande – officiellement

Voir p. 108

14 **Dans quelle liste tous les mots sont-ils correctement orthographiés ?**

a. afection – aprenti – affirmer – accoster
b. acueillir – affaire – acéder – apprendre
c. affranchir – aplanir – africain – accrocher
d. aperçu – apauvrissement – accomplir – apparence

Voir p. 108

15 **Avec quels mots peux-tu compléter cette phrase ?**

Elise a ... une idée pour ... facilement.

a. trouvé / voyagé
b. trouvé / voyager
c. trouver / voyagé
d. trouver / voyager

Voir p. 112

16 **Dans quelle phrase le mot en rouge est-il mal orthographié ?**

a. J'ai changé la bibliothèque de place.
b. Sur la photo, elle a beaucoup changer.
c. Il faut changer la bibliothèque de place.
d. Ouvrir le capot puis changer la cartouche.

Voir p. 112

17 **Dans quelle liste les verbes sont-ils mal orthographiés ?**

a. j'appelle – nous appelons – elles appellent
b. j'achèterai – nous achèterons – elles achèteront
c. je renouvèlerai – nous renouvèlerons – elles renouvèleront
d. je jette – nous jetons – elles jettent

Voir p. 122

18 **Par quelle forme verbale faut-il compléter cette phrase ?**

Je t'... les photos la semaine prochaine.

a. envoyerai
b. envoierai
c. enverrai
d. envoirai

Voir p. 122

Vocabulaire

19 **Quelle liste regroupe des mots correspondant à une qualité ou à un défaut ?**

a. opération – récréation – affectation – collation
b. patiemment – gaiement – raisonnablement – bêtement
c. coiffeur – serveur – chauffeur – cultivateur
d. courageux – affectueux – généreux – coléreux

Voir p. 114

20 **Quelle liste contient un intrus ?**

a. balayage – affichage – rayonnage – dérapage
b. recevable – lavable – jetable – étable
c. jeunesse – finesse – faiblesse – justesse
d. africain – marocain – mexicain

Voir p. 114

21 **Recopie et relie chaque suffixe à ce qu'il indique.**

-ation •	• une possibilité
-able •	• un diminutif
-on/-eron •	• une action ou son résultat

22 **De quel mot minuterie est-il un dérivé ?**

a. minorité
b. minuit
c. minutie
d. minute

Voir p. 116

23 **Dans quelle phrase se trouvent un sigle et une abréviation ?**

a. La SNCF développe ses lignes de TGV.
b. J'ai regardé un reportage sur les OVNI à la télé.
c. Au ciné, j'ai vu mon prof principal.
d. L'UNICEF est présente partout dans le monde.

Voir p. 126

24 **Quel sigle correspond à une organisation internationale ?**

a. SAMU b. SPA c. ONU d. HLM

Voir p. 126

25 **Quel mot n'est pas synonyme de devoir ?**

a. une responsabilité
b. une obligation
c. une autorisation
d. une contrainte

Voir p. 128

Grammaire

Objectifs : Identifier et manipuler les compléments circonstanciels.
Texte en lien : *Ivanhoé*, p. 236.

Les compléments circonstanciels

Je lis et je réfléchis

Le meunier prend la mine de quelqu'un qui, justement, aurait une solution.
« Je rentre **de Saint-Aignan**, dit-il avec précipitation, il faut que tu saches. Demain, à midi, il y a une réunion pour les États généraux. Tu as entendu parler des États généraux ? »
Thomas réfléchit un instant, puis hoche la tête. Il se rappelle ce qu'a dit Leclerc, le colporteur, le jour où Abel a pris son service dans la milice.
Le roi veut changer les choses, paraît-il.
« Où, ta réunion ? demande le paysan.
– La chose se passera **au cabaret Soulvache**. [...] »
Il y serait allé plutôt deux fois qu'une, Thomas, au cabaret Soulvache ! Celui-ci ressemble à une ruche bourdonnante. Des paysans, des ouvriers, des tisserands, des ardoisiers s'y interpellent bruyamment.

Daniel Hénard, *Yvon, enfant de 1789*, © Hachette Éducation.

1. Quels renseignements les groupes de mots soulignés te donnent-ils ? et les groupes de mots en gras ?
2. Quel renseignement les mots et groupes de mots en vert te donnent-ils ?
3. Quelle question peux-tu poser après le verbe pour obtenir comme réponse les groupes de mots soulignés ? les groupes de mots en gras ? les mots et groupes de mots en vert ?
4. Peux-tu déplacer ces différents groupes de mots ? Peux-tu les supprimer ?

Je retiens

- **Le complément circonstanciel (C.C.)** permet de préciser les circonstances de l'action exprimée par le verbe, par exemple **où, quand** et **comment** elle se passe :
  Demain, à midi, il y a une réunion. – Je rentre **de Saint-Aignan**, dit-il **avec précipitation**.
  (Demain, à midi : C.C de temps ; de Saint-Aignan : C.C. de lieu ; avec précipitation : C.C. de manière)
- C'est un complément **facultatif**, qui peut généralement être déplacé ou supprimé : **Demain**, il y a une réunion. → Il y a une réunion **demain**. (déplacement) / Il y a une réunion. (suppression)
- **Un complément circonstanciel de lieu (C.C.L.)** répond à la question **Où ?** posée après le verbe : La chose se passera **au cabaret Soulvache**. → **Où** se passera la chose ? au cabaret Soulvache
- **Un complément circonstanciel de temps (C.C.T.)** répond à la question **Quand ?** posée après le verbe : **Demain, à midi**, il y a une réunion pour les États généraux. → **Quand** la réunion a-t-elle lieu ? demain, à midi
- **Un complément circonstanciel de manière (C.C.M.)** répond à la question **Comment ?** posée après le verbe : Je rentre de Saint-Aignan, dit-il **avec précipitation**. → **Comment** dit-il sa phrase ? avec précipitation
- Un complément circonstanciel peut être :
  – **un nom** ou **un groupe nominal**, souvent introduit par une préposition ou un article contracté : Marius travaille **à Saint-Aignan**. – Ils arrivent **dans deux jours**.
  – **un adverbe** (voir leçon p. 90) : La réunion a lieu **ici, aujourd'hui**. – Il se mouche **bruyamment**.
  – **une proposition** (voir leçon p. 136) : Il se rappelle ce qu'a dit Leclerc **le jour où Abel a pris son service dans la milice**.

Je m'exerce

1 ★ **Recopie ces phrases. Indique à quelle question répond le complément circonstanciel souligné.**

Ex. : Le chevalier a combattu avec courage.
→ **Comment** le chevalier a-t-il combattu ?

- Betty a dormi dans la chambre d'amis.
- Il est arrivé au moment où le train partait.
- Dans trois jours, Hugo partira à Rennes.
- Sur la chaise est posé un cartable noir.
- Walid a gentiment prêté son jeu à Robin.

2 ★ **Recopie les compléments circonstanciels en rouge et indique s'ils précisent le lieu, le temps ou la manière.**

- Nous sommes en vacances depuis deux semaines.
- Le voleur est entré en fracassant la vitre.
- Ce mois-ci, Aminata part au Japon.
- Sur cette autoroute, les automobilistes roulent avec prudence.
- Quand il neige, ils font de la luge dans le jardin.

3 ★ **Recopie ces phrases et souligne les compléments circonstanciels.**

- Vous aurez une réponse dans trois jours.
- Une statue gigantesque se dressait ici.
- Tom lui parle avec douceur.
- Hier, nous avons fait une promenade en forêt.
- Lila range soigneusement ses livres sur l'étagère.

4 ★ **Recopie ces phrases et déplace chaque complément circonstanciel. Attention à la ponctuation !**

- Samedi, Nathan a joué un match de tennis.
- Line soulève le vase en porcelaine avec précaution.
- Une antenne est installée sur le toit de l'immeuble.
- Idir construit un château de sable pendant que son frère se baigne.
- Nous allons souvent à la pêche en été.

5 ★★ **Construis un tableau à 3 colonnes (**lieu, temps **et** manière**) et classe les compléments circonstanciels de ce texte.**

À la nuit tombée, les gazelles viennent boire au point d'eau. Derrière les herbes hautes, une lionne attend patiemment. Elle observe le troupeau pendant de longues minutes et repère enfin sa proie. Tout à coup, elle bondit. Les gazelles effrayées s'enfuient précipitamment.

6 ★★ **Recopie ces phrases et souligne les C.C.L. en bleu, les C.C.T. en vert et les C.C.M. en rouge. Puis indique si le complément est un groupe nominal, un adverbe ou une proposition.**

- Aujourd'hui, Marcia a fait des confitures.
- Tu parcours les rues en flânant.
- La semaine dernière, Jonas a pris son premier cours de chant.
- Sacha gare sa voiture dans le parking souterrain.
- Elles ne sortaient pas quand il pleuvait.
- Papa serre affectueusement Noé dans ses bras.

7 ★★ **Recopie et complète chaque phrase avec le ou les C.C. demandés.**

Ex. : Il a oublié son livre. (C.C.L)
→ Il a oublié son livre **dans la classe**.

- Martin faisait beaucoup de sport. (C.C.T.)
- Le sorcier prépare sa potion magique. (C.C.L.)
- Elle sortit en claquant la porte. (C.C.M.)
- Nora voyage. (C.C.L.) – (C.C.T.)
- Karl range ses chaussures. (C.C.M.) – (C.C.L.)
- Ma grande sœur étudie l'histoire. (C.C.T.) – (C.C.L.)

8 ★★★ **Recopie ces phrases et remplace le C.C. de chacune d'elles par un C.C. de type différent.**

Ex. : Les pirates cacheront leur trésor **dans une grotte**. (C.C.L.) → Les pirates cacheront leur trésor **cette nuit**. (C.C.T.)

- Demain soir, nous fêterons ton anniversaire.
- Les marcheurs grimpent péniblement la côte.
- Quand elle entra dans la pièce, le silence se fit.
- L'inspecteur vérifie minutieusement les indices.
- Bertille a cherché sa poupée toute la matinée.
- Je suis sorti au moment où le soleil se levait.

Je repère dans un texte

Dans le texte pp. 236-237, relève un C.C. de temps, un C.C. de lieu et un C.C. de manière entre les lignes 5 et 18.

J'écris

Il t'est arrivé une histoire drôle ou insolite. Raconte-la en utilisant au moins deux compléments circonstanciels de chaque type.

Objectif : Distinguer phrase simple et phrase complexe.
Texte en lien : *Les Orangers de Versailles*, p. 238.

Phrase simple et phrase complexe

Je lis et je réfléchis

Le jour n'est pas encore levé. Et pourtant, dans la rue, on entend déjà le bruit des métiers à tisser.
Claudine se passe de l'eau sur la figure, enfile sa blouse noire et saute sur sa banquette. Le gros rouleau sur lequel s'enroule le tissu presse son estomac. À onze ans, elle a déjà le dos voûté des canuts[1], car elle doit se pencher pour lancer la navette. L'un après l'autre, ses pieds poussent sur les pédales.
Comme chaque matin, dès le petit jour, Claudine se met à tisser.
À côté d'elle, son père travaille sur un métier mécanique qui va beaucoup plus vite.
Il est en train de tisser un velours en fil d'or, avec de grandes fleurs mauves et rouges.

Marie-Christine Helgerson, *Claudine de Lyon*, © Castor Poche Flammarion.

1. Ouvriers, ouvrières spécialisés dans le tissage de la soie, à Lyon.

1. Relève les verbes conjugués dans les phrases en vert. Combien y en a-t-il dans chaque phrase ?
2. Combien y a-t-il de verbes conjugués dans la phrase en gras ? Relève-les et donne leur infinitif.
3. Combien y a-t-il de verbes conjugués dans la phrase soulignée ? Que remarques-tu concernant leur sujet ?

Je retiens

- Une phrase qui ne contient qu'**un seul verbe conjugué** s'appelle « **une phrase simple** » (même si elle est longue). On l'appelle aussi « **proposition indépendante** ».
  Et pourtant, dans la rue, on **entend** déjà le bruit des métiers à tisser.
- Une phrase qui comporte **plusieurs verbes conjugués** s'appelle « **une phrase complexe** ». Elle contient **autant de propositions que de verbes**.
  Elle **a** le dos voûté (proposition 1) car elle **doit** se pencher. (proposition 2)
  À côté d'elle, son père **travaille** sur un métier mécanique (proposition 1) qui **va** beaucoup plus vite. (proposition 2)
- Pour identifier les verbes conjugués dans une phrase complexe, il faut bien **repérer les différentes actions ou descriptions** et bien **identifier le sujet qui les commande** :
  – ils peuvent avoir **le même sujet**. Dans ce cas, certains verbes peuvent être très éloignés du sujet :
  Claudine (sujet) **se passe** (verbe 1) de l'eau sur la figure, **enfile** (verbe 2) sa blouse noire et **saute** (verbe 3) sur sa banquette.
  – ils peuvent avoir **un sujet différent** : Elle (sujet 1) **pose** (verbe 1) une question mais son père (sujet 2) ne **répond** (verbe 2) pas.

Je m'exerce

1 ★ Recopie ces phrases et souligne les verbes conjugués. Indique pour chaque phrase si elle est simple ou complexe.
- Aujourd'hui, Léo visitera la tour Eiffel en compagnie de ses amis.
- Mohamed achète un pull qui lui plaît beaucoup.
- Après le petit déjeuner, tu brosseras soigneusement tes dents.
- Agnès referme son livre, éteint la lumière et s'endort.

2 ★ **Recopie uniquement les phrases complexes. Souligne les verbes conjugués.**

- Dimitri cueille des fleurs qu'il offrira à sa mère.
- Les élèves posèrent leurs opérations et commencèrent leurs calculs.
- Malgré la difficulté de l'épreuve, l'alpiniste est parvenu au sommet de la montagne.
- Il sortit de l'ascenseur, entra dans son bureau et décrocha le téléphone.
- Heureux de sa victoire, le champion effectua deux tours de stade.

3 ★ **Recopie ces phrases. Souligne les verbes conjugués et sépare d'un trait les différentes propositions.**

Ex. : Ilan s'habille, prend son cartable et part à l'école. → Ilan s'habille, / prend son cartable / et part à l'école.

- Elle éclata de rire quand le clown tomba par terre.
- La météo annonce du beau temps mais le ciel reste gris.
- Les portes se ferment, le chef de gare siffle et le train démarre.
- Mounir aperçut un cheval qui galopait dans la prairie.
- Émile écrit une lettre, il la plie, puis il la glisse dans une enveloppe et va la poster.

4 ★★ **Recopie ce texte. Souligne en bleu les phrases simples et en vert les phrases complexes.**

Aujourd'hui, David et Noémie visitent le zoo. Ils parcourent les allées et observent les animaux. Ils s'arrêtent longuement devant l'enclos des singes. Un petit babouin s'agrippe au ventre de sa mère tandis qu'un autre grimpe sur un rocher plat. Quelques-uns fouillent le sol à la recherche de vers ou d'insectes. Les enfants remarquent les mâles dominants, qui les impressionnent quand ils ouvrent leurs puissantes mâchoires.

5 ★★ **Recopie et complète chaque phrase simple pour former une phrase complexe.**

Ex. : Je cherche l'agrafeuse. → Je cherche l'agrafeuse **qui était sur le bureau**.

- Le rouge-gorge chante.
- Les pompiers maîtrisent l'incendie.
- Nous allons au restaurant.
- Jade aime les romans de science-fiction.
- La bouteille de lait est vide.

6 ★★ **Transforme chaque série de phrases simples en une phrase complexe.**

Ex. : Jonas **saisit** le ballon. Il le **passe** à Sylvestre. Sylvestre **marque** un but. → Jonas saisit le ballon et le passe à Sylvestre qui marque un but.

- Youssouf reste à la maison. Il a de la fièvre.
- J'ai discuté avec le maçon. Ce maçon construit la maison.
- Morgane pose ses lunettes. Elle referme le journal. Elle ouvre la fenêtre.
- Les CM2 visitent le collège. Ils iront dans ce collège l'année prochaine.
- Tu ouvres ton cahier. Tu écris la date. Tu copies les phrases. La maîtresse a écrit ces phrases au tableau.

7 ★★★ **Transforme chaque phrase complexe en deux phrases simples.**

Ex. : Yaël pénétra dans **la maison qui** était silencieuse. → Yaël pénétra dans **la maison**. **Elle** était silencieuse.

- Il rentre dans la boulangerie et achète un croissant.
- Oumou admire le cygne qui glisse sur l'eau.
- Lucien fermait les yeux ; la musique le berçait.
- L'actrice qui interprète le rôle de la reine est très connue.
- L'arc-en-ciel que nous avons vu était magnifique.

8 ★★★ **Recopie ce texte. Souligne les verbes conjugués et sépare les différentes propositions quand il s'agit de phrases complexes.**

Je prenais tranquillement mon petit déjeuner quand, tout à coup, mon chat se mit à courir dans tous les sens. Il sauta sur la table et renversa mon bol de chocolat. Le liquide chaud me brûla les cuisses. Je hurlai de douleur et voulus attraper l'animal. Je me levai trop brutalement et me pris les pieds dans ma chaise. Une belle chute !

Je repère dans un texte

Dans le texte pp. 238-239, relève deux phrases simples et deux phrases complexes entre les lignes 33 et 52. Recopie-les, souligne les verbes conjugués et sépare les différentes propositions des phrases complexes.

J'écris

Décris la maison de tes rêves. Utilise au moins trois phrases simples et trois phrases complexes.

Objectifs : Savoir identifier les verbes conjugués au futur antérieur. Savoir conjuguer les verbes au futur antérieur.

Le futur antérieur

Je lis et je réfléchis

Le navire accosta dans le port de Thèbes. Tandis que les marins déchargeaient les marchandises, Thoutmès s'adressa aux jeunes gens :
– Quand vous serez arrivés chez Kaha, Ramôsé et toi entrerez et lui annoncerez que sa cargaison d'or l'attend dans l'ancien temple d'Amon. Puis vous vous cacherez, et lorsque ce misérable sortira, vous le suivrez discrètement.
– N'y a-t-il aucun risque qu'il nous remarque ? s'inquiéta Senemou.
– Il pensera tellement à son or qu'il ne se méfiera de rien ! Vous serez libres lorsque vous aurez accompli cette mission.

1. Les dialogues de ce texte sont-ils écrits au présent, au passé ou au futur ?
2. Dans les répliques de Thoutmès, quels verbes sont conjugués à un temps simple ? Quels verbes sont conjugués à un temps composé ?
3. Avec quels auxiliaires ces derniers sont-ils conjugués ?
4. Quelle différence remarques-tu concernant la terminaison des participes passés de ces verbes ?
5. Dans chaque groupe de mots souligné, quelle action se déroule en premier ? en second ?

Je retiens

- Le **futur antérieur** est un **temps composé**. Il est **formé de deux mots** : **un auxiliaire** (**avoir** ou **être**) **conjugué au futur** suivi du **participe passé** du verbe conjugué.

j' aurai	marché	–	nous aurons	réussi	–	ils seront	partis
auxiliaire au futur	participe passé		auxiliaire au futur	participe passé		auxiliaire au futur	participe passé

- **La formation du futur antérieur** est identique à celles du passé composé et du plus-que-parfait. Seul le temps de l'auxiliaire change. Les règles d'accord du participe passé restent donc valables (voir leçon p. 66) : Ils **auront** trouvé l'adresse. – Elles **seront** venues de bonne heure.
- Les verbes **avoir** et **être** se conjuguent tous les deux au futur antérieur avec l'auxiliaire **avoir** : tu auras eu – nous aurons été
- **Le futur antérieur** sert à décrire un événement qui se déroule **avant un autre événement qui se passe dans le futur.**

Quand vous **serez arrivés** chez Kaha, (événement 1) vous **entrerez**. (événement 2) – Après cette épreuve, (événement 1) j'aurai fini mes examens. (événement 2)

Vous **serez** libres (événement 2) lorsque vous **aurez accompli** cette mission. (événement 1)

Je m'exerce

1 ★ **Recopie uniquement les verbes conjugués au futur antérieur.**
nous aurons bu – ils avaient reçu – vous êtes allés – tu auras fini – elles seront venues – vous étiez tombés – j'aurai pris – j'avais fait – il aura été – il sera parti – nous avons dîné – ils auront offert – vous auriez eu

2 ★ **Recopie ces phrases. Souligne les verbes conjugués au futur antérieur et indique leur infinitif.**
- Quand tu auras mis la table, nous pourrons dîner.
- Ils nous appelleront lorsque leur fille sera née.
- Dès qu'Amadou aura eu son bac, il étudiera la médecine.
- Vous aurez terminé le dessert quand j'arriverai.

3 ★ **Recopie et complète ces verbes conjugués au futur antérieur avec un pronom personnel sujet qui convient.**
- … aurez vendu
- … seront parties
- … aura ri
- … aurons changé
- … sera allée
- … auras ralenti
- … aurai mis
- … aurons suivi
- … seront arrivés
- … auras fait

4 ★ **Recopie ces phrases et souligne le premier événement en bleu et le second événement en rouge.**

Ex. : Quand il aura distribué le courrier, il reviendra ici.
- L'avion décollera quand vous aurez attaché vos ceintures.
- Les filles goûteront dès que je serai rentrée.
- Dès que nous aurons eu notre permis, nous pourrons conduire une moto.
- Tu démarreras quand tu auras entendu le signal.

5 ★★ **Recopie ces phrases et remplace les pronoms personnels sujets soulignés par ceux proposés entre parenthèses.**
- Après ce voyage, je serai allé au moins une fois aux États-Unis. (nous)
- Quand ils reviendront, ils auront réussi leurs examens. (tu)
- Lorsqu'elles appelleront, tu auras fini. (vous)
- Quand je rentrerai ce soir, vous aurez appris vos leçons. (j')

6 ★★ **Recopie et complète ce texte avec les verbes suivants.**

mettrez – serez passés – contournerez – serez arrivés – sera – tournerez – aurez aperçu

– Bonjour monsieur ; pouvez-vous nous indiquer le chemin de la mairie ?

– Bien sûr ! Quand vous … au bout de la rue, vous … à gauche. Puis, dès que vous … la voie de chemin de fer, vous vous … sur la voie de droite pour la traverser. Quand vous … de l'autre côté, vous … l'école primaire. La mairie … juste derrière !

7 ★★ **Recopie et complète ces phrases avec les auxiliaires** être **ou** avoir **conjugués au futur.**
- Après cette dernière étape, elles … fini leur tour du monde.
- Nous irons voir maman à la clinique quand ma petite sœur … née.
- Vous me préviendrez quand vous … trié tous vos jouets.
- Finalement, tu … eu ton brevet de natation !
- Tu allumeras les lumières quand je … entrée sur scène.

8 ★★ **Recopie et conjugue les verbes entre parenthèses au futur antérieur.**
- Dès que nous (trouver) une place, nous nous garerons.
- Dany et toi (grandir) lorsqu'ils reviendront.
- Tu me préviendras dès que Karima et Chloé (sortir) de l'école.
- Dès qu'ils (descendre), nous partirons.
- Je vous rappellerai quand j'(réfléchir).
- Tu ajouteras le sucre quand tu (mélanger) la farine et les œufs.

9 ★★★ **Utilise chaque couple de verbes pour écrire une phrase. Emploie 1 des 2 verbes au futur et l'autre au futur antérieur à la personne demandée.**

Ex. : terminer – écrire (2e personne du singulier)
→ Quand tu **auras terminé** ce roman, tu **écriras** un résumé.
- lire – raconter (2e personne du pluriel)
- avoir – lancer (1re personne du singulier)
- franchir – courir (3e personne du pluriel)
- accomplir – téléphoner (3e personne du singulier)

10 ★★★ **Recopie et complète ces phrases en utilisant un verbe au futur antérieur.**
- Quand …, nous pourrons sortir.
- Tu iras au cinéma dès que ….
- Vous allumerez un feu quand ….
- Dès que …, Diane l'accrochera sur ce mur.
- Je signerai ce contrat lorsque ….

J'écris

Écris un petit poème sur ce que tu feras plus tard. Utilise le futur et le futur antérieur. Par exemple : Quand j'aurai construit ma fusée, j'irai visiter l'Univers…

Orthographe

Objectif : Savoir distinguer des homophones grammaticaux fréquents déjà vus en CM1.
Texte en lien : *Les Orangers de Versailles*, p. 238.

Les homophones grammaticaux (rappel) : ses / ces, ce / se, c' / s', la / l'a(s) / là

Je lis et je réfléchis

– Quand les esclaves en colère ont mis le feu partout, **mes** parents ont voulu s'enfuir à la ville ; seulement c'est le moment que j'ai choisi pour annoncer mon arrivée. Alors ils sont restés. [...]
– Et ensuite ?
– Ensuite, ça s'est calmé, **mais** les récoltes étaient parties en fumée, la sucrerie saccagée, et on n'avait plus rien. Mon père n'avait pas les moyens de replanter. Alors, il nous a laissés sur le petit bout de terre qui nous restait, et il s'est embarqué comme matelot.
– Et votre terre se trouvait près de chez René Abalain ?
– C'est ça. Sur la paroisse de l'Arcahaie. Quand je prononce ce mot, j'ai le cœur qui se serre.

Évelyne Brisou-Pellen, *Deux Graines de cacao*, © Le Livre de Poche Jeunesse, 2007.

1. Lis les mots en gras à voix haute. Que remarques-tu ?
2. Quel moyen peux-tu utiliser pour les différencier ? Comment appelle-t-on ces mots ?
3. Quelle est la nature du mot qui suit chaque mot en vert ?
4. Relève une autre paire d'homophones grammaticaux dans le texte. Qu'est-ce qui les différencie ?

Je retiens

- **Les homophones grammaticaux** sont des mots qui se prononcent de la même façon, mais qui ne s'écrivent pas pareil et qui n'appartiennent pas à la même classe grammaticale : mes / mais
- Attention à ne pas confondre **ses** et **ces** :
  - **ses** : déterminant possessif pluriel. Il peut être remplacé par **tes** ou **mes** : **ses** amis → **tes** amis
  - **ces** : déterminant démonstratif pluriel. Il peut être remplacé par **cet** ou **cette** : **ces** robes → **cette** robe
- Attention à ne pas confondre **ce/se** et **c'/s'** :
  - **ce** : déterminant démonstratif. Il peut être remplacé par **ces** : **ce** banc → **ces** bancs
  - **se** : pronom personnel (3e personne du singulier et du pluriel). Il est toujours placé devant un verbe. Il peut être remplacé par **me** ou **te** : Arnaud **se** lave. → Tu **te** laves.
  - **c'** : pronom démonstratif lorsqu'il est placé devant le verbe **être**. Il peut souvent être remplacé par **cela** : **C'**est un camion. / **C'**était un camion. → **Cela** est un camion. / **Cela** était un camion.
  - **s'** : pronom personnel **se** devant une voyelle. Pour le distinguer de **c'**, il faut changer de personne : Il **s'**est préparé. → Tu **t'**es préparé. – Il **s'**était allongé. → Je **m'**étais allongé.
- Attention à ne pas confondre **la, l'a, l'as** et **là** :
  - **la** : article féminin singulier ou pronom personnel complément. Il peut être remplacé par un autre article (**une**) ou par un pronom personnel complément (**le, les**) : **la** maison → **une** maison – Je **la** visite. → Je **les** visite.
  - **l'a** et **l'as** : forme élidée du pronom complément **le** ou **la** (**l'**) devant l'auxiliaire **avoir** conjugué à la 2e ou 3e personne du présent de l'indicatif. Ces mots peuvent être remplacés par **l'avais** ou **l'avait** : Tu **l'as** mis. → Tu **l'avais** mis.
  - **là** : adverbe de lieu. Il peut être remplacé par **ici** : Je suis **là**. → Je suis **ici**.

Je m'exerce

1 ★ Écris les groupes nominaux de la 1re série au singulier et ceux de la 2nde série au pluriel.
- ses jambes – ces montagnes – ces lits – ses cadeaux – ses assiettes – ces aigles
- cette chambre – cet abricot – son sac – ce véhicule – sa sœur – son cahier

2 ★ Recopie et complète avec ce **ou** se**.**
... calmer – ... méfier – ... garçon – ... pont – ... relever – ... danger – ... joueur – ... battre

3 ★ Recopie et complète avec c' **ou** s'**.**
- Il ... est amusé tout l'après-midi.
- ... est une histoire à dormir debout.
- Mon amie ... était déguisée en princesse.
- ... est le voyageur qui vient d'arriver.
- Ton gâteau au chocolat, ... est le meilleur !

4 ★★ Recopie ces phrases et mets un accent grave sur le a **de** la **quand c'est nécessaire.**
- Denis s'est arrêté la pour se reposer.
- La-bas, la saison des pluies dure longtemps.
- C'est la qu'Ibrahim va construire la maison.
- Je l'ai attendu la pendant une partie de la matinée.

5 ★★ Recopie et complète ces phrases avec les homophones qui conviennent.
- Ben a jeté (ces / ses) vieux jouets.
- Je n'avais pas encore lu (ces / ses) B.D.
- Il range (ses / ces) pulls dans (ces /ses) placards.
- (Ces / ses) voitures et (ses / ces) motos roulent vite.

6 ★★ Recopie et complète ces phrases avec les homophones qui conviennent.
- Je cherche ma bague. (L'as / La / Là)-tu vue ? Elle était pourtant (l'as / la / là) !
- Marina a pris de (l'as / la / là) confiture et (l'a / la / là) étalée sur sa tartine.
- Hakim (l'a / la / là) appelé plusieurs fois mais (l'a / la / là) ligne était occupée.
- (L'as / La / Là) leçon ? Il (l'a / la / là) copiée (l'as / la / là) sur cette page.

7 ★★ Complète chacune de ces phrases avec un verbe ou un nom.
- Garance se ... dans la rivière.
- Vous portez ce ... avec élégance.
- Basile se ... de bonne heure.
- Elle voit ce ... qui se ... à la branche.

8 ★★★ Recopie et complète ce texte avec la, là, l'a **ou** l'as**.**
Alice vient souvent dans cette partie-... du jardin. Elle s'assoit près de ... fontaine. Elle se souvient que, ... dernière fois, son amie Inès ... poussée et qu'elle est tombée ... tête ... première dans l'eau. Alice a demandé à Inès : « Tu ... fait exprès ? », puis elle ... éclaboussée. Inès a ri et a tendu ... main à son amie. Elles étaient trempées et, ..., elles se sont fait sécher au soleil.

9 ★★★ Recopie et complète ce texte avec c'est, s'est, c'était **ou** s'était**.**
... une nuit étoilée. Juan ... occupé du feu et Flora ... enroulée dans sa couverture. Tout à coup, ils entendirent un bruit... Ils virent que ... un loup qui ... approché d'eux.

– On dirait qu'il est blessé ! dit Flora

– ... sa patte arrière qui saigne. Comment ...-il fait cela ?

– ... sans doute à cause d'un piège. Mais, apparemment, il ne ... pas complètement refermé sur sa patte. Il a une chance de s'en sortir.

10 ★★★ Recopie et complète ce texte avec ces, ses, ce, se, c' **ou** s'**.**
... est dimanche. ... matin, Ethan ... est levé un peu tard. En beurrant ... tartines, il ... rend compte que ... deux cousins vont bientôt arriver. Il ... douche en vitesse et ... met en jean. Quel parcours ... deux-là ont-ils prévu aujourd'hui ? Ils ont certainement repéré quelques-uns de ... petits chemins qui ... enfoncent dans les bois ! ... est le moment pour Ethan de vérifier son vélo et surtout l'état de ... pneus. Pourvu que la pluie ne ... annonce pas : ... serait dommage !

Je repère dans un texte

Dans le premier paragraphe du texte pp. 238-239, relève les homophones grammaticaux.

J'écris

Continue le dialogue suivant. Utilise au moins quatre paires d'homophones de la leçon.
« Allô ! Bonjour, c'est Margot.
– Bonjour Margot, ... »

Grammaire

Objectifs : Identifier et manipuler la proposition subordonnée relative.
Texte en lien : *Ivanhoé*, p. 236.

La proposition subordonnée relative

Je lis et je réfléchis

Les jeunes gens montaient sur les remparts pour verser l'**huile** bouillante qui arrêtait l'assaut ennemi dans un hurlement de souffrance. En même temps, ils étaient attirés par le désir de savoir si cette **fumée** épaisse que le vent emportait était celle de l'incendie de leur village. Martin serrait dans ses bras un petit frère qui criait de peur et que rien ne pouvait rassurer.
« Ne pleure pas. Mets ta tête contre mon épaule. Tu ne verras rien.
Tu n'entendras rien. Tout va être fini bientôt. »
La bataille avait lieu au-dessus de leurs têtes, sur le **chemin** de ronde où la mort éclaircissait les rangs.

Jean-Côme Noguès, *Le Faucon déniché*, © éd. Nathan, 2003.

1. À quelle classe grammaticale les mots en gras appartiennent-ils ?
2. Quelle est la nature des groupes de mots soulignés ? Quel est leur lien avec les noms en gras ?
3. Par quel mot commence chaque groupe souligné ?
4. À quelle classe grammaticale ces mots appartiennent-ils ? Quels mots remplacent-ils ?

Je retiens

- **Une phrase complexe** peut être composée d'**une proposition principale**, suivie d'une ou plusieurs **propositions subordonnées**.

  Les jeunes gens montaient sur les remparts (proposition principale) **qui protégeaient le château.** (proposition subordonnée)

- **La proposition subordonnée relative** est une expansion d'un nom ou d'un pronom. Elle appartient donc au groupe nominal et peut souvent être remplacée par une autre expansion du nom (un adjectif qualificatif épithète, ou un nom, ou un groupe nominal introduit par une préposition).

  des amis **qui vivent en Bretagne** (proposition relative) – des amis **bretons** (adjectif) – des amis **de Bretagne** (nom).

- La proposition relative est introduite par **un pronom relatif** (qui, que (qu'), dont, où, lequel, laquelle, auquel, à laquelle – voir tableau p. 254). Le nom qu'elle complète s'appelle **l'antécédent**.

  Cette **fumée** (antécédent) que le vent emportait (proposition relative) était celle d'un incendie.

  La bataille avait lieu sur le **chemin de ronde** (antécédent) où la mort éclaircissait les rangs (proposition relative).

- La proposition relative peut être l'expansion de n'importe quel nom : **elle peut donc se trouver à plusieurs endroits dans la phrase**.

  Les jeunes gens **qui combattaient** (groupe nominal sujet) montaient sur les remparts. – Martin serrait son petit frère **qui criait** (groupe nominal C.O.D.).

Je m'exerce

1 ★ **Recopie ces phrases. Souligne les propositions relatives et entoure les pronoms relatifs.**

- Céline a cueilli les framboises qui étaient mûres.
- Samir ouvrit le tiroir où le dossier était rangé.
- Tu trouveras facilement la ferme dont je t'ai parlée.
- Avez-vous apprécié le dessert que j'ai préparé ?
- Voici l'ami auquel Dan a prêté sa voiture.

2 ★ **Recopie ces phrases et supprime les propositions relatives.**
- Ivan observe ce papillon dont il ne connaît pas le nom.
- La rivière que nous traversons est presque à sec.
- La ville où nous allons habiter est plus au sud.
- Il fait des crêpes auxquelles il ajoute de la confiture.
- L'éléphant qui agite ses oreilles sent le danger.

3 ★ **Recopie et complète ces phrases avec les pronoms relatifs suivants.**
dont – auquel – qui – que – où
- Elle allume la lampe … est sur le bureau.
- La trousse … je range mes feutres est vert clair.
- Boris a une petite fille … les yeux sont verts.
- Elle envoie un mail … elle joint une photo.
- J'aime ce livre … tu m'as conseillé.

4 ★ **Recopie ces phrases. Souligne les propositions relatives et entoure les antécédents.**
- Marie salue le voisin qui habite en face.
- Tu as remporté une médaille dont tu peux être fier.
- Ils trouvèrent le coffre où étaient entassées les pièces d'or.
- Les fleurs que tu m'as offertes sont magnifiques.
- La personne à laquelle appartient ce bonnet n'a pas rappelé.

5 ★★ **Recopie ces phrases et remplace chaque groupe nominal complément du nom souligné par une proposition relative.**
Ex. : Il s'assoit dans un fauteuil <u>en cuir</u>. → il s'assoit dans un fauteuil **qui est en cuir**.
- Nous utilisons des cahiers <u>à grands carreaux</u>.
- Le train <u>de Lille</u> partira à 16 h 45.
- Léonore apporte les tasses <u>en porcelaine</u>.
- Le manteau <u>de Sarah</u> est dans le placard.

6 ★★ **Recopie ces phrases et donne la définition de l'adjectif souligné à l'aide d'une proposition relative. Tu peux t'aider d'un dictionnaire.**
Ex. : Le chien est un animal <u>carnivore</u>. → Le chien est un animal **qui mange de la viande**.
- Le médecin m'a donné un sirop <u>imbuvable</u>.
- Barnabé a un père <u>anglophone</u>.
- La chouette est un oiseau <u>nocturne</u>.
- Diego a fait une proposition <u>acceptable</u>.
- Le yaourt est un produit <u>lacté</u>.

7 ★★ **Relie chaque couple de phrases simples avec un pronom relatif pour former une phrase complexe. Souligne ensuite la proposition relative.**
Ex. : Lara a scié la branche. La branche était abîmée.
→ Lara a scié la branche <u>**qui était abîmée**</u>.
- Le plombier a réparé le robinet. Le robinet fuyait.
- Adeline lit le document. Son collègue a imprimé ce document.
- Mes cousins vont dans le chalet. Ils passent toutes leurs vacances dans ce chalet.
- Cette voiture est très chère. Tu rêves de cette voiture.

8 ★★ **Recopie et complète chaque nom en rouge par une proposition relative. Utilise au moins 4 pronoms relatifs différents.**
- Le dictionnaire est posé sur le bureau.
- La jeune fille a traversé la rue.
- L'école est à cent mètres à gauche.
- L'infirmière soigne un blessé.

9 ★★★ **Utilise chacune de ces propositions relatives dans une phrase.**
dont les dents sont pointues – qui décharge le camion – où demeure le marquis – qu'entendent mes amis – auquel est mélangé le bleu

10 ★★★ **Pour chacune de ces phrases, écris une autre proposition relative en utilisant le pronom relatif indiqué entre parenthèses.**
Ex. : Nous rapportons les crevettes **que** nous avons pêchées. (qui) → Nous rapportons des crevettes **qui** feront notre régal.
- La chambre que tu repeins n'est pas grande. (où)
- Jérôme porte une veste à laquelle il manque un bouton. (qui)
- Amalia a mis un pull qui lui tient chaud. (dont)
- L'amie qui m'a écrit habite en Allemagne. (à laquelle)

Je repère dans un texte

Dans le texte pp. 236-237, relève trois propositions relatives entre les lignes 5 et 25. Indique le pronom relatif et l'antécédent de chacune d'elles.

J'écris

Écris la suite du texte p. 142. Utilise au moins quatre propositions relatives avec quatre pronoms relatifs différents.

Vocabulaire

Objectifs : Savoir identifier et manipuler les termes génériques et les termes spécifiques.
Texte en lien : *Ivanhoé*, p. 236.

Termes génériques et termes spécifiques

Je lis et je réfléchis

« On ne prépare que le pan de mur qui pourra être peint dans la journée... », expliquait Donato.
La lumière rebondissait sur le socle de marbre des statues et allait se cacher dans les cristaux des lustres vénitiens où elle allumait mille scintillements.
« ... l'enduit doit être encore frais lorsqu'on applique la couleur... »
Vert, violet, bleu... Je retrouvais toutes les couleurs dans les plumes des étranges **oiseaux** que le duc collectionnait dans son patio couvert.
« ... si l'enduit est sec, la peinture ne prendra pas et s'écaillera... »

Pilar Molina Llorente, *Le Petit Peintre de Florence*, © Le Livre de Poche Jeunesse, 2007.

1. Relève dans le texte le terme générique sous lequel on peut regrouper tous les noms soulignés.
2. Trouve des noms qui correspondent au terme générique en gras.
3. Ce mot en gras est-il aussi un terme spécifique ? Si oui, à quel(s) terme(s) générique(s) peux-tu le rattacher ?

Je retiens

- **Un terme générique** est un mot qui désigne un ensemble d'objets ou d'êtres vivants (personnes, plantes...). Chaque élément de cet ensemble est appelé « **un terme spécifique** »
  une couleur (terme générique) → vert, violet, bleu, rouge, jaune... (termes spécifiques)
- Un même mot peut être à la fois un terme générique et un terme spécifique.
  Les roses et les tulipes (termes particuliers) sont des fleurs (terme générique). → **Les fleurs et les arbres** (termes particuliers) sont des plantes (terme générique).
- On utilise les termes génériques :
  - pour **écrire les articles de dictionnaire** : **voiture (nom féminin) :** véhicule à roues qui sert à transporter des personnes ou des choses. → **véhicule** est un terme générique.
  - pour **regrouper plusieurs faits ou éléments sous un même titre**, notamment dans les textes documentaires : les planètes du système solaire – les châteaux de la Loire
  - pour **éviter les répétitions** : Tom m'a offert **cette bague** (terme particulier) en argent. Je tiens beaucoup à **ce bijou.** (terme générique)

Je m'exerce

1 ★ **Recopie et entoure le terme générique de chaque série.**
- l'eau – le café – la limonade – la boisson – la tisane
- une pince – un marteau – une scie – une tenaille – un outil – une perceuse
- le ski – le sport – le handball – la gymnastique – la boxe – le football – la danse
- une pirogue – un paquebot – un bateau – une jonque – un galion – une barque

2 ★ **Recopie et relie chaque terme générique au terme spécifique qui convient.**

un couvert •	• un caniche
un crustacé •	• un cumulus
un nuage •	• le cuivre
un métal •	• une jambe
un membre •	• une fourchette
un chien •	• une langoustine

3 ★ **Recopie et associe chaque définition au terme spécifique correspondant. Souligne ensuite le terme générique de la définition.**

- Définitions : fruit exotique à l'écorce épaisse – céréale cultivée pour ses grains comestibles – petite fleur des champs – petit insecte au corps lumineux – outil muni d'une lame à dents et qui sert à couper
- Mots spécifiques : le riz – une luciole – une primevère – une scie – un ananas

4 ★ **Recopie chaque série de mots et trouve le terme générique correspondant.**

- un chêne – un pin – un peuplier – un marronnier – un baobab
- une vipère – un boa – une couleuvre – un python – un cobra
- une table – une chaise – une armoire – un lit – un bureau
- Paris – Berlin – Moscou – Athènes – Washington
- un manuel – un album – un dictionnaire – un atlas – un grimoire

5 ★★ **Recopie chaque terme générique et trouve 4 termes spécifiques qui lui correspondent.**

des ustensiles de cuisine – des héros de bande dessinée – des insectes – des moyens de transport – des planètes

6 ★★ **Recopie chaque série de mots et barre l'intrus. Explique ta réponse**

Ex. : un pull – des chaussettes – ~~un collier~~ – un tee-shirt → Ce sont tous des vêtements alors que le collier est un bijou.

- la Seine – le Rhône – les Alpes – la Loire
- le coton – la soie – le velours – le fer – le satin
- la molaire – l'annulaire – l'incisive – la canine
- un poirier – un pommier – un plombier – un cerisier – un prunier

7 ★★ **Recopie et remplace chaque terme générique souligné par 3 termes spécifiques.**

Ex. : Il a cueilli des fleurs. → Il a cueilli **des jonquilles, des marguerites et des pivoines**.

- Aymeric a tracé des figures géométriques sur son cahier.
- Vous avez visité plusieurs continents.
- Saskia pose des récipients sur la table.
- Nous avons acheté des légumes au marché.

8 ★★★ **Recopie et remplace les termes particuliers en rouge par le terme générique qui correspond. Tu peux t'aider d'un dictionnaire.**

- Manon a tracé un U, un A, un I, un O et un E à l'encre noire.
- Rémi a acheté des tartelettes, des flans et des éclairs au chocolat.
- J'ai vu une émission sur les persans, les siamois et les angoras.
- Sur cette radio, on voit bien le radius, l'humérus et le cubitus.

9 ★★★ **Forme 2 phrases avec chacun des mots suivants : l'une où il est terme spécifique, l'autre où il est terme générique. Tu peux t'aider d'un dictionnaire.**

Ex. : reptile → Un **reptile** est un animal au corps recouvert d'écailles. (terme particulier) – Un crocodile est un **reptile**. (terme générique)

un félin – une planète – un fromage – une céréale

10 ★★★ **Recopie cette grille. Trouves-y le terme générique et les 12 termes particuliers qui lui correspondent.**

C	A	B	I	L	L	A	U	D
M	O	R	U	E	S	J	V	S
Y	B	E	X	R	A	I	E	A
M	A	Q	U	E	R	E	A	U
U	H	U	M	K	D	C	P	M
R	R	I	E	F	I	A	V	O
E	X	N	R	J	N	R	N	N
N	T	H	O	N	E	P	B	Z
E	T	R	U	I	T	E	N	C
A	P	O	I	S	S	O	N	E

Je repère dans un texte

Dans le texte pp. 236-237, trouve un terme spécifique qui correspond au mot **arme**. Écris ensuite quatre autres termes spécifiques que l'on peut rattacher à ce mot.

J'écris

Tu vas faire des courses au supermarché. Fais la liste de ce que tu vas acheter, en classant les aliments dans différentes catégories. Nomme ces catégories avec des termes génériques.

Grammaire

Objectif : Reconnaître et manipuler les propositions indépendantes, coordonnées, juxtaposées.
Texte en lien : *Cinq, Six Bonheurs*, p. 244.

Les propositions coordonnées et juxtaposées

Je lis et je réfléchis

Elle poussa un soupir d'aise en franchissant les grilles du square. […] Les platanes déroulaient leurs petites feuilles vertes, les giroflées des plates-bandes traçaient une ligne jaune, le long de l'allée, mais les belles fleurs blanches du marronnier commençaient déjà à se flétrir, et leurs pétales tombés se mêlaient à la poussière. Tous les bancs étaient occupés ; des femmes tricotaient, […] et là-bas, près du tas de sable, les vieux de l'asile étaient installés en rang d'oignons, les mains appuyées sur leurs cannes ; de temps en temps, ils crachaient par terre, entre leurs jambes écartées.

Colette Vivier, *La Porte ouverte*, coll. « Lecture en poche »,
© Casterman Jeunesse, 1996.

1. Combien de phrases ce texte comporte-t-il ?
2. Combien y a-t-il de propositions dans la dernière phrase ? Comment le sais-tu ?
3. Dans la deuxième phrase, qu'est-ce qui sépare la première et la deuxième proposition ?
4. Quel mot relie la deuxième et la troisième proposition ? la troisième et la quatrième proposition ?
5. Dans la dernière phrase, quel autre signe de ponctuation est utilisé pour séparer deux propositions ?

Je retiens

- **Une phrase complexe** peut être composée de **plusieurs propositions indépendantes**. Chaque proposition indépendante contient **un verbe conjugué** et exprime **une idée complète**.
- Les propositions indépendantes peuvent être reliées entre elles par :
  – **un signe de ponctuation** (, ; :) ; on dit qu'elles sont **juxtaposées** :
  Les platanes déroulaient leurs feuilles vertes (proposition indépendante 1)**,** les giroflées traçaient une ligne jaune (proposition indépendante 2).
  Tous les bancs étaient occupés (proposition indépendante 1) **;** des femmes tricotaient (proposition indépendante 2).
  – **un mot de liaison** (mais, donc, alors, quand …) : on dit qu'elles sont **coordonnées**.
  Les fleurs du marronnier commençaient déjà à se flétrir (proposition indépendante 1), **et** leurs pétales se mêlaient à la poussière (proposition indépendante 2).
- **Les mots de liaison peuvent être** :
  – **des conjonctions de coordination** (il y en a **7** : mais, ou, et, donc, or, ni, car) : Nous irons au cirque **ou** nous irons au cinéma. – Tu étais là **mais** tu ne l'as pas vue.
  – **des adverbes** (ou locutions adverbiales) **de liaison** (puis, ensuite, cependant, alors, c'est pourquoi…) : Nous irons au cirque **puis** nous rentrerons.
- **Remarques**
  – Chaque proposition indépendante d'une phrase complexe peut être transformée en phrase simple : Nous **irons** au cirque puis nous **rentrerons**. → Nous **irons** au cirque. Nous **rentrerons**.
  – Il peut y avoir **plus de deux propositions indépendantes**. Le sujet n'est pas toujours répété. L'athlète **s'échauffe**, **prend** le départ et **s'élance** à toute vitesse. (trois propositions indépendantes)

Je m'exerce

1 ★ **Recopie uniquement les phrases composées de 2 propositions indépendantes. Souligne les verbes conjugués.**
- Zoé décore sa chambre avec de jolis objets.
- L'eau chauffe et elle bout à 100 °C.
- Tout à l'heure, je pourrai te parler.
- Je suis obligé de faire cette promenade mais je n'aime pas marcher.
- Ton ordinateur est-il bien éteint ?

2 ★ **Recopie ces phrases et entoure les mots de liaison ou la ponctuation qui séparent les propositions indépendantes.**
- Le vent souffle toujours mais je dois partir.
- Tu n'as pas le choix ; fais tes devoirs !
- Les deux amies bavardent souvent et agacent leur professeur.
- Je connais par cœur le chemin de la gare, je ne risque pas de me tromper.
- Cette maison est agréable : elle est très vaste.

3 ★ **Recopie ces phrases et indique si leurs propositions sont coordonnées ou juxtaposées.**
- J'ai eu de la chance : le train avait du retard.
- Ce matin, le soleil brillait mais le froid était vif.
- Max a eu trop chaud pendant la récréation, il a enlevé son blouson.
- Je vais souvent au musée ; mes parents m'y emmènent avec eux.

4 ★ **Recopie et complète ces phrases avec les mots de liaison suivants.**
car – mais – alors – donc
- Antoine aime aller courir … il a souvent des points de côté.
- Zinedine a mal au ventre … il a trop mangé de chocolat.
- Flora a perdu ses lunettes … elle ne peut pas lire.
- La porte était fermée à son arrivée, … il est reparti.

5 ★★ **Réécris et transforme ces phrases en les reliant avec des mots de liaison.**
Ex. : Le chat se réveille. Il s'étire.
→ Le chat se réveille **et** s'étire.
- Prends ton parapluie. Il pleut.
- Martin a désobéi. Il sera puni.
- Mélange les œufs avec la farine. Ajoute le lait.
- Pierre est venu me rendre visite. J'étais absent.

6 ★★ **Recopie et ajoute la ponctuation indiquée entre les 2 propositions indépendantes de chaque phrase.**
- Les enfants courent à vive allure ils risquent de se faire mal. (:)
- Les arbres perdent leurs feuilles les oiseaux cherchent un abri. (;)
- Les fruits sont mûrs il faut vite les cueillir. (:)
- Il est 20 heures nos invités vont bientôt arriver. (,)

7 ★★ **Recopie et ajoute une conjonction de coordination entre les 2 propositions indépendantes de chaque phrase.**
- Cette plante est magnifique elle a été bien arrosée.
- Élise est malade elle ne viendra pas au cinéma.
- Demain matin, je me lèverai de bonne heure j'irai à la pêche.
- Tu déjeunes tu pars tout de suite ?
- Ce plat est délicieux je le trouve un peu trop salé.

8 ★★★ **Recopie et complète ces phrases avec une proposition coordonnée.**
- Les vendangeurs se dépêchent ….
- Pour aller travailler, je prends ma voiture ….
- Je connais cette chanson ….
- Mes grands-parents sont venus me voir ….
- Tous les week-ends, je marche en forêt ….

9 ★★★ **Recopie et complète ce texte avec des conjonctions de coordination.**
Quelle catastrophe ! J'avais rangé mes clés dans ce tiroir … elles n'y sont plus. Je ne peux plus fermer ma porte … il faut absolument les retrouver. Peux-tu m'aider à les chercher … je dois partir dans 10 minutes ? Sont-elles perdues … quelqu'un les a-t-il volées ?

Je repère dans un texte

Dans le chapitre 2 du texte pp. 244-249, retrouve trois phrases qui ne contiennent que des propositions coordonnées ou juxtaposées. Indique comment elles sont reliées.

J'écris

Écris un petit texte qui décrit une suite d'actions que tu peux faire quand tu pratiques l'athlétisme. Utilise des propositions coordonnées ou juxtaposées.

Objectifs : Reconnaître et utiliser les degrés de l'adjectif et de l'adverbe (comparatif, superlatif).
Texte en lien : *Cinq, Six Bonheurs*, p. 244.

Les comparatifs et les superlatifs

Je lis et je réfléchis

Cachoudas est un voisin d'Adrien qui débarque chez lui sans prévenir.

Je me précipite à la porte. Cachoudas est encore plus pâle et fripé que d'habitude. Il se fend d'un pauvre sourire, et sa peau semble se craqueler comme une terre aride. Il y a quelqu'un derrière lui.
– Adrien, excuse-moi de te déranger, on peut entrer ?
C'est une jeune fille qui l'accompagne, aussi blême que lui, presque transparente, et si mince que même de face on la croirait de profil. Des mèches de cheveux blonds s'échappent d'un bonnet de laine informe enfoncé jusqu'à ses yeux. Mais quels yeux !

Pascal Garnier, *Les Enfants de la nuit*, © éd. Bayard Jeunesse, 2006.

1. Relève tous les adjectifs qualificatifs du premier paragraphe. Quels noms qualifient-ils ?
2. Qu'apprend-on sur l'apparence physique de Cachoudas par rapport à son aspect habituel ?
3. Quel mot introduit la comparaison ? Quelle est la nature de ce mot ?
4. Dans la suite du texte, relève une autre comparaison. Quel mot permet cette comparaison ?

Je retiens

- **Le sens d'un adjectif qualificatif** ou **d'un adverbe** peut être **précisé** ou **modifié** par :
  – **des adverbes comparatifs.** On distingue **le comparatif d'égalité** (utilisation de l'adverbe **aussi**), **de supériorité** (utilisation de l'adverbe **plus**) et **d'infériorité** (utilisation de l'adverbe **moins**) :
  Elle est **aussi** blême que lui. Il est **plus** pâle que d'habitude. Il est **moins** pâle que d'habitude. / Elle mange **aussi** vite que moi. – Elle mange **plus** vite que moi. – Elle mange **moins** vite que moi.
  – **des adverbes superlatifs.** On distingue **le superlatif absolu** (utilisation d'un **adverbe de quantité** : très, bien, peu, suffisamment, à peine, assez, trop, infiniment, extrêmement…) et **le superlatif relatif** (ajout devant l'adjectif ou l'adverbe des mots **le plus**, **le moins**, **les plus** ou **les moins**) : Il est **très** aimable. – Il est **peu** aimable. (superlatifs absolus) / C'est elle qui court **le plus** vite. – C'est elle qui court **le moins** vite. (superlatifs relatifs)
- **Attention !** il existe des comparatifs et des superlatifs irréguliers.
  bon → meilleur – le meilleur → Il a **meilleur** appétit que toi. – Il est **le meilleur** footballeur.
  mauvais → pire – le pire → Ses résultats sont **pires** que les miens. – C'est **le pire** footballeur.
  Meilleur et **pire** sont des adjectifs ; ils s'accordent donc avec le nom ou le pronom qu'ils qualifient.

Je m'exerce

1 ★ **Recopie uniquement les phrases qui contiennent un adverbe comparatif. Souligne-le.**
- Le déguisement de Loubna est plus élégant que celui de Bertille.
- Le jardin est extrêmement bien fleuri cette année.
- As-tu suffisamment arrosé les plantes vertes ?
- Le froid est moins intense qu'hier.
- Ce film ne m'a pas plu du tout !

2 ★ **Recopie ces phrases et souligne les adverbes qui expriment un superlatif absolu.**
- Je le trouve très agréable mais il est peu bavard.
- Paul est extrêmement discret quand il vient à la maison.
- Mon verre est à peine rempli.
- Mon cartable est beaucoup trop lourd.
- Il me semble que ce tableau n'est pas assez éclairé.

3 ★ Recopie et complète ces phrases avec un des superlatifs relatifs suivants.
le plus (× 2) – les plus – le moins – le meilleur
- À cette attraction, c'est Bertrand qui est … peureux.
- Au concours de pêche, c'est Jules qui a été ….
- De toutes les nouveautés littéraires, c'est cet album … réussi.
- De tous les chatons de la portée, celui-ci lape son lait … goulûment.
- Ces athlètes ont été … performants aux J.O.

4 ★ Recopie ces phrases et souligne les adverbes comparatifs ou superlatifs.
- Lim est aussi fort que toi en anglais.
- Cette version des faits est complètement plausible.
- C'est le plus beau défilé que j'ai vu.
- Cette reproduction est mieux réussie que la précédente.
- Cette couleur est la moins voyante de toutes.

5 ★★ Recopie ces phrases et indique entre parenthèses si elles contiennent un adverbe superlatif ou un adverbe comparatif.
- Ton sac de sport est plus élégant que le mien.
- La fourmi et l'abeille sont aussi travailleuses l'une que l'autre.
- Les documentaires de cette série télévisée sont très complets.
- Ce malfrat a écopé d'une peine plus lourde que son complice.
- Essaie de faire ton travail le plus vite possible.

6 ★★ Recopie ces phrases et indique entre parenthèses si elles contiennent un superlatif absolu ou un superlatif relatif.
- L'eau recouvre la plus grande partie du globe.
- Ces livres sont extrêmement intéressants.
- Je te conseille de rester fort modeste.
- Cet objet est le moins beau de ta collection.
- Je savais que tu étais le meilleur de tous !

7 ★★ Recopie et complète ces phrases avec un adverbe ou un adjectif qualificatif. Souligne l'adverbe comparatif ou superlatif.
- Dans cette maison, la pièce la plus … est le séjour.
- Je les trouve aussi … l'un que l'autre.
- Malgré son succès, il reste très ….
- En avion, le risque d'accident demeure infiniment ….

8 ★★ Recopie et complète ces phrases avec les mots entre parenthèses qui conviennent.
- Patricia danse (meilleur / mieux) qu'avant.
- Elle a (bonne / meilleure) mine qu'hier. Elle semble (plus / moins) fatiguée.
- Il fait froid. Il serait (mieux / meilleure) que tu te couvres (plus / moins) chaudement.
- Tes performances sont (aussi / plus) bonnes que celles de ta copine.
- Sa situation est (pire / moins) que la tienne.

9 ★★ Recopie et mets les adjectifs entre parenthèses au comparatif. Attention au sens !
Ex. : Le miel est (sucré) … que la compote de pommes. → Le miel est **plus** sucré que la compote de pommes.
- L'hiver est (chaud) … que l'été.
- Les chiens sont (dangereux) … que les loups.
- La ville est (bruyante) … que la campagne.
- La Belgique est (peuplée) … que la Russie.
- Le pamplemousse est (acide) … que la cerise.

10 ★★★ Recopie et complète ces phrases avec un comparatif. Utilise l'adjectif qualificatif et l'indication entre parenthèses.
- Aline est (grand) que toi. (comparatif d'égalité)
- Les rues de cette ville sont (décoré) que celles de mon village. (comparatif de supériorité)
- Éléonore est (âgé) que son frère. (comparatif d'infériorité)
- Les paysages du bord de mer sont en général (sauvage) que ceux des montagnes. (comparatif d'infériorité)
- Tes livres te seront (utile) que ton baladeur ! (comparatif de supériorité)

Je repère dans un texte

Dans le chapitre 6 du texte pp. 244-249, relève deux superlatifs absolus ainsi que les adjectifs qu'ils accompagnent et trois comparatifs. Indique de quelle nature ils sont (égalité, supériorité, infériorité).

J'écris

Imagine que tu fais un safari en Afrique. Décris les animaux que tu vois en les comparant. Utilise des comparatifs et des superlatifs.

Orthographe

Objectif : Savoir distinguer des homophones grammaticaux fréquents.
Texte en lien : *Moi, Félix, 10 ans, sans-papiers*, p. 242.

Les homophones grammaticaux (1) : on / on n' / ont, d'on / dont

Je lis et je réfléchis

Dans la matinée, plusieurs voitures ont ralenti et on a eu peur de se faire prendre. Même séparés, on nous **remarque**. Même avec Yann dans le sac. Une fois qu'on a eu fini notre pain, dans le bois, on en a parlé avec Rémy et les moyens. Il faut plus qu'on suive la route, sinon on n'ira pas loin. On nous **prendra**. Et si on nous prend, je sais bien ce qui arrivera : on nous **ramènera** chez nous.

Jean-Claude Mourlevat, *L'Enfant Océan*, © Pocket Jeunesse.

1. Quel est le sujet de chacun des verbes en gras ?
2. À quelle classe grammaticale ce mot appartient-il ?
3. Relève dans le texte un homophone de ce mot. Pourquoi ne s'écrit-il pas de la même façon ?
4. Mets le groupe de mots en rouge à la forme affirmative. Que remarques-tu ?
5. Mets le groupe de mots en bleu à la forme négative. Entoure les mots de la négation.

Je retiens

- Attention à ne pas confondre **ont**, **on** et **on n'** :
  - **ont** : forme verbale du verbe **avoir** à la 3e personne du pluriel. Elle peut être remplacée par une autre forme de ce verbe à l'imparfait : Les voitures **ont** ralenti. → Les voitures **avaient** ralenti.
  - **on** : pronom personnel sujet de la 3e personne du singulier qui peut désigner une personne seule (équivalent de **quelqu'un**) ou plusieurs personnes (équivalent de **nous**). Il peut être remplacé par un autre pronom de la 3e personne du singulier (**il** ou **elle**) : **On** nous prendra. → **Il** nous prendra.

  Attention ! devant un verbe commençant par une voyelle ou un **h** muet, il ne faut pas confondre **la forme négative** et **la forme affirmative** : On ira loin. (forme affirmative ; liaison entre **on** et **i**) – On **n'**ira **pas** loin. (forme négative)
- Attention à ne pas confondre **dont** et **d'on** :
  - **dont** : pronom relatif, il remplace un nom dans les propositions subordonnées relatives (voir leçon p. 142) : Le dernier livre **dont** il est l'auteur est remarquable.
  - **d'on** : contraction de la préposition **de** et du pronom personnel **on**, employée dans certaines expressions comme : Il a surgi **d'on** ne sait où ! – C'est le résultat **d'on** ne sait quoi !

  Attention ! même si la conjonction de coordination **donc** (voir leçon p. 146) n'est pas un homophone du pronom relatif **dont**, leur confusion est fréquente, il faut donc être vigilant. Le bus n'est pas passé ; **donc** je suis arrivé en retard. – C'est le bus **dont** je te parle.

Je m'exerce

1 ★ **Recopie uniquement les phrases dans lesquelles le sujet du verbe est le pronom** on. **Transforme-les en remplaçant** on **par** il **ou** elle.
- Ils se sont perdus dans la forêt.
- Demain, on pourra refaire le chemin sans aide.
- Les animaux sauvages ont un grand sens de l'orientation.
- Sur le parcours, on n'a pas vu l'obstacle.
- Pourquoi n'a-t-on pas pris de goûter ?

2 ★ **Réécris ces phrases à la forme affirmative.**

- On n'a pas bien lu la consigne.
- On n'hésite pas à grimper à l'échelle.
- On n'ouvre pas la porte en la poussant.
- Au loin, on n'aperçoit plus les parapentes.

3 ★ **Recopie et complète avec** on **ou** ont.

- Les animateurs … mangé leur repas froid.
- Dans le train, … montre toujours son billet au contrôleur.
- …-ils réussi leur examen ?
- Pourquoi a-t-… attendu aussi longtemps ?
- … ne sait pas où se nichent les oiseaux.

4 ★★ **Recopie et complète ces phrases avec** dont **ou** donc. **Souligne l'antécédent quand c'est** dont **et la proposition qui exprime une conséquence quand c'est** donc.

- Je n'avais pas bien appris ma leçon ; … je n'ai pas su répondre.
- Voici le village … je connais le maire.
- Le livre … je te parle n'est plus édité.
- Le départ est prévu à 7 h ; il faut … se lever tôt.

5 ★★ **Réécris ces phrases à la forme négative.**

- On attend le retour de la navette.
- À l'école, on écrit au stylo plume.
- On a visité le Louvre.
- On a intérêt à avancer lentement.

6 ★★ **Recopie et complète ces phrases avec** on, ont **ou** on n'.

- Sur cette terrasse, … a souvent la chance d'avoir du soleil.
- En hiver, … a parfois pitié des oiseaux qui … froid.
- Cette année, … a pas élagué nos arbres. … le regrette car ils … dépassé le mur du voisin.
- … a du plaisir à voyager avec des amis qui … bon caractère.
- … arrive jamais à l'heure ! Comment peut-… lutter contre ça ?

7 ★★ **Recopie et mets les groupes sujets en rouge au pluriel. Attention aux accords !**

- Un aventurier a exploré le pôle Nord.
- Le garçon dont tu parles a gagné la compétition.
- Dans ce conte, le héros a beaucoup d'ambition.
- Qu'a-t-il fait ?
- C'est lui qui a rangé le magazine.

8 ★★ **Recopie ces phrases et remplace leur sujet par le pronom** on. **Attention aux accords !**

- Quelqu'un a changé l'étagère de place.
- Nous avons reçu beaucoup de cadeaux.
- Nous n'avons pas marché très longtemps.
- Personne ne connaît les paroles de cette chanson.
- N'importe qui peut faire une erreur.
- Nous avons bien mangé.

9 ★★★ **Recopie et complète ces phrases avec une proposition coordonnée par la conjonction de coordination** donc.

Ex. : Le travail est terminé, … → Le travail est terminé, <u>**donc** nous pouvons partir</u>.

- Nous avions faim, ….
- Les correspondants arrivent dès demain, ….
- Ce travail me prendra du temps, ….
- Mon réveil ne fonctionne plus, ….
- Les hirondelles se sont rassemblées, ….
- Il fait nuit de bonne heure, ….

10 ★★★ **Recopie et complète ces phrases avec une proposition subordonnée relative commençant par le pronom relatif** dont.

- J'ai rencontré l'homme ….
- Hector a vu le film ….
- Je n'aime pas ce poisson ….
- La calculette … est défectueuse.
- Nous avons grimpé la colline ….

11 ★★★ **Recopie et complète avec les homophones de la leçon.**

Les zèbres … des rayures très voyantes. Ils peuvent … se faire repérer facilement par leurs prédateurs. Malgré tout, … pense que ces rayures, … l'éclat est surtout visible en plein jour, permettent un camouflage au crépuscule. … a constaté que les rayures … un effet d'illusion d'optique qui peut éloigner les prédateurs.

Je repère dans un texte

Dans le texte pp. 242-243, remplace les sujets par le pronom **on** entre les lignes 1 et 5. Fais les transformations nécessaires.

J'écris

Invente une suite au récit de la p. 150 en utilisant les homophones de la leçon.

Objectif : Savoir distinguer des homophones grammaticaux fréquents.
Texte en lien : *Moi, Félix, 10 ans, sans-papiers*, p. 242.

Les homophones grammaticaux (2) : quel(s) / quelle(s) / qu'elle(s), sans / s'en, leur / leurs

Je lis et je réfléchis

Lentement, Matilda se rassit. Oh, **quelle** infamie ! **Quelle** injustice ! Comment pouvait-on la chasser pour une faute dont elle était innocente ! Matilda sentait monter en elle une fureur intense… De plus en plus intense… Si intense qu'elle se sentait au bord d'une explosion interne. Quant au triton, il se démenait toujours au fond du verre d'eau. Il ne semblait pas à son aise. Sans doute, le verre était-il trop petit pour lui.

Roald Dahl, *Matilda*, traduction d'Henri Rabillot, © Roald Dahl Nominee Ltd., 1988 et © Gallimard.

1. Quelle est la nature du mot en gras ? Dans chaque phrase, avec quel mot s'accorde-t-il ?
2. Trouve dans le texte un homophone du mot en gras. Pourquoi ne s'écrit-il pas de la même façon ?
3. Dans le texte, si on remplace **Matilda** par **Mario**, que se passe-t-il pour cet homophone ?
4. Quelle est la nature du mot en bleu ? Connais-tu un homophone grammatical de ce mot ?

Je retiens

- Attention à ne pas confondre **quel(s)**, **quelle(s)** et **qu'elle(s)** :
  - **quel**, **quels**, **quelle**, **quelles** : déterminants interrogatifs ou exclamatifs (voir leçon p. 58), qui s'accordent en genre et en nombre avec le nom qu'ils accompagnent : **quel** pouvoir (masculin singulier) – **quelle** injustice (féminin singulier) – **quels** pouvoirs (masculin pluriel) – **quelles** injustices (féminin pluriel) ;
  - **qu'elle**, **qu'elles** : contraction du mot **que** et des pronoms personnels **elle** ou **elles**. Elle peut être remplacée par **qu'il** ou **qu'ils** : Je parie **qu'elle** est malade. → Je parie **qu'il** est malade. – Je parie **qu'ils** sont malades.
- Attention à ne pas confondre **sans** et **s'en** :
  - **sans** : préposition qui signifie une absence de quelque chose : **sans** aucun doute…
  - **s'en** : contraction du pronom personnel **se** et de la préposition **en** devant un verbe. Elle peut être remplacée par **m'en**, **t'en** : il **s'en** va – elles **s'en** vont → je **m'en** vais – tu **t'en** vas
- Attention à ne pas confondre **leur** et **leurs** :
  - **leur**, **leurs** : déterminant possessif (voir leçon p. 58) utilisé devant un nom. Il s'accorde **en nombre** avec le nom qu'il accompagne (**leur** mère – **leur** père – **leurs** parents). Il peut être remplacé par un autre déterminant (**le**, **la**, **les**…) : **leur** mère → **la** mère – **leurs** parents → **les** parents
  - **leur** : pronom personnel utilisé comme complément d'objet indirect devant un verbe. Il remplace un nom au pluriel et est **invariable**. Il peut être remplacé par **lui** : Je **leur** ai confié cette tâche. → Je **lui** ai confié cette tâche.

Je m'exerce

1 ★ **Recopie et complète ces phrases avec le mot entre parenthèses qui convient.**
- (Quelle / Qu'elle) belle table !
- Je pense (qu'elle / quelle) a bien répondu.
- Je ne sais pas (quel / quelle) âge a cette femme.
- (Quelles / Quels) sont les ingrédients utilisés ?
- Il me semble (quelle / qu'elle) a fait un choix judicieux.

2 ★ **Recopie et complète ces phrases avec les groupes de mots suivants.**
sans faim – sans toi – sans emploi – sans compter – sans crainte
- Cet homme est … : c'est un chômeur.
- Daniel est très gourmand, il mange ….
- Tu peux caresser ce chien ….
- …, je ne sais pas ce que je deviendrais.
- Cette femme est très généreuse, elle donne ….

3 ★ **Recopie uniquement les phrases dans lesquelles les mots en rouge sont des déterminants. Souligne les groupes nominaux auxquels ils appartiennent.**
- Aurélien et Manuel ont perdu leurs affaires.
- Je leur ai déjà dit.
- Quel temps avez-vous eu ?
- Son père veut qu'elle soit la plus belle !
- Quelles chaussures préfères-tu ?
- Je ne sais quelle surprise lui faire.

4 ★ **Recopie uniquement les phrases dans lesquelles le mot en rouge est un pronom personnel.**
- Tu leur as donné ce qu'il faut.
- Ces gens sont cruels : ils n'aiment pas leurs enfants.
- Pedro et Anita cherchent toujours leur chat.
- Je leur ai raconté une histoire avant de se coucher.
- Pourquoi faut-il toujours leur réexpliquer la même chose ?
- Ils m'ont raconté leur aventure.

5 ★★ **Réécris ces phrases et remplace le mot souligné par le mot entre parenthèses. Fais les accords nécessaires.**
- Je ne sais pas quel est son <u>nom</u>. (profession)
- Quelle grande <u>propriété</u> ! (château)
- Quels sont vos <u>projets</u> ? (intentions)
- Quelles <u>marchandises</u> transporte-t-il ? (produits)
- Je ne comprends pas quel est le <u>but</u> du jeu. (règle)

6 ★★ **Recopie et complète ces phrases avec** sans **ou** s'en.
- À cache-cache, tu dois te cacher … faire de bruit.
- Il … est allé à travers la forêt.
- Célia est partie à l'école … avoir mangé.
- Pham a des devoirs. Elle veut … débarrasser le plus vite possible.
- Il est capable de courir … s'arrêter pendant 20 minutes.

7 ★★ **Recopie et complète ces phrases avec** quel(s), quelle(s) **ou** qu'elle(s).
- Elles assurent … seront bien à l'heure pour le départ.
- … tableaux as-tu achetés pour décorer ton salon ?
- … est le montant du gain ?
- Cette statue, … merveille !
- … sont les prochaines sorties prévues ?

8 ★★ **Recopie ces phrases et remplace les groupes nominaux en rouge par les pronoms personnels correspondants.**
- Je sais que les deux sœurs sont accueillantes.
- J'ai repéré le trajet que Nicole a suivi.
- Il faut espérer que la médiathèque sera ouverte.
- Que cette émission est stupide !

9 ★★★ **Transforme ces phrases comme dans l'exemple.**
Ex. : Tim s'aperçoit **de son erreur.**
→ Tim **s'en** aperçoit.
- Les chevaliers s'emparent du château. → …
- Thierry se remet difficilement de sa grippe. → …
- Célia se méfie des chiens. → …
- Dany se détache de ses camarades. → …
- Mes parents se débarrassent de vieilleries. → …

10 ★★★ **Recopie ces phrases et remplace chaque mot souligné par le mot entre parenthèses qui convient.**
- Il n'y a <u>qu'eux</u> (qu'elles / quelles) qui savent où se trouvent les billets de train.
- Philippe <u>lui</u> (leur / leurs) a rendu <u>ses</u> (leur / leurs) livres.
- Il faut <u>qu'il</u> (qu'elle / quelle) vienne à <u>sa</u> (leur / leurs) fête.
- <u>Ses</u> (Leur / Leurs) parents <u>lui</u> (leur / leurs) ont donné du courage.
- Crois-tu <u>qu'ils</u> (qu'elles / quelles) aiment sortir avec <u>des</u> (leurs / leurs) amis ?

Je repère dans un texte

Dans le texte pp. 242-243, relève tous les **leur** ou **leurs** entre les lignes 18 et 39 et précise leur nature.

J'écris

Écris un petit texte pour raconter à tes parents ce que tu as découvert pendant une sortie scolaire. Utilise des homophones de la leçon.

Conjugaison

Objectif : Comprendre la notion d'antériorité relative d'un fait par rapport à un autre.
Texte en lien : *Moi, Félix, 10 ans, sans-papiers*, p. 242.

L'antériorité d'un fait par rapport à un autre

Je lis et je réfléchis

À peine rentré de l'école, Tom se précipite dans sa chambre. C'est bien sa veine ! L'année **commence** à peine, et déjà il **sent** qu'elle sera intermi-nable. Entre les moqueries de ses camarades et ses difficultés en classe, il ne sait pas comment il va s'en sortir. Mais heureusement, il y a Cléa. Tom sourit en pensant à elle. Il ne lui a jamais dit, mais Tom **aime** Cléa. Il se souvient avec émotion de la chute douloureuse qu'elle avait fait dans la cour l'an dernier. Elle pleurait tellement qu'il l'avait prise dans ses bras.

1. À quel temps les verbes en gras sont-ils conjugués ?
2. Dans la troisème phrase, à quel moment se déroule l'action décrite par le verbe souligné par rapport à celles décrites par les verbes en gras ? Comment le sais-tu ?
3. Dans la sixième phrase, à quel moment se déroule l'action décrite par le verbe en vert par rapport à celle décrite par le verbe en gras ? Comment le sais-tu ?

Je retiens

- Dans un texte, pour comprendre **la succession d'événements les uns par rapport aux autres**, on peut **utiliser des temps différents.**
- Pour exprimer l'antériorité dans un texte ou une phrase au **présent**, on peut utiliser :
  - **le présent de l'indicatif avec le passé composé** quand l'action passée n'a pas de durée définie : Il ne l'**a jamais dit** à personne mais Momo **aime** l'école. (Il ne l'a jamais dit à personne : événement antérieur)
  - **le présent de l'indicatif avec l'imparfait** quand l'action passée est terminée et délimitée dans le temps : Il ne le **dit** jamais mais il **aimait** l'école. (mais il aimait l'école : événement antérieur)
- Pour exprimer l'antériorité dans un texte ou une phrase au **passé**, on peut utiliser :
  - **l'imparfait avec le passé composé** (l'action à l'imparfait étant antérieure à celle au passé composé) : Elle pleurait tellement qu'il l'a prise dans ses bras. (Elle pleurait tellement : événement antérieur)
  - **le passé simple avec l'imparfait** (l'action au passé simple est accomplie à un moment précis, et vient « interrompre » l'action décrite à l'imparfait) : Alors que nous **discutions**, il se **leva** brusquement. (Alors que nous discutions : événement antérieur)
  - **le passé composé, le passé simple ou l'imparfait avec le plus-que-parfait** (voir leçon p. 124) : Il **a perdu** le jeu que tu lui **avais prêté**. – Ils **étaient** sortis quand elle **arriva**. – Elle lisait un livre qu'elle **avait** choisi. (que tu lui avais prêté / Ils étaient sortis / qu'elle avait choisi : événement antérieur)
- Pour exprimer l'antériorité dans un texte ou une phrase au **futur**, on peut utiliser le **futur antérieur** (voir leçon p. 138) : Quand il **aura terminé** son travail, il **pourra** sortir. (Quand il aura terminé son travail : événement antérieur)

Je m'exerce

1 ★ Recopie ces phrases. Souligne les verbes conjugués et indique les temps utilisés.

- Il roulait tranquillement quand un camion surgit sur sa droite.
- Si tu viens me voir, je ferai des crêpes.
- Il a beaucoup travaillé hier, donc aujourd'hui il se repose.
- Pendant la soirée, elle est partie alors que les invités dansaient.
- Quand il aura déjeuné, il sera à ta disposition.

2 ★ Recopie et complète ces phrases avec la forme du verbe entre parenthèses qui convient.

- Quand tu auras dormi, tu (seras / serais) de meilleure humeur.
- Il était dans de bonnes dispositions quand François (vint / était venu) le voir.
- Pour le moment, les élèves lisent le livre qu'ils (choisissent / ont choisi).
- Je suis allé acheter du pain mais la boulangerie (fermera / était fermée).
- Nous étions perdus et la nuit (tombait / tombe).

3 ★ Recopie ces phrases et conjugue les verbes entre parenthèses au temps qui convient (présent **ou** futur simple**).**

- J'ai oublié de l'appeler, je lui (téléphoner) demain.
- S'il fait beau ce week-end, nous (pouvoir) aller nous promener.
- Si tu (manger) trop pendant le dîner, tu auras mal au ventre cette nuit.
- Il (espérer) que son équipe sera victorieuse.
- Je pense que son prochain film (être) meilleur que celui-ci.

4 ★★ Recopie ces phrases et écris les verbes entre parenthèses au temps qui convient (présent **ou** imparfait**).**

- Si elle (porter) son sac sur le dos, elle serait moins fatiguée.
- Si Natacha (vouloir) bien se donner la peine, elle aura de bons résultats.
- Si nous (devoir) nous absenter, nous laisserions nos instructions.
- Si Dominique (partir) ce soir, elle n'aura pas de bouchons sur la route.
- Si je n'(avoir) pas peur du noir, je ferais de la spéléologie.

5 ★★ Recopie ces phrases et conjugue les verbes entre parenthèses au temps qui convient (passé composé **ou** imparfait**).**

- Il (entendre) un coup de feu alors qu'il se (promener) dans la forêt.
- Comme son voisin (pouvoir) l'aider, elle le lui (demander).
- Le pêcheur (naviguer) non loin des côtes lorsque son bateau (heurter) un rocher.
- Aminata (trouver) sa sœur qui se (cacher) derrière un fauteuil.

6 ★★★ Recopie ces phrases et conjugue les verbes entre parenthèses au temps qui convient (passé simple **ou** imparfait**).**

- Nous (être) dans notre chambre, quand nous (entendre) un bruit strident.
- Les cyclistes (rouler) depuis une heure quand Théo (apercevoir) une biche.
- Il (prendre) la liste des courses et (partir) sans s'apercevoir qu'il (neiger).
- Je (lire) tranquillement quand le téléphone (sonner).

7 ★★★ Recopie et complète ces phrases en utilisant les verbes entre parenthèses. Conjugue-les à un temps qui convient.

Ex. : Quand tu seras prêt … (**partir**)
→ Quand tu seras prêt, nous **partirons**.

- Je peux rentrer car …. (finir)
- La pluie avait cessé de tomber quand …. (arriver)
- Mon père était tombé en panne alors que …. (attendre)
- Lorsque tu auras achevé cet exposé …. (pouvoir)
- Je lui ai lu le livre que …. (offrir)

Je repère dans un texte

Dans le texte pp. 242-243, relève tous les verbes conjugués entre les lignes 18 et 26. Indique leur temps puis classe les actions dans l'ordre chronologique.

J'écris

Invente une suite au texte de la p. 154. Explique ce que la directrice a pu dire aux parents de Momo (tu peux écrire un dialogue). Utilise des temps différents.

Objectifs : Distinguer et identifier le sens propre et le sens figuré d'un mot ou d'une expression.
Texte en lien : *Cinq, Six Bonheurs*, p. 244.

Sens propre et sens figuré

Je lis et je réfléchis

Un dimanche sans maman à la maison, c'était bizarre. Malgré l'animation qui régnait dans le village, j'essayai de travailler un peu. Puis je me dis qu'après tout, c'était mon dernier week-end hors de la pension, et qu'il suffirait de **mettre les bouchées doubles** en rentrant. Ça me fit penser aux bouchées au chocolat.

Évelyne Brissou-Pellen, *Le Fils de mon père*, © Le Livre de Poche Jeunesse, 2009.

1. Que signifie l'expression en gras dans le texte ?
2. Dans quelle autre phrase le mot **bouchée** est-il utilisé ?
3. A-t-il le même sens que dans l'expression en gras ? Si non, quel est son sens ?
4. Dans quelle phrase le mot **bouchée** est-il utilisé dans un sens imagé ?
5. Trouve une autre expression qui emploie le mot **bouchée**. Tu peux t'aider d'un dictionnaire.

Je retiens

- Dans une phrase, un mot peut être employé :
  – **au sens propre**, c'est-à-dire avec **le sens le plus courant** : J'adore les **bouchées** au chocolat. (confiserie au chocolat)
  Attention ! un mot peut avoir plusieurs sens propres (voir leçon p. 84) : Le mot **bouchée** peut aussi indiquer la quantité d'aliments que l'on met en une seule fois dans la bouche.
  – **au sens figuré**, c'est-à-dire dans **un sens imagé**. Il est alors utilisé dans un autre contexte. Pour garder la cadence, il faut mettre les **bouchées** doubles. (travailler plus vite)
- Certaines expressions de la vie courante utilisent le sens figuré pour **expliquer de façon imagée différentes situations** : J'ai obtenu cet objet **pour une bouchée de pain**. (bon marché)
- Dans certains dictionnaires, le sens figuré est noté **Fig**.

Je m'exerce

1 ★ Recopie uniquement les phrases dans lesquelles les mots ou expressions en rouge sont utilisés au sens figuré.
- J'ai mis mon nouveau manteau.
- La montagne est couverte d'un manteau neigeux.
- Les policiers ont passé la scène de crime au peigne fin.
- Pour démêler tes cheveux, tu dois utiliser un peigne fin.
- Avant de partir, n'oublie pas d'embrasser ta mère.
- Mon fils a embrassé le métier d'enseignant.
- La Lune est bien ronde cette nuit.
- Il est souvent dans la lune.
- As-tu bien fermé la porte à clé ?
- Le voleur a pris la clé des champs.

2 ★ Construis un tableau à 2 colonnes (sens propre du mot « tête » **et** sens figuré du mot « tête ») **et classe ces phrases.**
- J'ai mal à la tête.
- Cet enfant a la tête dure !
- Il s'est blessé à la tête.
- Dans tous les cas, il faut garder la tête froide !
- Il a la tête sur les épaules.

3 ★ Recopie ces phrases et souligne les mots qui sont utilisés au sens figuré.
- Il a toujours un béret vissé sur la tête.
- Des fils électriques courent le long du mur.
- Au cœur de cette ville fleurissent les magasins.
- Il ne faut pas être esclave des nouvelles technologies.

4 ★★ **Recopie chaque expression au sens figuré et relie-la à sa définition.**

avoir un caractère froid •	• être coléreux
avoir le sang chaud •	• être fâché
avoir eu chaud •	• être distant avec les autres
être en froid avec quelqu'un •	• être courageux
ne pas avoir froid aux yeux •	• avoir échappé à un danger de justesse

5 ★★ **Dans les phrases suivantes, les mots soulignés sont employés au sens figuré. Fais une phrase avec chacun de ces mots employés au sens propre.**

Ex. : Son avenir me paraît bien <u>sombre</u>.
→ Cette pièce, mal éclairée, est très **sombre**.

- Ce paysage est un <u>océan</u> de verdure !
- Cet élève a la <u>bosse</u> des maths !
- Je suis <u>ivre</u> de joie !
- Cette année, Noël <u>tombe</u> un jeudi.
- J'ai reçu un <u>coup</u> de fil de ma mère.

6 ★★ **Explique les expressions suivantes.**

- percer un secret
- avoir la gorge nouée
- froisser une personne
- avoir un chat dans la gorge
- sauter aux yeux

7 ★★ **Écris 2 phrases avec chacun des mots suivants : l'une au sens propre du mot et l'autre au sens figuré. Tu peux t'aider d'un dictionnaire.**

un savon – une frontière – une éponge – brûler – danser

8 ★★ **Recopie et complète chacune des expressions suivantes avec un nom qui désigne une partie du corps. Aide-toi des définitions entre parenthèses.**

- avoir un cheveu sur la … (avoir un défaut de prononciation)
- avoir les … sur terre (avoir le sens des réalités)
- obéir au … et à l'… (sans discussion)
- être pris la … dans le sac (en flagrant délit)
- faire la sourde … (ne pas vouloir entendre des conseils ou des ordres)

9 ★★★ **Recopie et complète ces phrases avec les verbes suivants. Tu peux les utiliser à l'infinitif ou les conjuguer si besoin.**

promener – prendre – souligner – danser – couver

- Si tu n'es pas content, tu peux … la porte.
- Les flammes … au plafond.
- L'auteur … l'importance du phénomène.
- Le héros … son regard dans la pièce secrète.
- J'ai l'impression que Paul … une grippe.

10 ★★★ **Recopie ces affirmations et indique si elles sont vraies (V) ou fausses (F). Donne ensuite le vrai sens des expressions que tu auras jugées « fausses ».**

- *Jouer avec le feu* signifie « entretenir la flamme d'un feu de cheminée ».
- *Balayer devant sa porte* signifie « régler ses propres affaires ».
- *Avoir du pain sur la planche* signifie « avoir du pain en réserve ».
- *Cette histoire est tirée par les cheveux* signifie « cette histoire est peu crédible ».

11 ★★★ **Recopie cet extrait d'un roman de Victor Hugo. Souligne les expressions imagées et écris quelques phrases pour expliquer ce que voit l'auteur lors de ce voyage.**

La rapidité est inouïe. Les fleurs du bord du chemin sont des raies rouges ou blanches ; les blés sont de grandes chevelures jaunes ; les villes, les clochers et les arbres dansent et se mêlent follement à l'horizon.

Voyage en Belgique, 1837.

Je repère dans un texte

Dans le texte pp. 244-249, trouve deux expressions imagées dans les chapitres 2 et 6. Explique ce qu'elles veulent dire.

J'écris

Invente une histoire en utilisant au moins trois des expressions suivantes (pour connaître leur signification, tu peux chercher les mots en rouge dans le dictionnaire) : mettre des bâtons dans les roues – une histoire cousue de fil blanc – jeter un pavé dans la mare – prendre ses jambes à son cou – voir rouge.

Faire parler des personnages

Je cherche

1. Lis ce texte.

A. « Où étais-tu passé ? »
Sébastian leva mollement le bras et le gifla du revers de la main.
« Encore à paresser, je parie ! ajouta Henrietta qui imita son mari, mais avec plus de force.
– Pardon ! s'écria Tom. Un gentilhomme est arrivé et m'a dit de panser son cheval.
– Je sais », dit Sébastian en se penchant.
Tom recula mais l'aubergiste souriait. « Quelle sorte de cheval ?
– Un étalon. Noir, avec une marque blanche. »

Anthony Horowitz, *Le Diable et son Valet*, © Livre de Poche Jeunesse, 2007.

2. Combien y a-t-il de personnages dans ce texte ? Comment s'appellent-ils ?
3. Quels signes de ponctuation introduisent et encadrent leurs paroles ?
4. Quels sont les verbes de parole ? Y en a-t-il pour chaque réplique ?

Je réfléchis

1. Lis ce texte qui restitue certaines paroles du texte A de manière différente.

B. Tom dit qu'un gentilhomme était arrivé et qu'il lui avait dit de panser son cheval.
Sébastian dit, en se penchant, qu'il le savait.

2. À quelles répliques du texte précédent ce texte correspond-il ?
3. Par quels pronoms les pronoms personnels **je** et **me** dans la réplique de Sébastian sont-ils remplacés ?
4. Compare les temps des verbes des paroles prononcées dans les deux textes. Que remarques-tu ?
5. Relève deux propositions juxtaposées dans le texte A. Que deviennent-elles dans le texte B ?

Je m'exerce

1. Recopie ce dialogue en rétablissant la disposition et la ponctuation. Souligne les verbes de parole.
Tu es bien trop bon avec ce morveux, maugréa Henrietta. Je sais, j'ai le cœur tendre, acquiesça Sébastian. Je me demande pourquoi ce voyageur s'intéresse tellement à lui.

2. Transforme ce texte en complétant.
Henrietta maugréa qu'il … trop bon avec ce morveux. Sébastian répondit qu'il … … le cœur tendre et qu'il se … pourquoi ce voyageur s'… tellement à lui.

J'ai compris

- Dans un récit (roman, conte…), pour faire parler les personnages, l'auteur peut utiliser :
  – **le style direct** : l'auteur emploie **la ponctuation du dialogue** (deux-points, tirets, guillemets – voir leçon p. 16) et **des verbes de paroles** (dire, répondre, s'exclamer…) : – Je sais, **dit** Sébastian.
  – **le style indirect** : l'auteur introduit les paroles prononcées par ses personnages avec une **conjonction de subordination** (que, si…). Le temps des verbes utilisés dans les paroles prononcées change : Sébastian dit **qu'**il **savait**.
- Dans un dialogue plus long, on encadre parfois tout le dialogue avec **des guillemets**.

Écrire un récit cohérent

Je cherche

1. Lis cette quatrième de couverture.

A. Vanessa et ses parents, de retour d'Algérie, s'installent dans un petit village du Sud de la France. Un jour, ils reçoivent une lettre anonyme menaçant leur chat Amchiche.

Didier Daeninckx, *Le Chat de Tigali*, © Syros Jeunesse.

2. D'après cette quatrième de couverture, qui sont les personnages principaux de ce récit ?
3. Quels sont les pronoms utilisés pour remplacer les noms de ces personnages ?
4. Quel temps est utilisé dans ce texte ?

Je réfléchis

1. Lis ces deux autres quatrièmes de couverture.

B. Il était une fois, au fond de la forêt, un géant qui s'appelait Kolos. Tout le monde avait peur de lui. Un soir pourtant, quatre voleurs arrivèrent près de sa demeure.

Jean-Claude Mourlevat, *Kolos et les Quatre Voleurs*, © Hatier.

C. Jean, pâtissier de son état, n'a pas eu que de la chance dans la vie. Enfant trouvé, placé apprenti dans les cuisines d'un grand seigneur parisien, les meilleurs espoirs lui sont permis, quand la mort subite de son noble employeur les brise.

Daniel Hénard, *La Galette du Roi-Soleil*, © Hachette.

2. Quels sont les deux temps utilisés dans chacun de ces textes ?
3. À quels types de textes ces récits appartiennent-ils ? Explique ta réponse.

Je m'exerce

1. Voici trois quatrièmes de couverture dont les textes ont été mélangés : reconstitue chaque texte. Explique ce qui t'a aidé(e) (les personnages, les pronoms, les temps des verbes…).

Madureur, le fils du Vizir turc Ganouan, était atteint d'une étrange maladie : il ne supportait ni le soleil ni l'air frais. Le premier jour de ses vacances à Paris, Yann rencontre le sourire de Nina. En 1789, la Bastille tombe, la Révolution est en marche. Mais quand il veut lui parler, une bande de garçons s'interpose. Il vivait enfermé dans le palais, sans jamais sortir. Qu'ils soient nobles ou révolutionnaires, les hommes et les femmes de cette époque sont exaltés et se surpassent.

J'ai compris

- Chaque récit a sa propre cohérence qui repose sur :
  - **le type de texte** auquel il appartient (conte, journal intime, roman…) ;
  - **un personnage principal (ou plusieurs)** qui évolue dans une époque et un environnement particuliers ;
  - **un style d'écriture** qui respecte **la concordance des temps** : soit l'imparfait et le passé simple (extrait A) ; soit le présent et le passé composé (extrait C).
- Pour obtenir un récit **cohérent**, on doit suivre ces règles d'écriture.

Évaluation

Grammaire

1 Quels types de compléments circonstanciels cette phrase contient-elle?
À partir de mardi prochain, les enfants iront à la piscine tous les matins.
a. 1 C.C.L. et 1 C.C.T.
b. 1 C.C.L. et 2 C.C.T.
c. 2 C.C.L. et 2 C.C.T.
d. 1 C.C.T. et 2 C.C.L.
Voir p. 134

2 Quelle phrase contient deux C.C.T. et deux C.C.L. ?
a. Après l'école, Lucie et Shana sont allées jouer au basket au gymnase.
b. Quand il sera grand, Vincent fera le tour du monde en bateau.
c. Hier, au parc, alors qu'il promenait son chien, Hakim a trouvé un billet de 10 euros au pied d'un arbre.
d. Quand ma grand-mère m'offre des bonbons, je les mets dans une boîte, au fond du tiroir de mon bureau.
Voir p. 134

3 Laquelle des ces phrases n'est pas une phrase complexe ?
a. Martin gara sa voiture, éteignit le moteur et détacha sa ceinture.
b. Dans un ciel sans nuages, on distinguait nettement les traces blanches laissées par les avions.
c. Je suis contente que tu arrives demain.
d. Le pianiste faisait courir ses doigts sur le clavier et une musique magnifique remplissait la salle.
Voir p. 136

4 Combien de propositions cette phrase complexe contient-elle ?
Prends ton compas et trace un cercle qui mesure 6 cm de diamètre.
a. 1 b. 2 c. 3 d. 4
Voir p. 136

5 Par quelle proposition relative peux-tu compléter le groupe nominal de cette phrase ?
Le tableau … a été peint par Claude Monet.
a. que je t'ai parlé
b. à qui j'ai parlé
c. de laquelle je t'ai parlé
d. dont je t'ai parlé
Voir p. 142

6 Dans cette phrase, quel est l'antécédent de la proposition relative ?
Mon ami Julien se souvient très bien de l'homme célèbre auquel il a vendu cette montre.
a. l'homme célèbre
b. cette montre
c. Mon ami Julien
d. il
Voir p. 142

7 Quelle phrase contient deux propositions coordonnées ?
a. Pendant l'étude, les élèves font leurs devoirs.
b. Les enfants courent, se bousculent.
c. Fais attention car la route est glissante.
d. Le bébé s'est réveillé : il va bientôt réclamer son biberon.
Voir p. 146

8 Quelle phrase contient deux propositions juxtaposées ?
a. Prends ton parapluie car il pleut.
b. Mélange les œufs avec la farine puis ajoute le lait.
c. Chaque matin, Pierre se lève très tôt pour ne pas être en retard.
d. Il hésite à faire du sport, sa cheville est encore douloureuse.
Voir p. 146

9 Quelle phrase contient un adverbe comparatif ?
a. Les enfants dévorent leur goûter avec appétit.
b. Les deux frères mangent aussi lentement l'un que l'autre.
c. Il faudrait s'organiser pour mieux réussir.
d. Il a encore gagné !
Voir p. 148

10 Avec quel mot faut-il compléter cette phrase ?
Tous ces gâteaux sont bons mais celui-ci est le ….
a. meilleurs
b. meilleure
c. meilleur
d. meilleures
Voir p. 148

Conjugaison

11 Quelle phrase contient un verbe conjugué au futur antérieur ?
a. Dès que vous aurez terminé le repas, vous sortirez de table.
b. Il raconte ce qu'il a fait hier.
c. Nous traversons quand le feu passe au vert.
d. Tu lui offriras le collier qu'elle choisira.
Voir p. 138

12 **Avec lequel de ces groupes de verbes peux-tu compléter cette phrase ?**
Dans quelques semaines, quand vous … vos examens, nous … une grande fête.
a. aviez passé / organisions
b. passerez / organisâmes
c. passâtes / aurons organisé
d. aurez passé / organiserons Voir p. 138

13 **Avec quelle forme verbale peux-tu compléter cette phrase ?**
Quand je suis sorti, la neige … le sol.
a. a recouvert
b. recouvre
c. recouvrait
d. recouvrira Voir p. 154

14 **Quelle phrase est incorrecte ? Réécris-la correctement.**
a. J'espérais que tu viendrais.
b. Je n'ai pas pu acheter ce livre car la librairie était fermée.
c. Quand je suis arrivé, le spectacle était déjà terminé.
d. Quand l'hiver sera passé, je t'invite dans ma maison de campagne. Voir p. 154

Orthographe

15 **Dans quelle phrase les homophones grammaticaux sont-ils tous correctement écrits ?**
a. À cette heure-la, se jeune homme ce prépare à retrouver ses amis.
b. À cette heure-là, ce jeune homme se prépare à retrouver ses amis.
c. À cette heure-l'a, ce jeune homme ce prépare à retrouver ces amis.
d. À cette heure-là, se jeune homme se prépare à retrouver ces amis. Voir p. 140

16 **Avec quel groupe d'homophones peux-tu compléter cette phrase ?**
… … donc ai-je rangé … lunettes ? … était dans … tiroir … dans celui-ci ?
a. Mes / ou / mais / C' / se / ou
b. Mais / ou / mais / S' / ce / où
c. Mes / où / mes / S' / se / ou
d. Mais / où / mes / C' / ce / ou Voir p. 140

17 **Par quel homophone peux-tu compléter cette phrase ?**
… est pas arrivé en retard !
a. on b. ont c. on n' Voir p. 150

18 **Dans quelle phrase le mot en rouge n'est-il pas écrit correctement ?**
a. Le film dont il est le héros n'est pas une réussite.
b. Il a raté son bus dont il est arrivé en retard.
c. Aujourd'hui, le métro ne fonctionne plus donc je vais prendre un taxi.
d. La voiture dont je suis propriétaire est en révision au garage. Voir p. 150

19 **Avec quel groupe d'homophones peux-tu compléter ces phrases ?**
… bonheur et … satisfaction de la retrouver !
J'espère … a les mêmes sentiments.
a. qu'elle / quelle / quel
b. quel / qu'elle / quelle
c. quelle / quel / qu'elle
d. quel / quelle / qu'elle Voir p. 152

20 **Quelle phrase peux-tu compléter avec** s'en **?**
a. Elle est … pitié !
b. Il … chargerait s'il avait le temps.
c. Ce sont des clémentines … pépin.
d. Maxime a répondu … hésiter. Voir p. 152

21 **Dans quelle phrase les mots en rouge sont-ils correctement orthographiés ?**
a. je leurs ai donné leur résultats.
b. Je leur ai donné leurs résultats.
c. Je leur ai donné leur résultats.
d. Je leurs ai donné leurs résultats. Voir p. 152

Vocabulaire

22 **Quel mot peut être à la fois un terme générique et un terme particulier ?**
a. le tennis
b. un poisson
c. les Alpes
d. avril Voir p. 144

23 **Dans quelle phrase le mot** feu **est-il utilisé au sens figuré ?**
a. Cuire à feu doux pendant vingt minutes.
b. Les pompiers ont mis deux heures pour éteindre le feu.
c. Il a eu le feu vert pour commencer son projet.
d. J'adore faire du feu dans la cheminée. Voir p. 156

24 **Dans quelle phrase le mot** clé **est-il utilisé au sens propre ?**
a. Il a mis la clé sous la porte.
b. Amélie a fermé la porte à clé.
c. Je n'ai pas la clé de ce mystère.
d. Mon ami a pris la clé des champs. Voir p. 156

Le conte de la création

Je lis

1. Lis ces extraits de plusieurs contes des origines.

A. Il n'y avait pas rien au début : il y avait le lac Titicaca et Pachacamac le Soleil, qui se levait sur les eaux du lac.

B. Celui-qui-créa-la-Terre souffle aussitôt dans la bouche de la créature et répète : « Bienvenue ! », et cette fois, d'une voix minuscule, la créature répond : « Oui, oui, merci. Mais qui êtes-vous ? »

C. « Voilà comment la Terre fut peuplée, voilà pourquoi nous sommes tous des fils de la Lune. Nés du sang, nous sommes des hommes forts, faits pour la lutte, des hommes qui n'ont peur de rien », ajouta Horonami, le vieux chaman.

D. À compter de ce jour, le peuple qui bâtissait la cité se fit appeler Incas ; à l'endroit où la tige en or s'était enfoncée dans la terre, ils élevèrent le premier temple à la gloire de Pachacamac.

E. Il n'y a rien – nous parlons d'un temps d'avant le monde. Celui-qui-créa-la-Terre est assis dans le vide, les jambes allongées dans le néant. Il dort et son sommeil est sans rêve.

F. « Au début, il y a très longtemps, commença le chaman, dans toute la forêt, dans tout le monde, il n'y avait qu'un homme, sa femme et son fils. Ils vivaient comme nous mais ils étaient seuls. »

2. Quels extraits sont des débuts de contes ?

3. Quelles sont les expressions qui te l'indiquent ?

4. Ces expressions donnent-elles des informations précises ? À ton avis, pourquoi ?

5. Comment est la Terre ou le monde dans les extraits A et E ?

6. Retrouve la fin du conte F. Que s'est-il passé entre ce début et cette fin ?

7. Retrouve le texte extrait du même conte que le texte B. À quel moment du conte correspond-il ?

8. Que s'est-il passé entre ces deux moments ?

J'ai appris

- Un **conte de la création**, parfois appelé **mythe**, raconte le commencement du monde :
  – il se déroule à une **époque imprécise**, toujours **avant la création du monde** tel qu'on le connaît (ex. : « Il n'y a rien – nous parlons d'un temps d'avant le monde. ») ;
  – il explique les **différentes étapes de la création** de la Terre, des hommes, du jour, de la nuit… (ex. : « Voilà comment la Terre fut peuplée. ») ;
  – un **personnage divin** (ex. : Celui-qui-créa-la-Terre) ou un **élément de la nature personnifié** (ex. : le Soleil) est à l'origine de ces créations.
- Ces contes ont été inventés avant que les connaissances scientifiques ne permettent de comprendre le monde. Ils servaient donc à **expliquer ce qu'on ne comprenait pas.**

Écrire un conte de la création

Je lis

À peine né, Ningkong se démena pour rendre le monde habitable. Il réunit en une seule masse les trois cieux et les terres. Il les divisa par le milieu d'un seul coup de son grand **coutelas**. Il plaça le ciel en haut et la Terre en bas et soutint le ciel à l'aide de quatre grandes colonnes. Avec ses trois frères, il saisit une enclume, un marteau et des pinces, et avec ses trois frères forgea la Terre. Ils retournèrent ensuite au centre du monde pour tailler une colonne à élever entre ciel et terre. Les **copeaux** de la partie haute donnèrent les oiseaux du ciel et les copeaux de la partie basse, les animaux vivant dans l'eau.

« Ningkong forge la Terre », conte birman,
La Petite Abeille, n° 49, décembre 2004.

1. Cherche le sens des mots en gras dans le dictionnaire.
2. Quels sont les personnages de ce récit ?
3. Comment le monde était-il avant leur intervention ?
4. Repère les trois étapes de la création. Donne-leur un titre.
5. De quoi sont nés les oiseaux ? les animaux aquatiques ?

J'écris

• **Imagine et écris un court conte de la naissance du monde.**

Étape 1 : Je réfléchis

1. Comment est le monde au début de ton conte ?
2. Quel personnage va être à l'origine de la création ? Qui est-il ? (un dieu ? un géant ?...)
3. Que veut-il créer ?
4. Quelles vont être les étapes de sa création ?
5. Comment sera le monde à la fin du conte ?

Étape 2 : Je me prépare à écrire

1. Choisis un nom pour ton personnage.
2. Précise ce qu'il crée :
   • des éléments physiques : le ciel, la mer, les montagnes ;
   • des êtres vivants : des plantes, des animaux qui volent, qui rampent ou marchent, des hommes.
3. Trouve une phrase de début qui situe ton conte avant la création et une phrase de conclusion.
   • Formules de début : Avant que le monde ne soit… – Au temps où rien n'existait…
   • Formules de fin : Ainsi furent créés les hommes. – Et le monde fut…
4. Utilise l'imparfait et le passé simple pour ton récit et le présent si tu écris des dialogues.

Étape 3 : Je me relis

• J'ai écrit un conte avec une formule de début et une formule de fin.
• J'ai indiqué clairement ce qui est créé.
• J'ai décrit plusieurs étapes de la création.
• J'ai utilisé des temps du passé (imparfait et passé simple) pour le récit et le présent pour les dialogues.

Grammaire : La fonction sujet, p. 30.
Orthographe : L'accord sujet/verbe, p. 32.
Conjugaison : Le passé simple des verbes des 1er et 2e groupes, p. 36.

Déméter et Perséphone

Dans la mythologie grecque, Zeus est le dieu du Ciel et le maître des autres dieux. Hadès est le dieu des Enfers. Un jour, il décide d'enlever Perséphone, la fille de la déesse Déméter, pour en faire la reine des Enfers.

Hadès profita d'un jour où Perséphone se promenait seule. Alors qu'elle se penchait pour respirer le parfum d'une fleur, la terre trembla avec fracas. Une faille s'ouvrit brusquement d'où surgit le dieu des Enfers, monté sur un char à quatre chevaux noirs. Elle n'eut pas le temps de se remettre de sa frayeur car il la saisit par la taille et l'emporta avec lui. L'attelage disparut aussi vite qu'il était apparu et la brèche se referma sur eux.

Les appels déchirants de Perséphone avaient été entendus par sa mère. Déméter accourut : trop tard ! Rien ne signalait le passage du dieu. Seul l'air agité gardait la trace de cette apparition soudaine et les fleurs couchées témoignaient silencieusement d'un bouleversement récent.

Affolée, la pauvre mère ne savait plus où porter ses pas. Elle errait à travers le pays, oubliant ses devoirs à l'égard des hommes. Habituellement, sa fonction de déesse des Moissons, du Blé et de toutes les plantes lui imposait de surveiller les productions agricoles. En son absence, le blé refusa de germer, les plantes cessèrent de pousser et la Terre entière devint stérile. Les dieux décidèrent alors d'intervenir.

Le Soleil qui voit tout révéla à Déméter l'endroit où se trouvait sa fille. Elle fut d'abord soulagée de savoir Perséphone en vie, mais, lorsqu'elle sut qui la détenait, elle exigea de Zeus qu'il obtienne sa libération.

une faille : une cassure de la surface de la Terre.
une brèche : synonyme de « faille ».
porter ses pas : aller.
errer : aller sans but.
à l'égard de quelqu'un : envers quelqu'un.
stérile : qui ne produit rien.

Je comprends

1. Indique les noms des dieux et déesses de ce récit et leurs liens de parenté.
2. Quelle est la fonction de chacun d'eux ?
3. Quel est l'événement déclencheur de l'histoire ?
4. Comment Déméter réagit-elle à cet événement ?
5. À qui fait-elle appel pour trouver une solution à ce problème ?
6. Quelle ruse Hadès déploie-t-il pour tenter de garder sa compagne ?
7. Quel marché est finalement conclu ?

Je repère

1. De quel livre cette histoire est-elle extraite ?
2. D'après le titre de ce livre, quelle sorte de personnages t'attends-tu à rencontrer ?
3. Quelles phrases montrent que Déméter (comme les autres dieux de la mythologie) intervient dans la vie des hommes ?
4. Quelles actions décrites dans ce texte ne peuvent être effectuées que par des dieux et non par des « mortels » ?
5. Relis la fin de ce récit mythologique. Quel phénomène naturel veut expliquer ce texte ?

– Je comprends ta douleur de mère, lui répondit-il. J'intercéderai en ta faveur auprès d'Hadès. Il te rendra ta fille ou je ne m'appelle plus Zeus !
Hadès cependant refusa de laisser partir sa douce compagne. Alors Déméter décida d'abandonner ses fonctions nourricières. Elle se moquait de savoir comment vivraient les dieux et les mortels sans elle. Elle-même ne pouvait pas vivre sans sa fille ! Elle prit l'apparence d'une vieille femme et s'exila volontairement sur Terre.

Une période cruelle commença alors pour les hommes. À nouveau, le sol se dessécha et la famine menaça l'espèce humaine. Cette situation ne pouvait plus durer. Les dieux se réunirent dans le palais de Zeus et se mirent d'accord pour persuader Hadès de rendre Perséphone à sa mère. Zeus prit la parole :
– Cher frère, tu es le souverain du royaume souterrain. À ce titre, tu agis à ton gré, à condition de ne pas empiéter sur ce monde ici-bas. Or, depuis que tu retiens Perséphone, sa mère refuse la nourriture aux mortels. Par la même occasion, les sacrifices se font rares. Tu ne peux pas laisser pourrir cette situation. Renvoie la fille !
– Soit ! répondit le dieu rusé, mais je dois auparavant vérifier qu'elle n'ait rien absorbé pendant son séjour, sans quoi, elle ne pourrait plus remonter sur Terre. C'est la loi.

Interrogée, Perséphone répondit avec candeur qu'elle avait goûté les graines d'une grenade. Hadès exultait. Un marché fut pourtant conclu : Déméter dut accepter que sa fille reste trois mois chez Hadès et remonte auprès d'elle pour le reste de l'année.

C'est ainsi que trois mois durant, la Terre se désole avec Déméter de l'absence de Perséphone. C'est l'hiver, et le sol est stérile. Dès le retour de la jeune femme, la vie renaît et la nature tout entière fête les retrouvailles de la mère et de son enfant. Seul Hadès trouve long ce printemps qui le sépare de sa compagne.

Claude Pouzadoux, *Contes et Légendes de la mythologie grecque*, © Nathan, 1994.

intercéder en la faveur de quelqu'un : intervenir pour aider quelqu'un.
à ce titre : en tant que roi des Enfers.
à ton gré : comme tu le veux.
empiéter sur : intervenir dans.
absorber : boire ou manger.
une grenade : le fruit du grenadier.
exulter : montrer une grande joie.
se désoler : s'attrister.

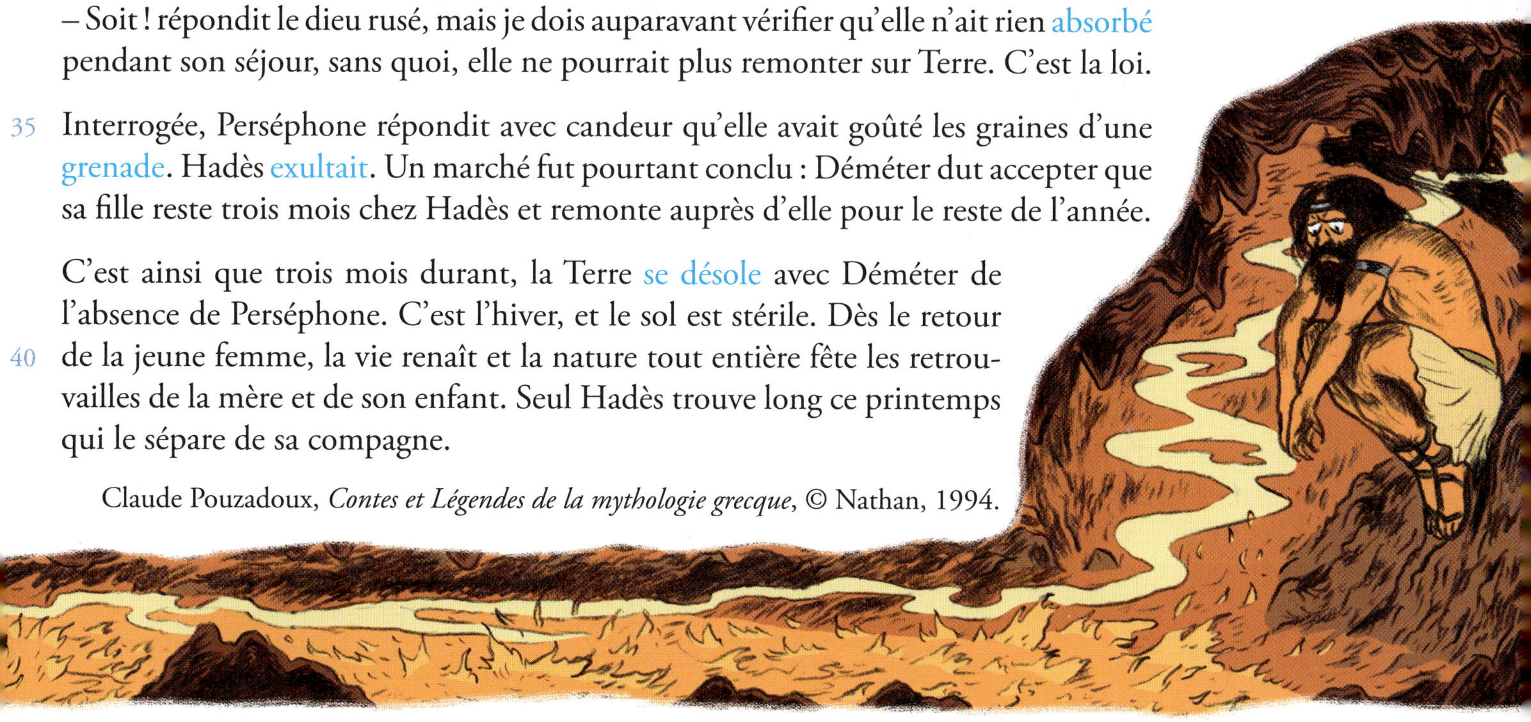

Je dis

1. Repère les passages où Zeus parle. D'après toi, doivent-ils tous être dits sur le même ton ? Pourquoi ?
2. Entraîne-toi à les lire avec le ton qui convient.

Je débats

Déméter

1. Que penses-tu du choix de Déméter : abandonner les hommes pour sauver sa fille ?
2. Comment aurais-tu réagi à sa place ? Pourquoi ?

Dieux et mortels

3. Les réactions des dieux ressemblent beaucoup à celles des hommes. À ton avis, pourquoi ?

J'écris

1. Recopie le texte des lignes 25 à 28. Souligne les verbes et encadre leurs sujets.
2. Voici des titres pour les différentes parties du texte : l'enlèvement – la réaction de Déméter – la conséquence pour les humains – le marché conclu – la conséquence de ce marché.
Pour chaque partie, écris une phrase qui décrit ce qui se passe. Utilise le passé simple.

Conjugaison : Le présent de l'indicatif, p. 34.
Conjugaison : Le passé simple des verbes des 1er et 2e groupes, p. 36.

Icare et Dédale

Selon la légende, Dédale était un sculpteur et un architecte célèbre d'Athènes. Jaloux de son neveu Tâlos qu'il avait formé et qui allait devenir aussi célèbre que lui, il poussa ce dernier du haut d'une falaise. Jugé pour ce crime, il fut condamné à l'exil. Il alla alors en Crète, pour demander l'hospitalité au roi de l'île, Minos. Celui-ci l'accueillit avec joie, trop heureux d'avoir à son service un homme aussi célèbre.

l'exil : l'éloignement forcé de son pays natal.
disposer de quelque chose à sa guise : faire ce qu'on veut de quelque chose.
tenir éloigné : tenir à l'écart.
son art : ici, l'architecture.

Naissance d'Icare

Un jour, Minos annonça à Dédale une bonne nouvelle : la reine Pasiphaé était enceinte. « Si c'est une fille, nous l'appellerons Ariane » dit-il.
Mais comme c'était leur premier enfant, le roi espérait un garçon.
Dédale, lui, n'avait pas d'enfants et il en souffrait beaucoup. Pour en avoir, il lui aurait fallu prendre femme. Mais un homme en exil était toujours considéré comme un étranger, aussi grand et célèbre soit-il. Aussi n'avait-il pas le droit d'épouser une Crétoise.
Alors, comme il avait dépassé trente ans qui était l'âge de se marier pour un homme, Dédale décida d'avoir un enfant avec une esclave du palais. Elle s'appelait Naucraté. L'histoire ne raconte pas qui était cette esclave ni pourquoi Dédale la choisit. À l'époque, les esclaves, homme ou femme, étaient considérés comme des objets dont le propriétaire pouvait disposer à sa guise, les revendre, les louer mais en aucun cas les tuer.
Peut-être Naucraté était-elle une prisonnière de guerre ? Peut-être était-elle la fille d'un père ou d'une mère esclaves ? Nous n'en saurons jamais rien.
Toujours est-il qu'elle mit au monde un garçon. Il fut nommé Icare.
On ne sait à peu près rien de son enfance. Mais on peut imaginer que Dédale le tint toujours éloigné de son art, afin de ne pas entrer en concurrence avec lui, de peur d'être de nouveau dévoré de jalousie.
Quelques-uns racontent que Dédale, un jour, surprit son fils assis sur la plus haute muraille du palais de Cnossos, contemplant le ciel en souriant :
« Père ! Pensez-vous qu'un jour les hommes sauront voler ? »
Dédale, se souvenant de la chute de Talos dans le vide, s'empressa de répondre :
« Le ciel est l'espace réservé aux dieux du ciel. Les souterrains aux dieux souterrains. La place de l'homme est sur Terre. »
Et il prit Icare par la main pour l'emmener loin du vide, de peur que les dieux ne donnent à son fils l'idée de se prendre pour un oiseau.

La demande de Pasiphaé

Les années passèrent et le palais de Minos dans la ville de Cnossos devint la construction la plus célèbre du monde antique.
Un jour, la reine Pasiphaé frappa à la porte de la chambre de Dédale pour lui faire une bien étrange demande.
Comme elle portait un voile, Dédale ne la reconnut pas tout de suite car il était interdit à une femme, qui plus est une reine, de s'entretenir secrètement avec un homme.

Lorsqu'elle fut certaine de n'être entendue par personne, elle fit cette demande :

« Dédale ! Toi qui est intelligent et astucieux. Toi qui peux réaliser toute chose et sortir quiconque de l'impasse dans laquelle il se trouve, transforme-moi en vache. »

Dédale n'avait jamais rien entendu de pareil.

« En vache, ô ma reine ?

– Oui, car je suis amoureuse d'un dieu transformé en taureau. »

Assurément, Pasiphaé était devenue folle. Elle continua cependant :

« Ne me juge pas, Dédale, mais écoute plutôt mon histoire. Il y a quelques années, Minos a dû se battre contre ses frères pour savoir qui d'entre eux serait le roi. Minos remporta la victoire. Mais il demanda à Poséidon, le dieu de la mer, de montrer que, lui aussi, l'acceptait comme roi légitime. Alors le dieu déposa sur la plage le taureau le plus beau que tu puisses imaginer. Minos, selon la coutume, aurait dû le sacrifier au dieu pour le remercier. Mais il a voulu le garder pour son enclos royal. Alors, Poséidon s'est fâché. Et il a fait deux choses. D'abord, il a rendu le taureau fou furieux, si bien que personne n'est parvenu à le rattraper. Ensuite, il m'a rendue folle amoureuse de lui. Tu comprends ? Ce n'est pas ma faute. Je suis sous l'emprise de Poséidon et tu dois exaucer ma prière. »

Dédale demanda à la reine quelques jours de réflexion et, lorsqu'elle revint le voir, il la transforma en vache.

légitime : reconnu par les dieux.
l'emprise : le pouvoir.
exaucer : satisfaire, réaliser.

Le Minotaure et le Labyrinthe

Les mois passèrent et Pasiphaé, qui était redevenue femme, tomba enceinte de nouveau.

« Tâche de nous donner un garçon cette fois-ci, lui dit le roi. Nous avons déjà une fille, c'est bien suffisant ! »

Puis il partit à la guerre.

Lorsqu'il revint au palais, la première chose qu'il demanda fut de savoir si l'enfant était né, mais personne n'osa lui répondre. Alors il monta jusqu'à l'appartement de Pasiphaé et, se penchant sur le lit de l'enfant, il vit la chose la plus terrifiante qui lui fût jamais donné de voir : une créature dont le corps était celui d'un enfant, mais le visage, le cou et les épaules, ceux d'un taureau. Pasiphaé avait donné naissance à un monstre, mi-enfant, mi-bête.

« Gardes ! appela-t-il. Débarrassez-moi de ce… de cette chose ! »

Mais Pasiphaé se précipita pour arrêter l'épée du garde :

« Arrête malheureux ! Ne vois-tu pas qu'il s'agit là de l'œuvre d'un dieu ? »

Alors Minos reconnut dans le visage de la créature celle du taureau de Poséidon et il comprit qu'attenter à la vie de cet enfant, aussi monstrueux soit-il, c'était s'attirer la colère des dieux, plus terrible encore peut-être que cette naissance. Mais que faire ? La seule personne capable de le sortir de cette impasse, c'était encore Dédale, si rusé, si intelligent.

« Te voici avec un fils monstrueux, réfléchit Dédale, que tu ne peux pas garder auprès de toi. Mais tu ne peux pas t'en débarrasser non plus. Tu pourrais l'enfermer dans une cellule. Mais on continuerait de le voir et de l'entendre. Ou alors, il faudrait que cette cellule soit gigantesque de sorte que personne n'oserait s'y aventurer de peur de se perdre. »

Et c'est ainsi que, suivant les conseils de Dédale, Minos décida la construction d'un gigantesque labyrinthe, fait de hauts murs, de places et d'impasses, un dédale de couloirs si complexe que personne ne pouvait en trouver la sortie, sauf Dédale, bien sûr. Et il y enferma le monstre qu'on appela le Minotaure.

Les sacrifices au Minotaure

Les années passèrent. Icare devint un jeune homme, Ariane une jeune fille, mais rien n'aurait pu les rapprocher car l'un était le fils d'une esclave, l'autre la fille d'un roi. Tous deux cependant ne désiraient qu'une chose : fuir le pays où ils étaient nés.

Icare disait :

« Mon père ne m'apprend rien. Tout ce qu'il me demande, c'est de rester sagement derrière lui et de l'imiter. »

Ses amis lui disaient :

« C'est parce qu'il t'aime et qu'il tient à toi. Il veut te montrer l'exemple et que tu ne commettes pas d'imprudence. »

Mais Icare n'était pas de cet avis :

« Il a peur que je le dépasse, que j'aille plus loin que lui. Il ne veut pas me donner mon indépendance ni ma liberté. »

De son côté, Ariane se lamentait :

« Est-ce que je peux encore considérer Pasiphaé comme ma mère, elle qui m'a donné comme petit frère un homme à tête de taureau ? Et comment considérer Minos comme mon père, lui qui nourrit le monstre avec de la chair humaine ? »

Car chaque année, le roi exigeait d'Athènes sept garçons et sept filles, pour les donner comme nourriture au Minotaure.

Athènes : grande cité grecque vaincue par Minos.

Ariane n'en pouvait plus d'entendre les cris des enfants perdus, suppliant qu'on les aide avant d'être dévorés par le monstre. Si seulement elle avait pu en sauver un ! Rien qu'un seul !

Mais comment faire ? Et comment fuir l'île quand on est une jeune fille et que l'on ne sait rien faire d'autre que d'entretenir la maison et jouer à la balle ?

Pourtant, un jour qu'elle regardait l'arrivée des quatorze enfants destinés à être dévorés par le Minotaure, Ariane remarqua un jeune homme différent des autres. Plus grand, plus fort, plus beau, c'était le héros Thésée, venu pour tuer le monstre. Aussitôt, elle en tomba amoureuse et courut chez Dédale.

« Dédale ! Il vient d'arriver par le port ce Thésée dont toute la Grèce parle. Je le crois suffisamment fort pour tuer le Minotaure, mais pas assez habile pour sortir de ton Labyrinthe. Rusé comme tu l'es, tu dois bien en avoir gardé le plan quelque part.

– Ma pauvre Ariane ! Ce plan ne lui sera d'aucune utilité, car les couloirs du Labyrinthe sont si sombres que Thésée ne pourra le lire.

– Malheur ! répondit seulement Ariane qui s'effondra en larmes.

– Attends ! dit Dédale. Il n'est pas dit qu'il ne me soit posé un problème que je ne sache résoudre. Prends cette bobine de fil et donne-la à Thésée. Il n'aura qu'à la dérouler derrière lui à l'entrée du Labyrinthe et suivre le fil au retour. »

Et c'est grâce au fil d'Ariane que Thésée réussit à ressortir du Labyrinthe après avoir tué le Minotaure.

Enfermés dans le Labyrinthe

Au matin, lorsque Minos aperçut au loin le bateau de Thésée qui s'éloignait, emportant sa fille, son unique enfant ; lorsqu'il apprit que le Minotaure était mort et que c'était Dédale qui avait fourni les moyens de la fuite, Minos tomba dans une rage folle. Il ordonna que l'on capture l'architecte et son fils, et qu'on les lui amène dans la salle royale. Icare craignait la colère du roi mais pas Dédale qui se contenta de répondre :

« Je ne t'ai pas trahi, ô mon roi. J'ai seulement agi selon ma nature qui ne peut pas laisser un problème sans solution. Regarde autour de toi et vois l'étendue de ton palais qui fait ta gloire et ta renommée jusqu'à Athènes et même au-delà. Ne t'ai-je pas bien servi, moi qui ai décoré tes murs de fresques, qui ai revêtu tes sols de dessins en pierres, qui ai élevé un étage, doublant ainsi la surface de tes appartements ? Alors ne va pas me reprocher d'avoir donné à ta fille ce qu'elle attendait de moi. »

Mais ces belles paroles ne calmèrent pas le roi Minos qui répondit :

« Aussi, je ne vous exécuterai pas comme traîtres à la patrie, ni toi, ni ton fils, mais vous enfermerai tous les deux dans ce Labyrinthe que tu as construit et qui sera votre tombeau. »

Ayant dit ces paroles, Minos ordonna à ses gardes de précipiter Dédale et Icare dans un trou donnant dans le Labyrinthe, puis de refermer cette issue au moyen d'une grande pierre et de veiller à ce qu'aucune issue ne soit laissée sans surveillance.

La confection des ailes

Enfermé dans le Labyrinthe, Icare se lamentait :

« Que faisons-nous là, ô mon père ? Toi qui prétendais que la place de l'homme était sur Terre et celle des démons en dessous. Allons-nous mourir ici comme des bêtes sauvages ? »

Dédale, qui ne répondait rien, avançait à tâtons dans l'obscurité des couloirs, espérant trouver une issue qui ne serait pas gardée. Enfin, à force d'efforts, Icare aperçut la lumière du Soleil qui lui brûlait les yeux.

« Père, père ! dit-il. Voici le jour ! Une sortie ! Nous sommes sauvés ! »

Hélas, en fait d'issue, c'était seulement une ouverture sur le ciel et la mer, impossible à franchir à moins de se précipiter dans l'eau du haut de la falaise et de mourir noyé ! Il y avait là des nids abandonnés, remplis de coquilles cassées et de plumes. Dédale en saisit une et dit :

« Minos peut bien nous interdire la terre et la mer, le ciel nous reste ouvert. C'est par là que nous trouverons notre chemin. S'il tient la terre sous ses lois, l'air ne lui appartient pas ! »

Ayant dit ces mots, il plaça plusieurs plumes les unes près des autres en commençant par les plus courtes et les attacha entre elles avec du lin et de la cire. Puis il les courba légèrement comme des ailes d'oiseau.

Icare, pendant ce temps, tournait autour de son père en chantant, touchant tantôt le duvet des plumes, tantôt la cire dorée.

la renommée : la célébrité.
le lin : une plante dont la fibre sert à fabriquer des tissus.

Une fois les deux paires d'ailes confectionnées, l'une pour lui, l'autre pour son fils, Dédale les attacha au dos d'Icare et lui donna ces conseils :

« Ne sors pas de l'espace situé entre la Terre et le ciel. Trop bas, ton plumage risquerait d'être alourdi par l'eau. Trop haut, tu serais dévoré par la brûlure du Soleil. Mon fils, m'as-tu bien compris ? Prends-moi pour guide et tout ira bien. Tu me le promets ? »

Icare promit, impatient de s'élancer dans le ciel.

« Tu devras attendre cependant demain matin l'heure la moins chaude de la journée pour t'élever avec moi. En attendant, retire tes ailes et couche-toi, tu auras besoin de toutes tes forces demain. »

Et ils s'endormirent, attendant l'aube avec impatience.

L'envol

Au matin, Dédale fixa les ailes au dos d'Icare et l'embrassa pour la dernière fois. Puis il attacha les siennes et se lança dans le vide, suivi de son fils. Les voici tous les deux dans le bleu du ciel, passant au-dessus du Labyrinthe, puis du palais de Minos, survolant les champs où laboureurs et bergers croyaient voir des dieux veillant sur les humains. Mais non, c'était Dédale et Icare survolant la mer désormais, en direction de la Sicile, dépassant les îles de Samos, Délos et Patos. Et, toujours devant, Dédale se retournait fréquemment pour surveiller le vol de son fils qui se tenait derrière et suivait ses instructions. Hélas, plus pour très longtemps.

Je comprends

1. Relève les noms de tous les personnages et indique leur lien de parenté.
2. Quelle est la demande de Pasiphaé ? Dédale lui obéit-il ?
3. Qu'est-ce que le fils de Pasiphaé a de particulier ?
4. Pourquoi Dédale construit-il un labyrinthe ?
5. À quoi sert le « fil d'Ariane » ? Est-il efficace ?
6. Pourquoi Minos enferme-t-il Dédale et Icare ?
7. Quelle idée Dédale a-t-il pour s'échapper ?
8. Pour quelles raisons Icare décide-t-il de désobéir à son père ?
9. Comment se termine cette évasion ?
10. Quel sens a le mot **dédale** aujourd'hui ? Quel lien y a-t-il avec le personnage de ce récit ?

Je repère

1. À quelle collection ce récit appartient-il ? Recherche le sens des mots **légende** et **mythologie**.
2. Cette histoire illustre un rêve que les hommes nourrissent depuis longtemps. Lequel ?
3. Cherche la définition du mot **héros**. En quoi Dédale et Icare sont-ils des héros ?
4. Quel dieu intervient dans ce récit ? Quels sont ses pouvoirs ?
5. Combien de parties ce texte comporte-t-il ? À quoi correspond ce découpage ?
6. Relis les lignes 29 à 36 du texte. À quels temps les verbes sont-ils conjugués ? À ton avis, pourquoi ?

La chute d'Icare

Tout en battant des bras, Icare réfléchissait. « Pourquoi toujours devrais-je obéir ? se demandait-il. Pourquoi voler bas comme les étourneaux et non pas en hauteur comme l'aigle royal regardant en bas le manège des petits hommes qui rampent misérablement sur Terre ? Pourquoi ne pas m'élever plus haut dans le ciel et voir le domaine des dieux ? »

Alors l'imprudent, fier de son vol audacieux, abandonna son père pour s'élancer plus haut, toujours plus haut. Mais par la force de ses rayons, le Soleil dont Icare se rapprochait ramollit la cire qui servait de lien à ses ailes, si bien qu'elle se mit à fondre, les ailes perdant leurs plumes.

Icare agita alors ses bras, mais, n'ayant plus de plumage qui le soutenait comme deux rames, il n'était plus capable de voler.

Sa bouche prononça le nom de son père, trois fois, mais Dédale ne l'entendit pas. Ce fut ses dernières paroles avant de tomber dans la mer.

Nicolas Cauchy, *Icare et Dédale*, coll. « Légendes de la mythologie », © 2006 Hachette Livre/Gautier-Languereau.

un étourneau : un petit oiseau.

audacieux : courageux.

Je dis

1. Que ressent Ariane au moment où elle s'adresse à Dédale (lignes 112 à 119) ?
2. Quelle est la première réaction de Dédale ?
3. Quelle solution trouve-t-il ensuite ?
4. Jouez ce dialogue à deux en adaptant votre ton selon les paroles prononcées.

Je débats

Les héros

1. En quoi les héros ne sont-ils pas des hommes comme les autres ? Donne des exemples.

La sagesse des mythes

2. Que penses-tu du désir d'Icare de s'élever jusqu'au domaine des dieux ?
3. On dit que les mythes sont porteurs de sagesse. En quoi celui-ci te semble-t-il répondre à cette définition ?

J'écris

1. Construis un tableau avec tous les noms des personnages de cette histoire, leurs liens de parenté et leurs exploits/actions.
2. Continue le texte en décrivant la réaction de Dédale quand il voit qu'Icare est en train de tomber. Commence par : « Sa bouche prononça le nom de son père, trois fois, et Dédale l'entendit. » Utilise des verbes conjugués au passé simple pour le récit et au présent pour le dialogue.

Le résumé

Je lis

1. Lis ces quatre tentatives de résumé d'un des textes que tu as lus. De quel texte s'agit-il ?

A. Hadès, dieu des Enfers, enleva Perséphone. Déméter, sa mère, déesse des Moissons, fut tellement affolée qu'elle ne s'occupait plus de la Terre qui devint stérile. Zeus n'arriva d'abord pas à convaincre Hadès de libérer Perséphone ; alors Déméter fut si désespérée qu'elle se transforma en vieille femme.

B. Hadès enleva Perséphone. Déméter essaya de la retrouver. La Terre devint stérile. Hadès ne voulut pas libérer Perséphone ; la famine menaçait les humains. Zeus convainquit Hadès, et Perséphone revint sur Terre au printemps. La végétation repoussa. Hadès fut triste.

C. Hadès, dieu des Enfers, enleva Perséphone. Déméter, sa mère, déesse des moissons, fut tellement affolée qu'elle cessa de s'occuper de la Terre qui devint stérile. Zeus décida alors d'intervenir. Mais il n'arriva pas à convaincre son frère Hadès de libérer Perséphone. Déméter fut si désespérée qu'elle disparut. Alors le sol se dessécha et la famine menaça les hommes. Puis Zeus intervint à nouveau et s'entendit avec Hadès. C'est pour cette raison que, l'hiver, Perséphone reste auprès d'Hadès et que la Terre devient stérile. En revanche, au printemps, quand Perséphone revient sur Terre, la nature renaît mais Hadès est triste.

D. Hadès, dieu des Enfers enleva Perséphone. Déméter, sa mère, déesse des Moissons, fut tellement affolée qu'elle ne s'occupa plus de la Terre qui devint stérile. L'hiver, Perséphone reste auprès d'Hadès et la Terre est stérile, puis Perséphone revient sur Terre au printemps, la nature renaît et c'est Hadès qui se lamente.

2. Observe le texte pages 170-171. Compare sa longueur avec celle des résumés ci-dessus.

3. Quel résumé te paraît le plus fidèle au texte ?

4. Pour chacun des autres résumés, indique ce qui manque ou ce qui n'est pas précisé.

5. Dans le résumé C :
– relève tous les mots de liaison et les connecteurs logiques et chronologiques ;
– relève les noms des personnages et indique qui ils sont. Pourquoi ces indications sont-elles nécessaires ?
– compare la première phrase avec le premier paragraphe du texte d'origine.
Quelles informations ont été supprimées ? pourquoi ?

J'ai appris

- **Résumer un texte**, c'est écrire un texte **plus court** que le texte initial. Le résumé :
  – **indique les événements essentiels**. Il faut donc bien savoir **trier les informations** et supprimer les éléments qui ne sont pas indispensables à la compréhension (*ex. :* les descriptions, les dialogues, les détails) ;
  – **respecte les articulations logiques et chronologiques** du texte d'origine (*ex. :* ensuite…).
- Les résumés permettent de **sélectionner ce qui est le plus important** dans un texte :
  – soit pour l'apprendre et s'en souvenir (*ex. :* les résumés des leçons d'histoire) ;
  – soit pour donner des informations rapides sur un livre, un film... (*ex. :* les fiches de lecture).

Écrire un résumé

Je lis

1. Lis ce résumé d'un passage du texte des pages 172 à 177.

Lorsque le roi Minos découvrit que sa femme Pasiphaé avait accouché d'un monstre, il fut terrifié et voulut s'en débarrasser. Mais Pasiphaé lui expliqua que cette créature, mi-enfant mi-taureau, était l'enfant d'un dieu, et que le tuer serait dangereux pour eux. Le roi demanda alors de l'aide à Dédale. Celui-ci trouva la solution : il dit à Minos de faire enfermer le monstre dans un labyrinthe gigantesque si compliqué que personne ne pourrait jamais en trouver la sortie. Ce monstre fut surnommé « le Minotaure ».

2. À quel passage du texte des pages 172 à 177 ce résumé correspond-il ? Indique le nom du sous-titre correspondant.

3. Compare la longueur de ce passage et celle du résumé ci-dessus. Que constates-tu ?

4. Compare les temps du texte d'origine et ceux du résumé. Que remarques-tu ?

5. Quelles précisions sont données sur les personnages de la légende ? Pourquoi sont-elles nécessaires à la compréhension ?

6. Quelles informations ont été supprimées par rapport au texte d'origine ?

7. Dans le passage du texte intégral, relis ce que dit Dédale à Minos. Par quelle phrase ces paroles sont-elles remplacées dans le résumé ?

J'écris

- **Écris le résumé des lignes 145 à 209 du texte *Icare et Dédale* (pages 172-177) pour quelqu'un qui ne connaît pas cette légende mythologique.**

Étape 1 : Je réfléchis

1. Relis le texte d'origine. En combien de parties est-il divisé ?
2. Dans la première partie, quelle solution Dédale invente-t-il pour s'évader ?
3. Quels sont les détails qu'on peut supprimer ?
4. Pourquoi est-il important de garder ce que Dédale fait promettre à Icare (première partie) ?
5. Dans la troisième partie, qu'arrive-t-il à Icare ? Pourquoi ?
6. À quels temps les verbes du récit du narrateur sont-ils conjugués ?

Étape 2 : Je me prépare à écrire

1. Commence par expliquer la situation d'Icare et Dédale au début de l'extrait à résumer.
2. Précise bien les relations de parenté entre Icare et Dédale.
3. Décris en une ou deux phrases l'invention de Dédale.
4. Rappelle ce que Dédale fait promettre à Icare.
• *Ex.* : Dédale fit promettre à Icare de … – Dédale demande à Icare de…
5. Trouve une phrase pour résumer ce que se dit ensuite Icare.
• *Ex.* : Icare a envie d'aller plus haut malgré sa promesse. – Icare n'a plus envie d'obéir à son père...
6. Raconte ce qui arrive à Icare à la fin et pourquoi.
7. Utilise les temps du texte d'origine.
8. Pense à marquer la succession des événements en utilisant des connecteurs (alors, puis, ensuite…).

Étape 3 : Je me relis

- J'ai bien précisé la situation et l'identité des personnages.
- J'ai bien respecté l'ordre des événements.
- Je vérifie que j'ai utilisé des connecteurs et respecté les temps du récit.
- Je vérifie que mon résumé est beaucoup plus court que le texte d'origine.

Raconter un conte à partir d'un schéma

J'observe et je réfléchis

1. Observe bien ce schéma qui résume un conte de la création :

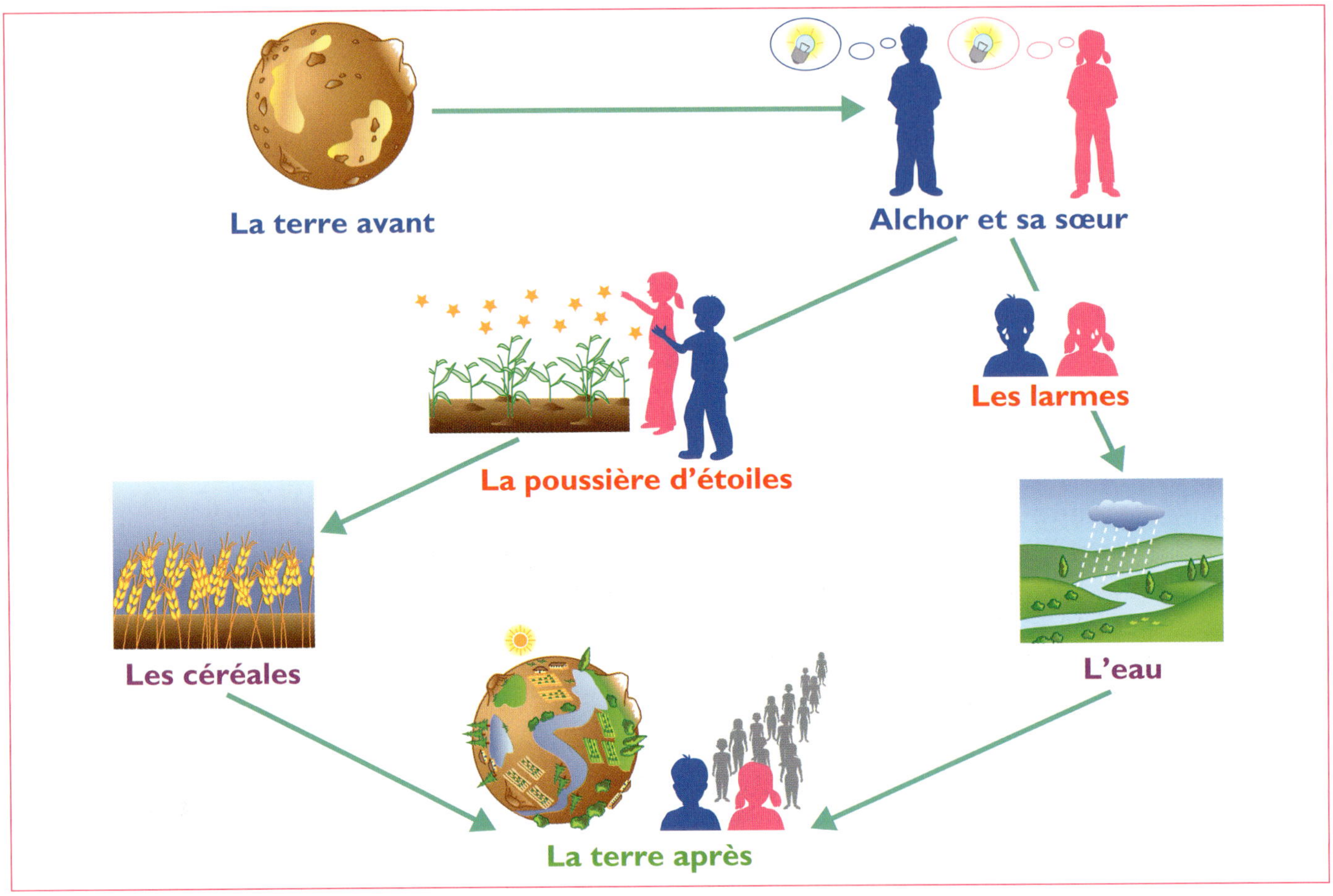

2. Identifier la situation de départ :
- Quel est l'état de la Terre au début de l'histoire ?
- Quels sont les personnages qui vont « créer » ?
- Que peuvent être ces personnages ? des dieux ? des géants ? des génies ? des sorciers ?

3. Raconter la création :
- Identifie le début et la fin de l'histoire.
- Que créent Alchor et sa sœur ?
- À partir de quoi ?

4. Conclure l'histoire :
- Que se passe-t-il à la fin de l'histoire ?

Je raconte un conte de la création

- **À partir de ce schéma, raconte ce conte de la création.**

Pour bien raconter un conte de la création

- Je situe mon conte dans un temps ancien, avant la création du monde.
- Je respecte la structure du conte (comment était le monde ? qui a créé quoi ?…).
- J'utilise des connecteurs logiques et chronologiques (alors, puis, ensuite, quand, soudain…).
- J'emploie les temps du récit oral (imparfait et passé composé).

Bilan

Pour faire le bilan de tes lectures, recopie les phrases qui correspondent le mieux aux contes et légendes que tu viens de lire. Puis explique tes choix en répondant aux questions.

Thème 1 : La naissance du monde

1. Vrai ou faux ?
   a. Dans les contes de la création, on retrouve toujours les mêmes personnages : des sorcières, des fées, des princes et des princesses.
   b. Ces contes parlent de temps très anciens.
   c. Dans ces contes, on trouve des dieux ou des éléments personnifiés.
   d. Ces contes racontent des histoires sur des personnages qui nous ressemblent.
2. Connais-tu d'autres contes ou mythes de ce type ? Si oui, lesquels ? Raconte-les oralement.
3. Ces contes ont été créés il y a longtemps. À quoi servaient-ils ?

Thème 2 : La mythologie grecque

1. Vrai ou faux ?
   a. Dans les contes et légendes de la mythologie grecque, on rencontre des monstres.
   b. Les dieux sont les seuls personnages de la mythologie grecque.
   c. Les héros de ces histoires accomplissent des exploits que des hommes ordinaires ne pourraient pas accomplir.
   d. Les héros ont besoin de baguettes magiques.
2. Connais-tu d'autres héros mythologiques que ceux que tu as rencontrés dans ce chapitre ? Si oui, lesquels ?
3. Retrouve les noms des dieux évoqués dans les récits que tu as lus.
4. Ces récits ont été écrits au temps de la Grèce antique. À ton avis, ont-ils la même fonction que les contes de la création ?

Lectures en réseaux

• La naissance du monde

– *Aux origines du monde*, Benoît Reiss et Alexis Tjoyas, éd. Albin Michel.
– *Le Soleil et la Lune*, coll. « Mes Premières Légendes », éd. Hachette Jeunesse.
– *Mille Ans de contes, indiens d'Amérique du Nord*, éd. Milan.
– *L'Arbre à soleils – Légendes*, Henri Gougaud, coll. « Points », éd. du Seuil.

• La mythologie grecque

– *Thésée et le Minotaure*, Nicolas Cauchy, coll. « Légendes de la mythologie », éd. Gautier-Languereau.
– *Les Douze Travaux d'Hercule*, Nicolas Cauchy, coll. « Légendes de la mythologie », éd. Gautier-Languereau.
– *Mythes et Légendes de la Grèce antique*, coll. « Contes de partout et d'ailleurs », éd. Gründ.
– *Mon Premier Larousse des légendes de la mythologie*, Thérèse de Cherisey et Vanessa Henriette, coll. « Mon Premier Larousse », éd. Larousse.

Grammaire : Le nom, p. 44.
Vocabulaire : Des mots pour exprimer des émotions et des sentiments, p. 56.

J'ai fui l'Allemagne nazie

Berlin, le 15 novembre 1938

C'est Vati qui m'a conseillé de commencer ce journal, pensant qu'écrire m'apporterait un peu de réconfort.

Voilà, en fait, ce que mon père m'a dit :

– Sache que nombre de grands écrivains ont commencé par écrire leur journal intime. Qui sait, peut-être y trouveras-tu, toi aussi, ta vocation ? Mademoiselle Hirsch ne tarit pas d'éloges quant à la qualité de tes écrits en classe. Je suis sûr que tu y prendras du plaisir, même si j'ai conscience que ce que tu as à raconter pour le moment n'est pas des plus réjouissants.

Et me voilà, le stylo à la main, prête à te confier, non pas mes joies et mes bonheurs comme l'avait souhaité Oma en m'offrant ce journal, mais plutôt mon chagrin, ma colère et ma révolte. Car comment ne pas être en colère après ce qui s'est passé la semaine dernière, quand nos synagogues ont été profanées, saccagées, brûlées, quand toutes les vitrines des magasins juifs de la ville ont volé en éclats ! Et, désormais, il en est de même de ma vie, de mon cœur, de mes espoirs et de mes rêves, volés en éclats, eux aussi !

Je ne sais pas si écrire m'apportera du réconfort ou du plaisir, mais au moins, cela m'occupera, cela m'aidera à meubler ces journées aussi tristes qu'interminables qui s'annoncent.

Et puis, peut-être que les choses finiront par s'arranger et que je n'en remplirai pas le tiers de ce journal ! Voilà mon bel optimisme qui reprend déjà le dessus. Je me reconnais bien là ! Pourtant cette fois, il faudrait être une belle rêveuse pour y croire.

Mais revenons à ces événements si tragiques que même dans mes pires cauchemars, ils n'auraient pu exister.

Au lendemain de cette abominable « Nuit de Cristal » ainsi qu'ils l'ont appelée, je me suis rendue à l'école, comme d'habitude, faisant le chemin en compagnie de Helga, ma meilleure amie (l'est-elle encore ?) et d'Inge, une camarade de classe. Tandis que le cœur serré j'essayais d'éviter de marcher sur les débris de verre et de toutes sortes qui jonchaient les trottoirs, Inge, elle, s'en donnait à cœur joie, piétinant et sautillant dessus à qui mieux mieux et chantant à tue-tête les louanges du Führer, Adolf Hitler :

– Il est notre sauveur, notre héros !

Helga cheminait à mes côtés, silencieuse, tandis que je serrais les poings pour ne pas pleurer, et avançais tête basse pour ne pas voir.

Ne pas voir le *Delikatessen* de monsieur Danziger, dévasté, tout comme la mercerie de madame Weiss, et la librairie de monsieur Katz, sa si belle librairie où j'ai passé tant de moments délicieux, mise à sac, elle aussi !

D'ordinaire, je n'ai pas ma langue dans ma poche, mais là, je pressentais qu'exprimer des idées, des opinions allant à l'encontre du culte pour cet homme monstrueux

Vati : en allemand, signifie « papa » (se prononce « Fati »).
une vocation : une grande attirance pour un métier.
ne pas tarir d'éloges : faire beaucoup de compliments.
une synagogue : un lieu où se rendent les juifs pour prier.
profaner : ne pas respecter le caractère sacré de quelque chose.
joncher : recouvrir le sol.
une louange : un compliment.
le Führer : mot allemand signifiant « chef », qui désigna Adolf Hitler.
un *Délikatessen* : mot allemand qui signifie « épicerie fine ».
une mercerie : un magasin d'articles pour la couture.
mettre à sac : détruire.
aller à l'encontre de : s'opposer à.
un culte pour un homme : une admiration totale.

pouvait m'attirer des ennuis et qu'il valait mieux que je garde pour moi mes indignations. J'espérais tout de même de la part de Helga, un mot, un regard, n'importe quoi qui puisse me réconforter… En vain.

Comme il m'est pénible de raconter tout ça ! Je ne vois pas en quoi écrire ce qui s'est passé pourrait m'aider. Au contraire, c'est bien pire ! Aussi, je pense que je vais en rester là pour aujourd'hui, avant de répandre une nouvelle fois toutes les larmes de mon corps, si toutefois il en restait !

Berlin, le 16 novembre 1938, 10 heures du matin

Finalement, Vati a raison. Plutôt que de ruminer ma colère, il vaut mieux que je te la déverse, même à flots. Exprimer les choses, les extirper de soi, est préférable au fait de les ressasser indéfiniment. Alors pardonne-moi d'avance si je ne suis pas d'une très bonne compagnie.

Je continue donc.

À peine arrivées en classe, alors que nous sortions nos livres et nos cahiers de nos cartables, notre professeur principal, cette chère mademoiselle Hirsch, nous a demandé, à Renate et moi, de nous lever.

– Je suis dans l'obligation et la tristesse de vous demander à toutes les deux de quitter l'école ! nous a-t-elle annoncé.

Ni Renate ni moi, ni d'ailleurs le reste de la classe, n'avons compris ce qu'elle voulait dire.

C'est cette peste d'Inge qui a réagi la première :

– Pourquoi Renate et Ilse doivent-elles quitter la classe, mademoiselle Hirsch ? Qu'ont-elles fait ?

– Rien, elles n'ont rien fait, Inge. Mais désormais les Juifs ne sont plus admis dans les écoles allemandes ! a répondu notre professeur, en baissant la tête.

l'indignation : la colère par rapport à une action révoltante.
en vain : inutilement, sans succès.
ruminer sa colère : retourner sans arrêt les mêmes pensées dans sa tête.
déverser : répandre.
extirper : arracher.
ressasser : répéter sans fin.

Je ne sais comment Renate et moi avons fait pour remettre nos affaires dans nos cartables et sortir de la classe dignement. Trop mortifiées, nous n'avons pas échangé le moindre mot. Je me demande comment nos jambes nous ont portées sans fléchir. Arrivées devant chez elle, nous nous sommes serrées très fort dans les bras. Puis j'ai couru jusqu'à la maison. Mon monde venait de s'écrouler. Pause ! Sinon, je pleure […].

être mortifié : être humilié, blessé.
fléchir : se plier.
négliger : ne pas prendre soin.
Mutti : diminutif allemand qui signifie « maman », se prononce « Moutti ».

Berlin, le 20 décembre 1938

Je te néglige, journal. Je n'ai plus le cœur à rien. Même les allées et venues de Hans ne m'intéressent plus. Si nous ne partons pas tout de suite, je crois que je vais devenir folle. Le matin quand j'ouvre les yeux, je me dis, voilà, c'est fini, tout ça n'était qu'un cauchemar. Tu vas faire ta toilette, t'habiller, rejoindre Mutti et Vati à la cuisine pour le petit déjeuner, puis tu iras à l'école avec Helga, ta meilleure amie… Mais ce n'est pas un cauchemar. C'est la réalité !

Mutti pleure beaucoup. Moi aussi mais en cachette. Je ne veux pas ajouter à leur peine. Ils ont tant de soucis.

Berlin, le 6 janvier 1939

Aujourd'hui, Vati est à nouveau plein d'espoir. Il paraîtrait qu'il est encore possible d'obtenir des visas pour Cuba.

– Ils en demandent un prix exorbitant, mais nous avons l'argent de mes parents. De toute manière, il faut faire vite et arrêter de tergiverser, a-t-il dit d'une voix ferme et assurée. Il n'est plus question de faire les difficiles. Nous partirons là où il est encore possible de partir, là où on voudra bien de nous. Et si c'est le cas de Cuba, alors nous irons à Cuba.

Malgré toute sa réserve, Mutti a affiché une mine horrifiée. Quant à moi, je m'en fiche. Et puis, je suis de l'avis de Vati. L'essentiel maintenant est de partir, de quitter ce pays avant qu'il ne soit trop tard. [...]

exorbitant : énorme, sans rapport avec la valeur réelle.
tergiverser : hésiter.
la réserve : la timidité, la retenue.

À proximité de la Floride, le 26 mai 1939

Nous étions massés sur le pont quand à l'horizon se sont profilées les côtes de Floride. Une véritable fièvre a semblé alors s'emparer de tous. Les gens riaient et s'embrassaient. Certains pleuraient, d'autres priaient. Jamais je n'oublierai ces moments.

– Ilse, réalises-tu que demain, nous serons à la Havane ? a dit Mutti en riant. Puis, elle s'est mise à sangloter dans son mouchoir.

Je ne sais pas si c'est juste une impression, mais j'ai cru voir alors le visage de Vati s'assombrir et, l'espace d'un instant, j'ai pu y lire l'anxiété qu'il affichait avant notre départ.

se profiler : apparaître au loin.
l'anxiété : l'angoisse.

Hier, déjà, alors que nous nous rendions à la salle de bal, il nous avait dit d'avancer, qu'il nous rejoindrait plus tard, qu'il avait à faire. Et quand il nous a rejointes, il était évident qu'il était soucieux. Mais je me suis dit alors que c'était sans doute à cause de l'incertitude de ce qui nous attendait à Cuba. Et voilà qu'à nouveau…

Non, je me fais des idées parce que je n'arrive pas encore à croire que ce miracle aura bien lieu ! Demain nous serons à La Havane, tous, sains et saufs.

Libres !

Quelle sera notre vie future à tous ? Nous reverrons-nous ?

Que de vaines questions !

Il est temps de dormir ! Il me faudra des forces pour affronter cette vie nouvelle.

Le 27 mai 1939, en rade de La Havane

Me voici journaliste ! Que dis-je ? Grand reporter.

Il était à peine quatre heures du matin quand la cloche nous a réveillés, et quatre heures et demie du matin quand le petit déjeuner, le dernier à bord du *Saint-Louis*, nous a été servi.

Nous sommes arrivés à bon port !

Nous nous trouvons à présent sur le pont, tandis que le jour se lève sur La Havane. J'écris sur le vif, mon cher journal, car les minutes que je suis en train de vivre sont exceptionnelles ! Les gens crient, trépignent, hurlent leur bonheur. Voilà ce que je vois : des cocotiers à perte de vue, une forteresse, une coupole de marbre blanc… C'est si beau, la liberté !

sur le vif : immédiatement.
trépigner : frapper des pieds nerveusement.

Je garde mon journal à la main. Plus besoin de le cacher désormais. Ah, quel bonheur que d'écrire au grand jour !

Ça y est, je sais ce que je veux faire plus tard. Je serai non pas écrivain, mais journaliste, grand reporter ! J'irai dans le monde entier pour retranscrire les événements qui ne manqueront pas de bouleverser la planète.

Pour le moment, je ne suis encore qu'une toute jeune fille pour qui la vie commence à peine, mais pour rien au monde, je n'échangerais ma place.

Nous approchons du port. Nos bagages sont faits, nos papiers prêts. Nous faisons des projets d'avenir, nous avons des rêves plein la tête !

Mais il ne se passe plus rien. Le navire est immobilisé.

L'euphorie est retombée. Voilà une heure maintenant que le *Saint-Louis* a jeté l'ancre.

Les questions fusent. Les inquiétudes resurgissent. Les larmes ne sont pas loin.

« C'est à cause des formalités ! » disent certains. « Peut-être sommes-nous mis en quarantaine le temps que les autorités médicales montent à bord et constatent que nous sommes en bonne santé ! » avancent d'autres.

Cette idée doit être bonne car nous voyons à présent approcher du navire deux canots avec à leur bord des douaniers et une équipe médicale.

Effectivement, nous allons être examinés par les médecins avant de débarquer. Tout le monde est invité à se rendre au grand salon. Ce sera sans doute le dernier des désagréments que nous aurons à subir. C'est le prix de notre liberté et, honnêtement, celui-là, je suis prête à le payer de bon cœur.

Il est déjà dix-sept heures. La visite médicale est terminée.

– Nous allons pouvoir débarquer, maintenant ? demande un passager à l'un des douaniers.

– *¡Mañana!* répond celui-ci.

Ce qui veut dire demain.

« Demain ? s'affolent déjà plusieurs passagers. Mais pourquoi demain ? Nous sommes en règle, non ? Pourquoi ne débarquons-nous pas aujourd'hui ? »

L'angoisse est là de nouveau. Plus personne ne rit, plus personne ne chante.

On nous a demandé de retourner dans nos cabines. Nous ne débarquerons pas aujourd'hui.

Vati se tait. Mutti aussi.

Et moi, je suis là, à écrire.

Comme aux pires moments, écrire pour conjurer ma peur.

[...]

Le 2 juin 1939

Ce matin, à dix heures, comme prévu, une semaine après notre arrivée, le cœur encore chargé d'espoir, la tête emplie de rêves, le *Saint-Louis* a remis ses moteurs en marche !

l'euphorie : la joie immense.

mettre en quarantaine : isoler pendant quelques temps pour vérifier que personne n'est malade.

conjurer : chasser, repousser.

***Verboten* :** mot allemand qui signifie « interdit ».
une litanie : une prière chantée.

Plus question de projets d'avenir, de nouvelles vies ! *Verboten !*
C'est en pleurant que les gens se sont rués sur le pont tandis que les vedettes de la police s'efforçaient de tenir à distance les canots chargés des familles désespérées qui voyaient les leurs repartir sans même avoir eu le droit de les embrasser, de les serrer une dernière fois dans leurs bras.

Les voix des femmes s'élevaient en prières et litanies entrecoupées de sanglots. « Nous ne voulons pas repartir ! Nous ne voulons pas mourir ! » pouvait-on entendre partout.
Peu après la mise en marche des moteurs, un message a été diffusé, demandant à tous les passagers de se regrouper dans le grand salon.
Il n'y avait pas assez de place pour tout le monde et les enfants ont été priés de rester dans le couloir. Lore, Ruth et moi, serrées les unes contre les autres, essayions de ne rien perdre de l'annonce, même si elle était en anglais, langue que seul Erich maîtrise vraiment.
– Qu'est-ce qu'il dit ?
– En gros, il nous demande de garder confiance, il dit que tout n'est pas perdu. Que notre sort a ému le monde entier et qu'un peu partout des gens se battent pour trouver une solution. Il affirme que nous ne serons pas renvoyés en Allemagne.
– Où serons-nous renvoyés, alors ? me suis-je inquiétée.
– Il ne le sait pas, a répondu Erich. Mais il a répété : « pas en Allemagne ».
Un terrible silence a suivi la fin du message.
Nous sommes remontés sur le pont et avons vu le port de La Havane s'éloigner.
– C'était trop beau ! a murmuré Erich. […]

Je comprends

1. Quand ce journal commence-t-il ? Dans quel pays ?
2. Que sais-tu de ce pays à cette époque ? Cherche ce qu'est « la Nuit de cristal ».
3. Comment la personne qui écrit ce journal s'appelle-t-elle ? Quel âge a-t-elle environ ?
4. Pourquoi cette famille décide-t-elle de quitter l'Allemagne ? Où pense-t-elle aller ?
5. Que se passe-t-il entre le 27 mai et le 2 juin 1939 ? Quels sentiments les passagers éprouvent-ils ?
6. Pourquoi ne veulent-ils pas retourner en Allemagne ?
7. Que nous apprend l'épilogue ?

Je repère

1. Combien de temps s'écoule-t-il entre le début et la fin de ce journal ?
2. Relis le premier paragraphe du texte. Pourquoi Ilse décide-t-elle d'écrire un journal intime ?
3. À qui le mot **te** ligne 10 renvoie-t-il ?
4. Dans ce texte, qu'est-ce qui permet de se repérer dans le temps ?
5. Lis la source du texte. Quel est le prénom de l'auteur ? Que constates-tu ?
6. À quelle personne est racontée cette histoire ? Explique pourquoi.
7. Quels points communs y a-t-il entre ce texte et le texte des pages 182-183 ? Quelles différences ?

***Épilogue* : Miami, le 15 novembre 1948**

C'est installée sur la terrasse de mon appartement à Miami où je vis depuis trois ans que je rédige ces pages.

Nous avons passé toute la durée de la guerre à Londres, partageant le triste sort des Londoniens sous les bombardements meurtriers de l'aviation allemande et les restrictions de toutes sortes. Si pénible que fut cette période, pas un seul jour je n'ai éprouvé la terreur qui était notre lot quotidien en Allemagne. Les Anglais enduraient tout de manière si stoïque qu'il eût été inconvenant de me plaindre de mon sort, car celui-ci était le lot de tous les habitants de ce pays qui nous avaient ouvert les bras alors que les États-Unis nous les avaient fermés.

Mon seul et unique but fut d'apprendre l'anglais au plus vite et d'essayer de perdre mon accent allemand qui me trahissait dès que j'ouvrais la bouche. Je changeai de prénom, également, de Ilse, en Liz.

J'aurais tant donné pour être enfin acceptée quelque part.

J'ai donc occupé le plus clair de mon temps à apprendre la langue, les mœurs, l'histoire de ce pays, et à aider et soutenir mes pauvres parents, bien plus désorientés que moi malgré toute l'affection et le soutien que nous prodiguèrent ma tante et son époux.

J'admirais de tout cœur les Anglais et leur courage. Le seul pays d'Europe qui avait refusé de pactiser avec Hitler. Et je voulais faire partie de ce pays, même si je m'étais fait la promesse de m'installer un jour à Miami.

Promesse tenue.

Yaël Hassan, *J'ai fui l'Allemagne nazie*, © éd. Gallimard Jeunesse.

un épilogue : la fin d'une histoire.

une restriction : une limitation, un rationnement.

être stoïque : supporter avec courage.

inconvenant : indécent, déplacé.

désorienté : perdu.

prodiguer : fournir.

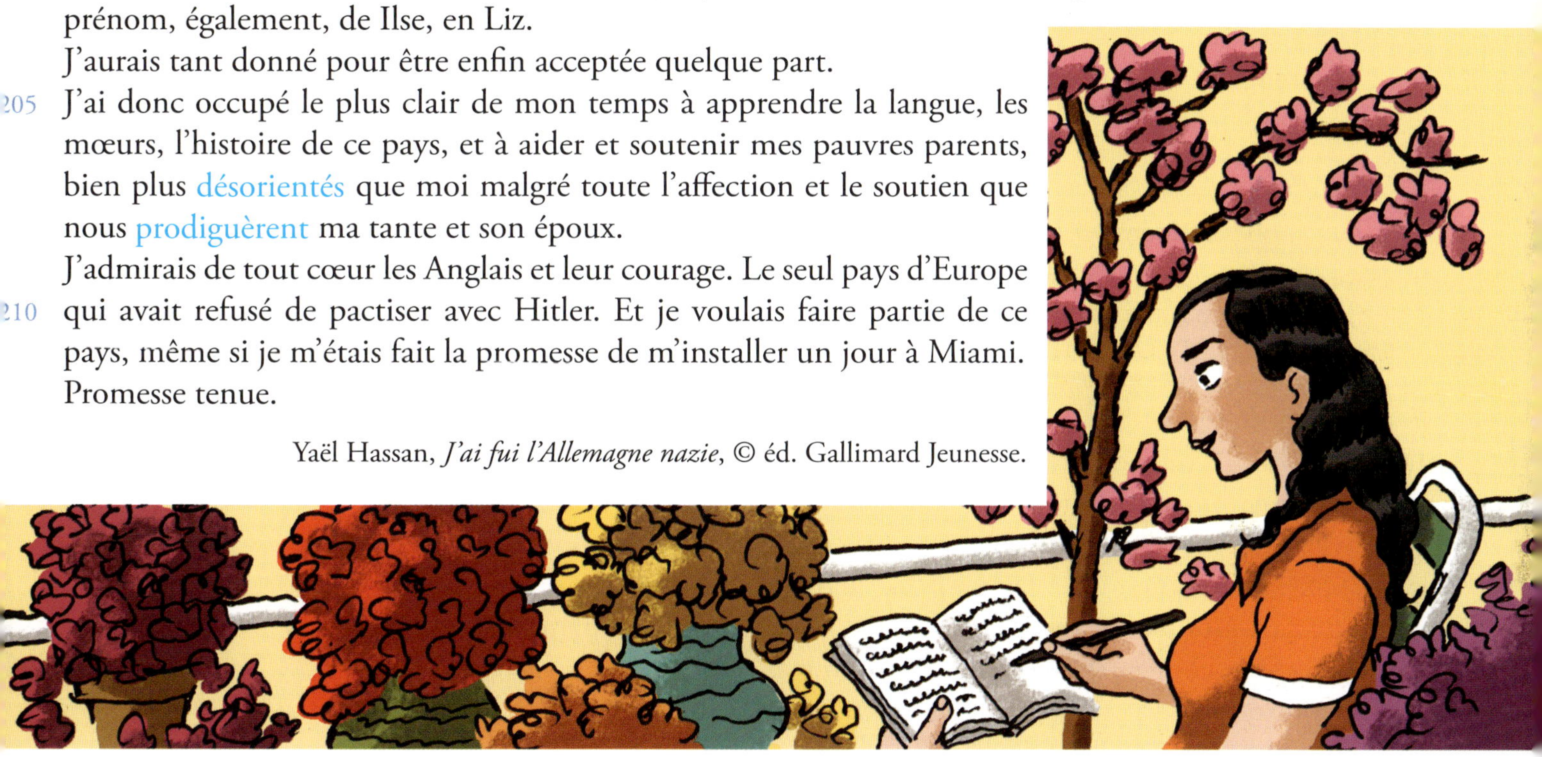

Je dis

1. Relis le texte des lignes 173 à 190. Quelle ambiance se dégage-t-il de ce passage ?
2. Lisez ce passage à deux en faisant bien ressortir les sentiments de la narratrice.

Je débats

Le journal intime

1. À ton avis, à quoi cela sert-il d'écrire un journal intime ?

Les enfants et la guerre

2. Pourquoi Ilse est-elle renvoyée de l'école ?
3. Cette décision est-elle acceptable ? Pourquoi ?

J'écris

1. Recopie le texte des lignes 182 à 190. Souligne ensuite les noms propres en bleu et les noms communs en vert.
2. Imagine ce qui se passe entre l'escale de La Havane et l'arrivée à Londres. Écris ce passage du journal comme si tu étais Ilse. Décris bien ce qu'elle ressent.

Le journal intime

Je lis

1. Lis cet extrait de journal intime.

A. *27 mars* – Je m'ennuie.
29 mars – Je voudrais bien savoir.
19 avril – Aujourd'hui, rentrée de vacances de Pâques, j'ai pris une grande décision : je vais retrouver Laura. Demain, à la première occasion, ni une ni deux (c'est Lucie qui utilise cette expression, j'ignore ce qu'elle signifie), je me rends à l'administration et je demande son adresse.
20 avril – VICTOIRE ! Je l'ai ! Et ce n'était vraiment pas très compliqué. Pourtant l'administration, j'aime pas trop. Ces couloirs beige rosâtres avec les portes fermées et au bout celle du proviseur, brrrrrr.

Hélène Montardre, *L'Agenda*, © Rageot Éditeur.

2. Sur combien de jours porte cet extrait ? La narratrice écrit-elle tous les jours ?

3. À quelle personne les verbes sont-ils conjugués ? Quels sont les temps utilisés ?

4. Cherche la phrase qui n'a pas de verbe. Par quoi se termine-t-elle ? Quel est le sentiment de la narratrice à ce moment-là ?

5. Lis cet extrait d'un autre journal.

B. *Mardi 5 décembre*
Cet après-midi, cours de musique. Le professeur nous prévient : « Révisez bien, car la semaine prochaine, nous aurons un test. » [...] Dès qu'on parle d'examen, j'ai envie de pleurer. Pourquoi pleurer ? Parce que je n'ai pas remporté la première place aux examens de mi-semestre en mathématiques et en chinois. Quand j'ai rapporté ça à mes parents, papa n'a rien dit, il est sorti de la maison. Maman a explosé : « Si tu continues à mal étudier comme ça, tu ne mériteras même pas les petits pains que tu emportes chaque semaine. »

Ma Yan et Pierre Haski, *Le Journal de Ma Yan*, © Le Livre de Poche Jeunesse, 2007.

6. Quels sentiments Ma Yan ressent-elle dans cet extrait ?

7. Qui est le narrateur dans ce texte ? Qui est l'auteur ?

J'ai appris

- Un **journal intime** rapporte des **événements de la vie du narrateur**. Il en existe **deux sortes** :
  – les **romans** où l'auteur se met à la place d'un personnage qui écrit son journal intime (*ex. : Journal d'un dégonflé*, pp. 182-183) ;
  – les **« vrais » journaux intimes** publiés par leurs auteurs. Auteur et narrateur sont alors une seule et même personne (*ex. : Le Journal de Ma Yan* ci-dessus).
- Le journal intime est **écrit au fil des jours, à intervalles parfois irréguliers** (*ex.* : dans l'extrait A, on passe du 29 mars au 19 avril).
- Le narrateur y parle de sa **vie quotidienne**, de **ce qu'il ressent**, de **ses peurs** et de **ses secrets** (*ex.* : Dès qu'on parle d'examen, j'ai envie de pleurer.). Le texte est rédigé à la **1re personne du singulier**.

Raconter sa semaine dans un journal intime

Je lis

1. Voici un extrait recopié de l'agenda de Victor, 11 ans, pour la semaine du 10 au 16 octobre.

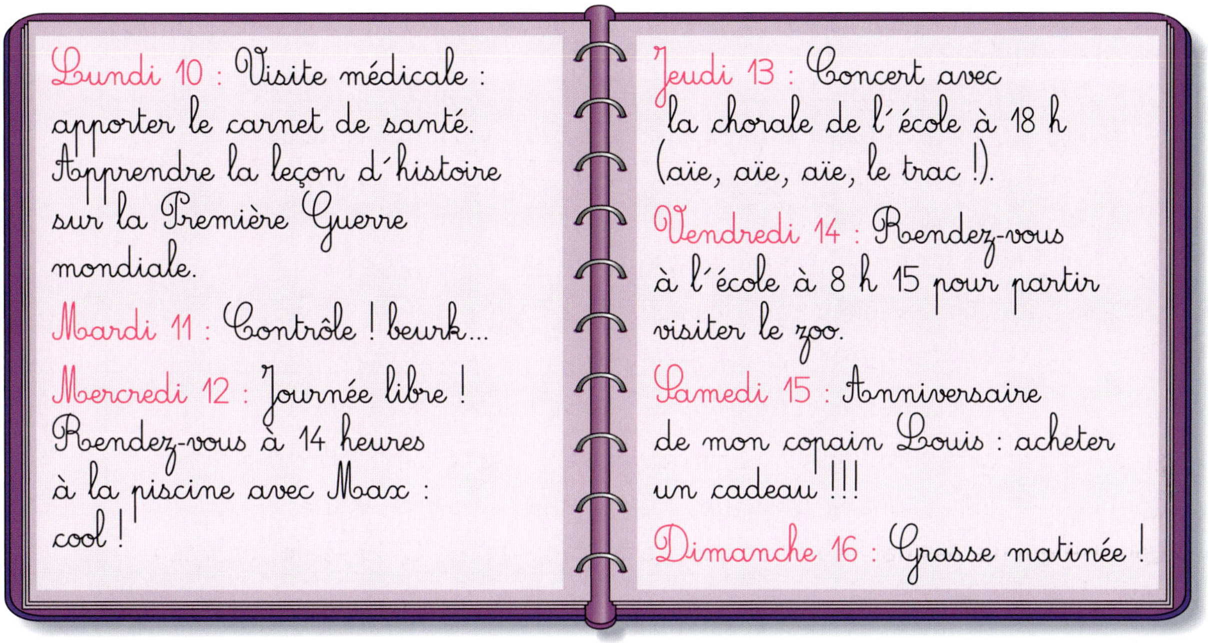

2. Qui a écrit dans cet agenda ?

3. À quel mode les verbes sont-ils employés ?

4. Avec quels mots ou expressions Victor évoque-t-il ses sentiments et ses réactions par rapport aux différents événements notés ?

5. Quelles différences y a-t-il avec un journal intime ?

J'écris

• **Écris le journal intime de Victor pour cette semaine à partir de cet extrait d'agenda.**

Étape 1 : Je réfléchis

1. Quels sont les événements notés dans cet agenda dont tu as envie de parler ?

2. Quels détails pourrais-tu ajouter par rapport à ce qui est écrit pour rendre ton journal « vivant » ?

3. Avec qui Victor vit-il les différents événements de cette semaine (sa famille, ses amis…) ?

4. Quels sont ses réactions, ses sentiments ?

Étape 2 : Je me prépare à écrire

1. Choisis les jours dont tu vas parler et pense à bien écrire les dates.

2. Cherche des anecdotes pour rendre ton journal intéressant : un événement inattendu pendant le contrôle – la bêtise que fait un animal au zoo – la tasse bue à la piscine…

3. Chaque fois que tu racontes un fait qui t'est arrivé, pense à décrire tes réactions, tes sentiments. Tu peux t'aider de la leçon p. 56.

4. Écris ton texte au présent ou au passé composé et à la 1re personne du singulier en te mettant à la place de Victor.

Étape 3 : Je me relis

- J'ai mis les dates dans l'ordre chronologique.
- J'ai utilisé le pronom **je**.
- J'ai décrit les événements et mes sentiments.
- J'ai écrit au présent et/ou au passé composé.

Grammaire : L'adjectif qualificatif, p. 60.
Conjugaison : Participe passé et participe présent, p. 62.
Orthographe : L'accord des adjectifs qualificatifs, p. 64.

L'Invité d'un jour

Buddy vit en pleine campagne américaine, auprès de sa vieille cousine Miss Sook. Un de ses camarades, Odd Henderson, ne cesse de le maltraiter et de l'humilier à l'école. Miss Sook organise chez elle un déjeuner avec de nombreux invités dont Odd Henderson…

Ensuite, tandis que chacun plaçait confortablement sa chaise et dépliait sa serviette, se produisit la pause que j'avais attendue pour faire sensation.
– Il y a un voleur parmi nous.
Ma voix était calme et je répétais mon accusation sur un ton encore plus impassible :
– Odd Henderson est un voleur. Il a pris le camée de Miss Sook.

Les serviettes jetèrent des éclairs brillants entre les mains tout à coup immobilisées. Les hommes toussèrent, les sœurs Conklin ouvrirent la bouche comme un quatuor à l'unisson qui va reprendre son souffle, et le petit Perk Mc Cloud Jr. se mit à avoir le hoquet, comme cela arrive aux jeunes enfants quand quelque chose les fait sursauter.
Mon amie, qui hésitait entre la remontrance et l'angoisse, dit :
– Buddy ne veut pas dire cela. Ce n'est qu'une taquinerie.

impassible : qui ne manifeste aucun sentiment.
un camée : un bijou.
un quatuor à l'unisson : quatre personnes qui ouvrent la bouche en même temps comme pour chanter.
Jr. : abréviation de « junior » (second fils).
une remontrance : un reproche.
une taquinerie : une blague.

Je comprends

1. Relis le titre du texte. Quel personnage est « l'invité d'un jour » ?
2. Par qui et de quoi est-il accusé ?
3. Miss Sook croit-elle à cette accusation ? Relève une réplique qui le montre.
4. Qui est Miss Sook par rapport à Oncle B. ?
5. Que dit-elle quand elle revient ?
6. Comment Oncle B. réagit-il vis-à-vis du narrateur ?
7. Odd est-il voleur et menteur ou seulement voleur ? Explique ta réponse en citant le texte.
8. Que signifie la réplique d'Odd, lignes 38-39 ?

Je repère

1. Le narrateur raconte-t-il un événement de sa propre vie ou quelque chose qui est arrivé à des personnages imaginaires créés par lui ? Explique ta réponse.
2. Les parties du texte sans dialogue sont-elles au passé, au présent ou au futur ? Pourquoi ?
3. Voici trois titres qui correspondent aux trois parties du texte : l'éclatement de la vérité – une accusation grave – une vérification mensongère. Indique les lignes du texte auxquelles ces titres correspondent.
4. Ce texte est-il un journal intime ? Pourquoi ?

– Non, ce n'est pas une taquinerie. Si tu ne me crois pas, va voir dans ta boîte. Le camée n'y est plus. Il est dans la poche d'Odd Henderson.

– Buddy a eu un mauvais coup, murmura-t-elle. Ne lui en veuillez pas, Odd. Il ne sait pas ce qu'il dit.

Je repris :

– Va voir dans ta boîte. Je l'ai vu le prendre.

Oncle B., jetant sur moi un inquiétant regard glacé, prit l'affaire en main.

– Vous feriez peut-être mieux d'y aller, dit-il à Miss Sook. Cela réglerait la question.

Il était bien rare que mon amie désobéît à son frère. Elle ne discuta donc pas. Mais sa pâleur, l'inclinaison douloureuse de ses épaules, révélaient avec quelle répugnance elle se pliait à cet ordre.

Elle ne s'absenta pas plus d'une minute, mais cette minute me parut durer une éternité. L'hostilité naquit et crût autour de la table comme une plante grimpante épineuse qui se serait développée à une vitesse inexplicable – et la victime prise au piège dans ses vrilles n'était pas l'accusé mais l'accusateur. Mon estomac se souleva. Odd, pendant ce temps, était aussi impassible qu'un mort.

Miss Sook revint en souriant.

– Tu n'as pas honte, Buddy, dit-elle en me menaçant du doigt, de faire des farces pareilles. Mon camée est exactement là où je l'avais laissé.

Oncle B. dit :

– Buddy, j'exige de t'entendre faire des excuses à notre invité.

– Non, il n'a pas à me faire d'excuses, dit Odd en se soulevant. Il a dit la vérité.

Il plongea la main dans sa poche et posa le camée sur la table :

– J'aimerais bien avoir une excuse à présenter mais je n'en ai aucune.

Se dirigeant vers la porte, il ajouta :

– Vous devez être une dame pas ordinaire, Miss Sook, pour avoir menti pour moi comme ça.

Puis, maudit soit-il, il partit sans se retourner.

Truman Capote, *L'Invité d'un jour*, traduit par Georges Magnane, © éd. Gallimard.

la répugnance : le dégoût.
l'hostilité : l'opposition.
des vrilles : des tiges de plantes qui s'enroulent en spirale.

Je dis

1. D'après le texte, sur quel ton Buddy s'exprime-t-il ?
2. Odd est-il calme ou en colère lorsque la vérité est découverte ?
3. Relisez ce texte à plusieurs. Réfléchissez bien aux différents tons à adopter.

Je débats

Le mensonge de Miss Sook

1. Que penses-tu de ce proverbe : « Toute vérité n'est pas bonne à dire » ? Donne des exemples pour défendre ton opinion.

L'attitude d'Odd Henderson

2. À ton avis, pourquoi Odd a-t-il volé le camée ?
3. Le fait qu'il dise la vérité suffit-il à excuser son vol ?

J'écris

1. Recopie le texte des lignes 29 à 40. Souligne ensuite les participes présents.
2. Imagine que le camée n'ait pas été volé. Écris un court dialogue entre Miss Sook et Buddy ou entre Buddy et Odd Henderson.
Utilise des adjectifs qualificatifs pour décrire les tons utilisés par les personnages.

Grammaire : L'adjectif qualificatif, p. 60.
Orthographe : L'accord des adjectifs qualificatifs, p. 64.

La Gloire de mon père

Marcel Pagnol raconte ses souvenirs de jeunesse passée dans le Sud de la France. Il avait l'habitude de se promener seul dans les garrigues. Mais, un jour, il lui est arrivé une aventure effrayante !

Soudain, une ombre passa sur le taillis. Je levai la tête, et je vis le condor. Il était descendu du zénith, et il planait majestueusement : l'envergure de ses ailes me parut deux fois plus grande que celle de mes bras. Il s'éloigna sur ma gauche. Je pensais qu'il était venu par curiosité pure, pour jeter un coup d'œil sur l'intrus qui osait pénétrer dans son royaume. Mais je le vis prendre un large virage en passant derrière moi et revenir sur ma droite : je constatai alors avec terreur qu'il décrivait un cercle dont j'étais le centre, et que ce cercle descendait peu à peu vers moi !
Alors, je pensais au vautour affamé qui suivit un jour, à travers la savane, le Chercheur de Pistes blessé, et sur le point de mourir de soif. « Ces féroces créatures suivent pendant des jours entiers le voyageur à bout de forces, et savent attendre patiemment sa dernière chute, pour arracher des lambeaux sanglants de sa chair encore palpitante. »

Je saisis alors mon couteau – que j'avais eu l'imprudence de remettre dans ma musette – et je l'aiguisai ostensiblement sur une pierre. Il me sembla que le cercle de la mort cessait de descendre. Puis, pour montrer à la bête féroce que je n'étais pas à bout de forces, j'exécutai une danse sauvage, terminée par de grands éclats de rire sarcastiques, si bien répercutés par les échos du ravin qu'ils m'effrayèrent moi-même… Mais cet arracheur de lambeaux sanglants n'en parut pas intimidé, et reprit sa descente fatale. Je cherchai des yeux – ces yeux qu'il devait crever de son bec recourbé – un refuge : ô bonheur ! À vingt mètres sur ma droite, une ogive

une garrigue : un terrain planté de petits arbres, de buissons et d'herbes.
un taillis : la partie d'un bois constituée de petits arbres.
le zénith : le point le plus haut que le soleil peut atteindre.
l'envergure : la longueur des deux ailes déployées.
le Chercheur de Pistes : héros d'un roman d'aventures.
un lambeau : un morceau.

une musette : un sac de toile.
ostensiblement : de façon à être vu.
sarcastique : ironique, moqueur.
une ogive : une ouverture pointue en haut.

Je comprends

1. Quels sont les deux personnages de ce texte ?
2. Comment l'enfant s'aperçoit-il de la présence du condor ?
3. Quel souvenir cela lui rappelle-t-il ?
4. De quoi l'enfant a-t-il peur ?
5. Que fait-il pour essayer d'effrayer le condor ?
6. Pourquoi cache-t-il ses yeux derrière son bras (ligne 28) ?
7. Comment l'enfant espère-t-il se sauver ?
8. En définitive, pourquoi ce condor tournoyait-il au-dessus de l'enfant ?

Je repère

1. Par quel pronom personnel le narrateur est-il désigné dans ce texte ?
2. Cherche le sens du mot **autobiographie**. Peut-on dire que ce texte est un récit autobiographique ? Pourquoi ?
3. Relève tous les mots ou expressions qui appartiennent au champ lexical de la peur.
4. Combien de fois l'auteur utilise-t-il des points de suspension et des points d'exclamation ? Quelle est son intention en les utilisant ?

s'ouvrait dans la paroi rocheuse. Je dressai mon couteau la pointe en l'air, et criant des menaces d'une voix étranglée, je me dirigeai vers l'abri de la dernière chance… je marchai tout droit devant moi, à travers les cades et les romarins, les mollets déchirés par les petits kermès, dans le gravier des garrigues qui roulaient sous mes pieds… L'abri n'était plus qu'à dix mètres : hélas, trop tard ! Le meurtrier venait de s'immobiliser, à vingt ou trente mètres au-dessus de ma tête : je voyais frémir ses ailes immenses, son cou était tendu vers moi… Soudain, il plongea, à la vitesse d'une pierre qui tombe. Fou de peur, et mes yeux cachés derrière mon bras, je me lançai à plat ventre sous un gros cade, avec un hurlement de désespoir. Au même instant retentit un bruit terrible, le bruit roulant d'un tombereau qui se décharge : une compagnie de perdrix s'envolait, épouvantée, à dix mètres de moi, et je vis remonter l'oiseau de proie : d'un vol ample et puissant, il emportait dans ses serres une perdrix tressaillante, qui laissait couler dans le ciel une traînée de plumes désespérées.

un cade : un arbre à feuilles épineuses.
un kermès : un insecte qui se nourrit de la sève des plantes.

un tombereau : une charrette à deux roues.

Marcel Pagnol, *La Gloire de mon père*, © éd. Bernard de Fallois, 2000, www.marcel-pagnol.com.

Je dis

1. Lis le texte de « Je dressai… » (ligne 21) à « … trop tard ! » (ligne 25). Quel sentiment le garçon éprouve-t-il à ce moment-là ?
2. Relis ce passage avec le ton et le rythme qui conviennent.

Je débats

L'enfant

1. D'après toi, de quels défauts et qualités le garçon fait-il preuve ? Comment aurais-tu réagi dans les mêmes circonstances ?

Le récit autobiographique

2. À ton avis, pour quelles raisons une personne écrit-elle son autobiographie ?
3. En quoi cela peut-il intéresser le lecteur ?

J'écris

1. Recopie le texte de « Au même instant… » (lignes 29-30) à la fin. Souligne ensuite les adjectifs qualificatifs et indique leur genre et leur nombre.
2. Tu as dû toi aussi, un jour, éprouver de la peur. Raconte dans quelles circonstances cela t'est arrivé.

Atelier de lecture

L'autobiographie

Je lis

1. Lis cet extrait d'un récit autobiographique.

A. J'étais sur l'esplanade de la cathédrale, quand un monsieur, âgé d'environ soixante-dix ans, s'est adressé à moi. « Savez-vous que vous ressemblez à Paulo Coelho ? » Je lui ai répondu que j'étais Paulo Coelho. L'homme m'a donné l'accolade et il m'a présenté son épouse et sa petite fille. Il m'a dit combien mes livres comptaient dans sa vie, et il a conclu : « Ils me font rêver. » J'ai entendu cette phrase très souvent, et elle me fait toujours plaisir.

Paulo Coelho, *Onze Minutes*, © éd. Anne Carrière.

2. Pourquoi le narrateur est-il content ?

3. Parmi les affirmations ci-dessous, recopie telles quelles celles qui te semblent vraies et recopie la fausse en la corrigeant.
- Cet extrait évoque le souvenir d'une rencontre.
- Le narrateur est un écrivain.
- Les personnages dont on parle dans cet extrait sont des personnages inventés, qui n'ont jamais existé.
- Le pronom **je** désigne l'auteur et le narrateur.

4. Lis cet extrait d'un autre récit autobiographique.

B. Au bout de combien de temps l'envie de partir m'a pris ? Un quart d'heure, vingt minutes peut-être. Nous étions assis sur cette terrasse du Lusignan et nous échangions des banalités. Oui, je m'appelais Jimmy Sarano et pourtant j'étais français. Oui, j'habitais toute l'année ici. Je travaillais à Radio-Mundial, ce poste qui diffusait des émissions en plusieurs langues.

Patrick Modiano, *Vestiaire de l'enfance*, © éd. Gallimard.

5. Le narrateur nous donne des renseignements précis sur sa vie. Lesquels ?

6. L'auteur du texte est-il le personnage qui parle ? Qu'est-ce qui te l'indique ?

7. L'ouvrage dont est extrait ce texte est-il un récit autobiographique ? Explique ta réponse.

J'ai appris

- Une **autobiographie** est **un récit dans lequel une personne raconte sa vie** :
  - elle est écrite à la **1re personne du singulier** (ex. : J'étais sur l'esplanade de la cathédrale, quand…) ;
  - l'**auteur** et le **narrateur** sont **une seule et même personne** (ex. : *Onze Minutes* de Paulo Coelho).
- **Attention !** ce n'est pas parce qu'un récit est écrit à la 1re personne que c'est obligatoirement une autobiographie. Certains auteurs choisissent d'écrire des romans dans lesquels ils racontent la vie d'un personnage imaginaire à la 1re personne du singulier (ex. : *Vestiaire de l'enfance*, de Patrick Modiano). Dans ce cas, **le narrateur et l'auteur sont distincts**.

Écrire un récit autobiographique

Je lis

1. Lis ce second extrait de *La Gloire de mon père*.

Je suis né dans la ville d'Aubagne, sous le Garlaban[1] couronné de chèvres, au temps des derniers chevriers. Mon père était le cinquième enfant d'un tailleur de pierres de Valréas, près d'Orange. La famille y était établie depuis plusieurs siècles. D'où venaient-ils ? Sans doute d'Espagne, car j'ai retrouvé dans les archives de la mairie des Lespagnol puis des Spagnol. [...]

Mes souvenirs d'Aubagne sont peu nombreux parce que je n'y ai vécu que trois ans. Je vois d'abord une très haute fontaine, sous les platanes du Cours, juste devant notre maison. [...] Je vois ensuite un plafond qui tombe sur moi à une vitesse vertigineuse, pendant que ma mère, horrifiée, crie : « Henri ! Tu es idiot ! Henri, je te défends... » C'est que mon oncle Henri, le frère de ma mère, me lance en l'air, et me rattrape au vol. Je hurle d'angoisse, mais quand ma mère m'a repris dans ses bras, je crie : « Encore ! Encore ! ».

Marcel Pagnol, *La Gloire de mon père*, © éd. De Fallois, www.marcel-pagnol.com.

1. Un massif montagneux du Sud de la France.

La vieille ville d'Aubagne, Bouches-du-Rhône.

2. À ton avis, où cet extrait est-il placé dans l'autobiographie : au début ? à la fin ? Pourquoi ?

3. Quelles informations l'auteur donne-t-il dans le premier paragraphe de son texte ? Donne-lui un titre.

4. Que raconte-t-il dans le second paragraphe ? Donne-lui un titre.

5. Les temps des verbes sont-ils identiques dans les deux paragraphes ? Pourquoi ?

J'écris

- **En t'inspirant de la structure du texte de Marcel Pagnol, écris un court récit autobiographique.**

Étape 1 : Je réfléchis

1. Sais-tu de quel pays ou de quelle province viennent tes parents ou ta famille ?
2. Où es-tu né(e) ?
3. As-tu toujours vécu au même endroit ou as-tu déjà déménagé ?
4. Te souviens-tu plus particulièrement d'un lieu, ou d'un monument de ton lieu de naissance, ou de la ville ou du village où tu as grandi ?
5. Quels sont tes premiers souvenirs ?

Étape 2 : Je me prépare à écrire

1. Écris la première partie de ton récit :
   - présente-toi : prénom – nom – âge – lieu de naissance... ;
   - présente rapidement ta famille : son origine – les membres de ta famille proche... ;
   - utilise les mêmes temps que Marcel Pagnol dans le premier paragraphe.
2. Dans la seconde partie de ton récit, décris l'un de tes premiers souvenirs :
   - commence par la formule « Je vois d'abord... » ;
   - rappelle deux souvenirs précis : l'un concernant ta ville ou ton village, l'autre concernant une anecdote qui t'est arrivée ;
   - utilise les mêmes temps que Marcel Pagnol dans le second paragraphe.
3. Termine ton texte par tes prénom et nom et le titre de ton livre autobiographique.

Étape 3 : Je me relis

- J'ai bien suivi le plan proposé.
- J'ai écrit mon texte à la 1re personne du singulier.
- J'ai utilisé les temps du passé dans la première partie et du présent dans la seconde.

Se décrire

J'observe et je réfléchis

1. Lis le portrait d'un enfant et observe sa photographie.

Nom : *Delan*

Prénom : *Guillaume*

Âge : *9 ans*

Portrait physique : *assez grand et mince – visage plutôt rond – cheveux châtains – yeux marron avec de longs cils – petites fossettes sur les joues*

Portrait moral : *assez souriant – parfois têtu – volontaire – respectueux des règles – peu serviable – assez égoïste*

Passions : *aime la musique et la lecture – joue de la guitare – fait du judo*

Futur métier : *pilote d'avion*

2. Lire et comprendre :
- Quel air cet enfant a-t-il sur la photo ?
- Comment décrirais-tu son regard ?
- Quelles expressions ne conviennent pas au portrait physique de ce garçon ?
mâchoire carrée – fossette sur le menton – front dégagé – chevelure abondante – nez crochu – menton arrondi – yeux en amande
- Quelles sont ses qualités morales ?
- Quels sont ses défauts ?

3. Préparer sa présentation :
- Indique ton nom, ton prénom et ton âge.
- Décris-toi physiquement : ton allure générale, ton visage.
- Indique tes qualités puis tes défauts. Cherche une anecdote pour illustrer ton caractère.
- Précise quelle(s) est (sont) ta (tes) passion(s). Explique ce qui te plaît en elle(s).
- Parle de ta vie future : tes espoirs et tes peurs (études, métier, où tu aimerais vivre…).

Je me présente

- **À partir de tes réflexions, présente-toi à la classe. Parle en articulant d'une voix calme et en variant le ton.**

Pour bien raconter mon histoire

- Je dis qui je suis : mon nom, mon prénom, mon âge.
- Je fais mon portrait physique et moral en donnant des exemples.
- Je parle de ma vie future.

Bilan

Pour faire le bilan de tes lectures, recopie les phrases qui correspondent le mieux aux récits en « je » que tu viens de lire. Puis explique tes choix en répondant aux questions.

Thème 3 : Le journal intime

1. Vrai ou faux ?
   a. Un journal intime est écrit à la 1re personne du singulier.
   b. Il raconte la vie de héros du passé.
   c. Le narrateur raconte des événements de sa vie.
   d. Il est généralement structuré par les dates auxquelles le narrateur écrit.
2. Peut-on tout dire dans son journal intime ? Pourquoi ?
3. Aimes-tu lire ce type de textes ? Pourquoi ?

Thème 4 : Récits de vie

1. Vrai ou faux ?
   a. Dans une autobiographie, le narrateur raconte la vie de personnages historiques.
   b. Une autobiographie est écrite à la 3e personne du singulier.
   c. Le narrateur raconte sa vie.
   d. Tous les récits de vie écrits à la 1re personne du singulier sont des autobiographies.
2. Explique la différence entre une biographie et une autobiographie.
3. Connais-tu d'autres ouvrages qui racontent la vie d'un personnage ? Si oui, lesquels ?

Lectures en réseaux

• Le journal intime

– *Le Journal d'Anne Franck*, Le Livre de Poche.
– *Le Journal de Ma Yan*, Ma Yan et Pierre Haski, Le Livre de Poche.
– *L'Agenda*, Hélène Montardre, Rageot Éditeur.
– *Journal d'un chat assassin*, A. Fine, École des Loisirs.
– *Touche pas à mon père*, Chantal Camour, Rageot Éditeur.
– *Journal d'une princesse*, Meg Cabot, Hachette.

• Récits de vie

– *Un train pour chez nous*, Azouz Begag et Catherine Louis, Thierry Magnier Éditeur.
– *Léon Tillage*, Leon Walter, École des Loisirs.
– *Comment j'ai changé ma vie*, Agnès Desarthe, École des Loisirs.
– *La Gloire de mon père*, Marcel Pagnol, Le Livre de Poche.
– *Le Château de ma mère*, Marcel Pagnol, Le Livre de Poche.
– *Un sac de billes*, Joseph Joffo, Le Livre de Poche.
– *Moi, boy*, Roald Dahl, coll. « Folio Junior », éd. Gallimard.

Conjugaison : L'imparfait de l'indicatif, p. 76.
Grammaire : Les pronoms, p. 78.

Finissez vos phrases !

quelconque : ordinaire.
plein d'élan : plein d'enthousiasme.
explicite : clair, bien compréhensible.
sceptique : qui doute de ce qui est dit.
restrictif : qui réduit, limite.

Monsieur A et Madame B, personnages quelconques, mais pleins d'élan (comme s'ils étaient sur le point de dire quelque chose d'explicite), se rencontrent dans une rue quelconque, devant la terrasse d'un café.

Monsieur A, *avec chaleur* – Oh ! Chère amie. Quelle chance de vous…

Madame B, *ravie* – Très heureuse, moi aussi. Très heureuse de… vraiment oui.

Monsieur A – Comment allez-vous, depuis que ?…

Madame B, *très naturelle* – Depuis que ? Eh ! bien ! J'ai continué, vous savez, j'ai continué à…

Monsieur A – Comme c'est !… Enfin, oui vraiment, je trouve que c'est…

Madame B, *modeste* – Oh, n'exagérons rien ! C'est seulement, c'est uniquement… je veux dire : ce n'est pas tellement, tellement…

Monsieur A, *intrigué, mais sceptique* – Pas tellement, pas tellement, vous croyez ?

Madame B, *restrictive* – Du moins, je le… je, je, je… Enfin !…

Monsieur A, *avec admiration* – Oui, je comprends : vous êtes trop, vous avez trop de…

Madame B, *toujours modeste, mais flattée* – Mais non, mais non : plutôt pas assez…

Monsieur B, *réconfortant* – Taisez-vous donc ! Vous n'allez pas nous… ?

Madame B, *riant franchement* – Non ! Non ! Je n'irai pas jusque-là !

Un temps très long. Ils se regardent l'un l'autre en souriant.

Monsieur A – Mais, au fait, puis-je vous demander où vous… ?

Madame B, *très précise et décidée* – Mais pas de ! Non, non, rien, rien. Je vais jusqu'au, pour aller chercher mon. Puis je reviens à la.

Je comprends

1. Que remarques-tu de surprenant dans ce texte ?
2. Monsieur A est-il content ou mécontent de rencontrer Madame B ? Quelle phrase du dialogue te l'indique ?
3. À ton avis, de qui Madame B parle-t-elle entre les lignes 27 et 31 ?
4. Qu'a-t-il pu arriver à cette personne ?
5. Où Monsieur A et Madame B peuvent-ils se rendre ? Quelle phrase te l'indique ?
6. Que doivent-ils faire pour y arriver ?
7. À ton avis, quels sentiments Monsieur A éprouve-t-il envers Madame B au cours de cette scène ?

Je repère

1. Comment l'auteur a-t-il nommé ses personnages ? À quoi cela renvoie-t-il (lignes 1 à 3) ?
2. Qu'est-ce qui t'indique qui parle dans ce texte ? Est-ce la même chose que dans un récit ?
3. Observe les groupes de mots en italique. Quelles indications donnent-ils ? Comment appelle-t-on ces indications ?
4. Comment le type d'écrit que tu viens de lire s'appelle-t-il ? En quoi est-il différent d'un récit ?
5. Cherche à quel siècle Jean Tardieu a vécu. Cette pièce appartient-elle au théâtre classique ou au théâtre contemporain ? Explique ta réponse.

Monsieur A, *engageant et galant, offrant son bras* – Me permettez-vous de… ?

Madame B – Mais bien entendu ! Nous ferons un bout de.

Monsieur A – Parfait, parfait ! Alors, je vous en prie. Veuillez passer par ! Je vous suis. Mais, à cette heure-ci, attention à, attention aux !

Madame B, *acceptant son bras, soudain volubile* – Vous avez raison. C'est pourquoi je suis toujours très. Je pense encore à mon pauvre. Il allait, comme ça, sans – ou plutôt avec. Et tout à coup, voilà que ! Ah la la ! Brusquement ! Parfaitement. C'est comme ça que. Oh ! J'y pense, j'y pense ! Lui qui ! Avoir eu tant de ! Et voilà que plus ! Et moi je, moi je, moi je !

Monsieur A – Pauvre chère ! Pauvre lui ! Pauvre nous !

Madame B, *soupirant* – Hélas oui ! Voilà le mot ! C'est cela !

Une voiture passe vivement en klaxonnant.

Monsieur A, *tirant vivement Madame B en arrière* – Attention ! Voilà une !

Autre voiture, en sens inverse. Klaxon.

Madame B – En voilà une autre !

Monsieur A – Que de ! Que de ! Ici pourtant ! On dirait que !

Madame B – Eh ! Bien ! Quelle chance ! Sans vous, aujourd'hui, je !

Monsieur A – Vous êtes trop ! Vous êtes vraiment trop !
Soudain, changeant de ton, presque confidentiel.
Mais si vous n'êtes pas, si vous n'avez pas, ou plutôt : si vous avez, puis-je vous offrir un ?

Madame B – Volontiers. Ça sera comme une ! Comme de nouveau si…

Monsieur A, *achevant* – Pour ainsi dire. Oui. Tenez voici justement un. Asseyons-nous !

Jean Tardieu, *Finissez vos phrases !*, © éd. Gallimard.

galant : très poli, agréable envers les dames.

volubile : très bavard.

Je dis

1. Quels signes de ponctuation remplacent le plus souvent les mots manquants ?
2. À ton avis, comment faut-il lire les passages où il manque des mots ?
3. Jouez le début de cette scène à deux (lignes 4 à 13). Attention à bien respecter les didascalies !

Je débats

Le comique

1. Quels éléments rendent cette scène comique (situation, personnages, dialogues…) ?

Les personnages

2. Madame B bafouille un peu et se répète. Quelles indications cela donne-t-il sur les sentiments qu'elle éprouve ?
3. À ton avis, pourquoi les personnages ont-ils du mal à se dire ce qu'ils ressentent ?

J'écris

1. Recopie la réplique de Madame B des lignes 27 à 31. Souligne le verbe conjugué à l'imparfait et donne son infinitif. Entoure tous les pronoms.
2. Recopie le texte des lignes 20 à 26 en complétant les phrases inachevées.

Conjugaison : Le futur simple de l'indicatif, p. 80.

Mamie Ouate en Papoâsie

ÉTAT DU LIEU

Blupblup. C'est le nom de l'île, une île minuscule. C'est assez loin d'ici.

Administrativement, l'île Blupblup dépend d'une île géante, la Papoâsie. Elle n'a plus qu'un habitant, Kadouma. Les autres, eh bien ils sont morts, ou ils sont partis, ou ils se sont effacés dans le paysage, c'est comme on voudra !

Comme tous les Blupblupiens, Kadouma est grand et noir de peau, il a l'âge que vous lui donnerez, il parle parfaitement notre langue, il ne roule pas les « r », on ne sait pas pourquoi, c'est comme ça !

Depuis quelque temps, il n'est plus seul sur son île, Mamie Ouate est là. C'est une vieille dame blanche, une lilliputienne qui, sans même en référer à la Papoâsie, s'est installée chez Kadouma. Elle a planté là sa tente, le laboratoire ambulant d'une parfaite naturaliste et derrière la tente, on peut voir la gueule d'une jeep, et comment cette jeep a pu atterrir là, c'est vraiment sans importance !

Mamie Ouate a une obsession : capturer Virginia, une femelle papillon dont on ne connaît que des spécimens mâles. Depuis lurette, les entomologistes du monde entier recherchent Virginia, mais seule Mamie sait qu'elle est venue se réfugier là, sur l'île Blupblup. Kadouma est devenu son bras droit, elle troque son aide contre du crabe et du foie gras, c'est sans doute qu'il aime ça ! […]

lilliputien : très petit.
référer : informer.
une naturaliste : une personne qui étudie les sciences naturelles.
un spécimen : un exemple d'une espèce.
depuis lurette : depuis longtemps.
un entomologiste : un spécialiste des insectes.
troquer : échanger.

3. Le mensonge

Crépuscule sur l'île Blupblup. En technicolor, un soleil couchant comme sur les cartes postales. On s'y croirait. Kadouma et Mamie Ouate sont de retour, bredouilles comme toujours, mais on ne les voit pas, on les entend, c'est tout.

en technicolor : en couleurs.
bredouille : sans avoir rien trouvé.

Mamie Ouate

… et c'est elle qui donne la maladie du sommeil aux plantes et mêmes à certains animaux.

Kadouma

Ton élixir ?

un élixir : un remède.

Mamie Ouate

J'ai dit le sommeil, pas la mort.

Kadouma

Oh, je suis fatigué. *(Ils arrivent, Kadouma portant Mamie Ouate sur ses épaules. Il la fait descendre)*. Si fatigué, Mamie, si tu savais comme tu es lourde !

Mamie Ouate

C'est bien la première fois que je m'entends dire ça ! Alors Kadouma, tu ne trouves pas ? C'est pourtant simple : « Les imbéciles prétendent qu'elle est froide mais elle brûle les doigts et sert de couverture aux prairies et aux vallées. »

Kadouma

Aux villes aussi ?

Mamie Ouate

Oui, mais elle est sale et elle encombre les trottoirs, alors dans les villes on ne l'aime pas et ce sont tes frères papoâsiens ou leurs cousins africains qui la ramassent à la pelle.

Kadouma

La poubelle ?

Mamie Ouate

La neige, mon beau, la neige ! Évidemment tu ne pouvais pas trouver vu qu'ici elle n'est jamais tombée.

Kadouma

Et qu'est-ce que j'y peux moi ?

Mamie Ouate

Tout. Si tu le voulais, l'île Blupblup serait toute blanche. Une simple question de volonté !

Kadouma

Écoute-moi bien toi : mon grand-père a fait tomber la pluie, mais sais-tu à quel prix ? On était accablé par la sécheresse ici, alors il a défié le ciel, ses pieds en colère ont martelé si fort le sol que l'écho de ses pas résonna jusqu'aux plus lointains nuages, puis il a fixé le Soleil et lui a ordonné de rentrer dans sa tanière, et le Soleil a pris peur et s'est caché derrière les yeux de mon grand-père, et lui est devenu aveugle, mais alors il a plu, il a plu, l'île Blupblup était en crue, ça ne s'était jamais vu, et ce n'est qu'après la mort de mon grand-père que le Soleil a retrouvé sa liberté, mais même lui, la neige, il n'a jamais pu la faire tomber, alors moi…

accablé : abattu.
défier : provoquer.
marteler : taper.
une tanière : un repaire.

Mamie Ouate

Toi tu le feras.

Kadouma

Tu dis toujours ça, mais je ne te crois pas.

Mamie Ouate

Tu le feras.

Kadouma

Je ne te crois pas.

Mamie Ouate

Tu peux tout Kadouma, absolument tout ! Tes yeux sont des poussières d'étoiles et il y a dans ta tête plus d'énergie que dans une bombe nucléaire, et c'est pourquoi chaque jour tu décides de ta vie, tu peux si tu le veux soulever les montagnes, boire la mer, décrocher les nuages, faire tomber la nuit le jour et la neige en été, simplement il faut apprendre à te concentrer. Tiens, essaie avec moi : on se tait, on ferme les yeux très fort, plus fort encore et on ne pense plus à l'avion qui doit nous livrer nos provisions. D'accord ?

Kadouma

C'est parti !

Ils sont face à face, les yeux fermés, concentrés. On entend peu après un petit avion qui passe au-dessus d'eux. Cris de joie.

Mamie Ouate

Tu vois Kadouma, nous pouvons tout toi et moi ; à nous champagne et foie gras.

Un petit parachute descend du ciel, mais il ne porte qu'un simple courrier et non le colis attendu.

Kadouma

On a du mal à se concentrer si tu veux mon avis Mamie. *(Il regarde la lettre.)* C'est pour toi, mais ça ne se mange pas. *(Elle lit, très contrariée.)* Cette grimace-là ne te va pas, les nouvelles sont si mauvaises ?

Mamie Ouate

Détestables ! « Grand chef blanc pas content. Plus envoyer alimentation. Vous mourir de faim ou respecter contrat. »

Kadouma

Le contrat ? Et tous les scarabées, les titans, les goliaths qu'on a capturés, ça ne vaut pas un peu de foie gras ?

les scarabées, les titans, les goliaths : des insectes.

Mamie Ouate

Je ne leur ai pas envoyés.

Kadouma

Tu… mais pourquoi ?

Mamie Ouate

Je t'ai menti. Les libellules n'intéressent plus personne à Paris, sauf le Muséum, et encore !

le Muséum : le musée d'histoire naturelle de Paris.

Kadouma

Tu m'as menti… toi mentir… une vieille femme comme toi, ça ment ?

Mamie Ouate

Oui mon grand, et tu peux me regarder, je ne rougis pas, figure-toi.

Kadouma

Tu ne rougis pas.

Mamie Ouate

Je ne rougis pas.

Kadouma

Alors, si je comprends bien, tu n'es pas célèbre là-bas ?

Mamie Ouate

Si, mais pas pour ce que tu crois. Je suis photographe, voilà, tu sais tout.

Kadouma

Tu n'es donc pas venue ici pour chasser Virginia ?

Mamie Ouate

Comment oses-tu dire cela ? Bien sûr que oui. Mais quand j'ai su qu'elle était sur ton île, j'étais désespérée, je n'avais pas assez d'argent pour atterrir là, j'ai proposé à une grande agence de voyages un reportage sur les Noirs de Papoâsie, et ils m'ont dit oui. C'est le contrat.

Kadouma

À eux aussi tu as menti. Décidément, tu mens à tout le monde, c'est du joli. Et ça ne te dérange pas ?

Je comprends

1. Où cette histoire se passe-t-elle ?
2. Qui est Kadouma ? Décris-le à l'aide du texte.
3. Qui est Mamie Ouate ?
4. Pourquoi est-elle là ?
5. Quelle devinette pose-t-elle à Kadouma ?
6. Pourquoi Kadouma ne peut-il pas trouver la réponse ?
7. Qu'attendent les deux personnages ?
8. Que reçoivent-ils à la place ?
9. À qui Mamie Ouate a-t-elle menti ? Pourquoi ?
10. Quelle solution Kadouma propose-t-il ?

Je repère

1. Qu'est-ce qui te montre que ce texte est une pièce de théâtre ?
2. Cette histoire se passe-t-elle dans un passé lointain ou pourrait-elle se dérouler aujourd'hui ? Qu'est-ce qui te l'indique ?
3. À quoi le texte des lignes 1 à 18 sert-il ? À ton avis, où ce passage est-il situé dans la pièce ?
4. Cette histoire te semble-t-elle réaliste ? Pourquoi ?
5. S'agit-il d'une pièce dramatique ou comique ? Explique ta réponse.
6. Quelle est la date de parution de ce texte ? Appartient-il au théâtre classique ou au théâtre contemporain ?

Mamie Ouate

Du tout. Je mens souvent. Presque tout le temps. Surtout si je n'ai pas le choix. Tu devrais apprendre à en faire autant, crois-moi !

Kadouma

Oh, c'est beaucoup trop compliqué, ce que tu me dis là, mais ce qui ne l'est pas, c'est que si tu ne leur envoies pas les photos que tu leur dois, alors ton petit estomac va crier famine, Mamie, et le mien aussi. Donc, plus de temps à perdre, on divise le travail, à toi les photos et à moi Virginia !

Mamie Ouate

Et photographier quoi ? Va leur expliquer que tu es le rescapé de la tribu des hommes disparus, que sur l'île Blupblup il ne reste plus que Kadouma, et que les autres se sont envolés, sur les mers ou dans les airs, je ne sais pas, ce que je sais c'est qu'ils ne sont plus là.

Kadouma

Eh bien, envoie-leur ma photo, ça suffira !

Joël Jouanneau et Marie-Claire Le Pavec-Jouanneau,
Mamie Ouate en Papoâsie – Comédie insulaire,
© éd. Actes Sud, 1999 (première parution).

un rescapé : une personne qui a échappé à une catastrophe.

Je dis

1. Comment est Mamie Ouate quand elle ouvre la lettre ? Relève la didascalie qui te l'indique.
2. Quel est le ton de cette lettre : sérieux ? humoristique ? Comment faut-il la lire ?
3. Que ressent Kadouma quand il comprend que Mamie Ouate a menti ?
4. À deux, jouez la scène des lignes 91 à 147. Entraînez-vous à bien marquer les différences de ton pour bien rendre le comique du texte.

Je débats

Le mensonge

1. Relis la réplique de Mamie Ouate, lignes 131 à 133. « Ne pas avoir le choix » est-il une bonne excuse pour mentir ? Pourquoi ?

La volonté

2. Penses-tu, comme Mamie Ouate, qu'on peut tout obtenir si on en a la volonté ? Explique ta réponse.

J'écris

1. Réécris au futur ce que dit Mamie Ouate entre les lignes 76 et 80 (jusqu'à « … concentrer »). Attention ! certains verbes doivent rester au présent pour respecter la concordance des temps.
2. Imagine les gestes et les mimiques de Mamie Ouate et de Kadouma quand celui-ci s'aperçoit qu'elle a menti. Écris les didascalies correspondantes.

Les indications scéniques

Je lis

1. Lis cet extrait de pièce de théâtre.

Acte I : *Bureau d'Octave Plumberton. Le détective est en train de jouer au golf ; Akim, son assistant, porte un paquet de clubs[1]. Au moment où Plumberton va de nouveau taper une balle, on frappe à la porte. Ils s'empressent de ranger le matériel, s'installent à leur place respective.*

Plumberton : Entrez.

Entre la Mère Michel.

Plumberton : Ah, c'est vous, Mère Michel.

1. Cannes servant à jouer au golf.

Gérard Moncomble et Michel Piquemal,
Une Chaussure dans le beurrier – 17 Pièces humoristiques pour l'école, © éd. Magnard, 2002.

2. De quel acte de la pièce cette scène est-elle tirée ?

3. Où la scène se déroule-t-elle ? Qui sont les différents personnages ?

4. Le détective est-il surchargé de travail ? Qu'est-ce qui te l'indique ?

5. Lis cet extrait d'une autre pièce.

Le Prince de Motordu : Bienvenue dans mon chapeau. Et merci, chers amis, d'avoir répondu à mon invitation à changer.

Un convive : À changer ? Prince de Motordu, vous avez bien dit : à changer ?

Le Prince de Motordu : Oui, parfaitement ! Quand nous aurons quitté cette table, nous aurons pris du poids. Nous aurons donc bel et bien changé. Bon, toute ma petite noblesse est là ?

(Il tire une longue liste de sa poche et fait l'appel.)

Pef, *Le Grand Banquet – Le Théâtre de Motordu*, © éd. Gallimard Jeunesse.

6. Quel accessoire indiqué dans le texte est indispensable pour jouer cette scène ?

7. Pourquoi certaines parties du texte sont-elles écrites en italique et d'autres en gras ?

8. Qu'y a-t-il de semblable dans la présentation des deux extraits de cette page ?

J'ai appris

- **Une pièce de théâtre** est un texte écrit pour être **mis en scène** et **joué**. Elle peut comporter plusieurs **actes**. Chaque comédien joue **un personnage** dont le nom est indiqué devant **chaque réplique**.
- L'auteur de la pièce donne souvent des indications pour jouer une scène. Il peut :
  – « planter » **le décor** (ex. : *Bureau d'Octave Plumberton.*) ;
  – préciser **ce que font les personnages** (ex. : *Le détective est en train de jouer au golf.*) ;
  – indiquer un **accessoire** indispensable (ex. : *Le prince de Motordu tire de sa poche une longue liste.*) ;
  – donner des indications de **déplacements** (ex. : *Entre la Mère Michel.*) ;
  – signaler **des sons ou des bruits** (ex. : *On frappe à la porte.*).

  Toutes ces indications scéniques, souvent écrites en italique, sont appelées « **des didascalies** ».

Écrire des indications scéniques

Je lis

1. Voici le début d'une scène de théâtre.

Alyssa *(soupirant)* **:** Bon, Caro, résumons-nous… On en est à combien ?
Caroline *(consultant ses notes)* **:** … Onze.
Alyssa : Non, onze, ce n'est pas possible. Sur un terrain de foot, d'accord, mais pas chez moi, mes parents ne voudront jamais.
Caroline : C'est vrai que c'est pas très grand chez toi…
Alyssa : Et puis les garçons, ils vont tout nous gâcher !
Caroline : Alors on reprend ce que je disais : zéro garçon.
Alyssa : En même temps, ça se fait pas. Hugo m'a invitée à son anniversaire, le mois dernier…
Caroline : C'était le mois dernier, Alyssa ! T'es plus forcée d'inviter tous les gens que t'as rencontrés depuis la maternelle ! Tu vas pas t'en sortir !
Alyssa : Bon, bon… Mais pas de garçon, ça veut dire qu'il reste neuf filles. Plus moi.

Claude Carré, *Petits jeux drôles*, © éd. Actes Sud, 2001.

2. Comment les deux personnages s'appellent-ils ? À ton avis, quel âge ont-ils ?
3. Quel est le sujet de leur discussion ?
4. Quelle raison donne Alyssa pour inviter Hugo ? et Caroline pour qu'Hugo ne soit pas invité ?
5. Relève les didascalies. Que précise chacune d'elles ?

J'écris

• **Réécris ce dialogue en le complétant avec d'autres indications scéniques.**

Étape 1 : Je réfléchis

1. Où cette scène se déroule-t-elle ?
2. Où les personnages se trouvent-ils précisément ?
3. Quelles indications peut-on donner sur le ton employé ?
4. Quels gestes ou déplacements les deux camarades peuvent-elles faire ?
5. Quels accessoires peuvent-elles avoir ?

Étape 2 : Je me prépare à écrire

1. Avant le dialogue, décris le lieu, le décor de la scène.
• Le lieu : une cour de récréation – la chambre d'Alyssa ou de Caroline…
• Le décor : les plantes, les meubles ou les objets présents – les couleurs…
• Les accessoires nécessaires : liste de camarades – photo de classe…

2. Dans les dialogues, donne des indications sur :
• le ton avec lequel doit être dite chaque réplique : en soupirant – en soufflant – mécontente – irritée – jalouse… ;
• les gestes et les déplacements que doivent faire les personnages : lever les bras – lever les yeux au ciel – marcher – faire non de la tête…

Étape 3 : Je me relis

- J'ai bien indiqué le lieu de l'action.
- J'ai décrit le décor de ce lieu.
- J'ai donné des indications sur le ton employé par les personnages.
- J'ai donné des indications sur les mouvements ou les gestes.
- J'ai indiqué les accessoires que les deux amies utilisent.

Conjugaison : Le présent de l'impératif, p. 92.

La rentrée des classes

Je comprends

1. Comment le personnage de ce texte s'appelle-t-il ?
2. Quelle est sa profession ?
3. Dans la vignette 2, que s'apprête-t-il à écrire au tableau ?
4. Dans quel but épelle-t-il les lettres de son nom ?
5. Quel détail humoristique l'auteur a-t-il dessiné dans la vignette 1 ? À quelle période de l'année cela renvoie-t-il ?
6. Dans combien de temps la rentrée aura-t-elle lieu ?
7. Pourquoi le dessinateur ne nous montre-t-il la classe entière qu'à la dernière vignette ?
8. Donne un autre titre à cette planche de bande dessinée.

Je repère

1. Combien y a-t-il de vignettes dans cette planche de bande dessinée ?
2. Dans la vignette 1, le bâtiment est-il dessiné vu du dessous, de face ou du dessus ? À quoi le vois-tu ?
3. Dans quelle vignette le personnage apparaît-il en gros plan ? À ton avis, pourquoi le dessinateur a-t-il fait ce choix ?
4. Dans quelle vignette le personnage apparaît-il en plan large ? En quoi cela renforce-t-il ce que dit et ressent le personnage ?
5. Cherche le mot **onomatopée** dans le dictionnaire. Relève l'onomatopée du texte. Que signifie-t-elle ?

Godi et Zidrou, *L'Élève Ducobu*, t. VI : *Un amour de potache*, © Lombard, 2001.

Je dis

1. À ton avis, quelle différence de ton y a-t-il entre la vignette 1 et les quatre vignettes suivantes ?
2. Pourquoi les lettres épelées sont-elles écrites en gros et en gras ?
3. Relis les bulles des cinq premières vignettes avec le ton qui convient. Exagère l'articulation des lettres épelées.

Je débats

Le professeur

1. Trouves-tu le personnage du professeur sympathique ? inquiétant ? Pourquoi ?

Le comique

2. Quels éléments rendent cette planche de bande dessinée humoristique (langage, ton du discours, dessins…) ?

J'écris

1. Recopie le contenu des bulles des deux premières vignettes. Souligne en bleu le verbe conjugué à l'impératif présent.
2. Suppose que le professeur s'appelle M. TORRENS. Écris ce qu'il dirait aux élèves en épelant les lettres de son nom.

Atelier de lecture

Le comique dans la bande dessinée

Je lis

1. Observe et lis cet extrait de bande dessinée.

2. À ton avis, qu'a avalé ce chien ? Qu'est-ce qui te l'indique ?
3. Décris la tête du chien dans la vignette 2. Qu'a-t-elle d'amusant ?
4. Lis la suite de cette B.D.

5. Que devrait normalement faire Hyppocrate suite la demande de Sammy ?
6. Qu'est-ce que les onomatopées de la dernière vignette te permettent de comprendre ?
7. Combien y a-t-il de points d'exclamation dans ces vignettes ? de points d'interrogation ? Quel effet cela a-t-il ?
8. En quoi la fin est-elle amusante ?

J'ai appris

- Pour rendre une bande dessinée humoristique :
  - le dessinateur **exagère souvent ses dessins**. On dit qu'il « **grossit le trait** » (ex. : la tête du chien dans la vignette 3) ;
  - il imagine **une situation inhabituelle** (ex. : un téléphone avalé par un chien) : c'est le **comique de situation** ;
  - il écrit **une fin illogique et surprenante** (ex. : Hyppocrate commande à manger au lieu d'aider Sammy) : c'est le **comique de narration** ;
  - il utilise **des onomatopées** souvent plus « parlantes » que des mots (ex : *DRING DRING !*) ;
  - il **exagère l'emploi de la ponctuation** (ex. : les points d'exclamation).

Dessiner et écrire la suite d'une B.D.

Je lis et j'observe

1. Observe et lis cet extrait de bande dessinée.

Curd Ridel et Mythic, *Le Gowap*, t. V, © Lombard, 2002.

2. Quels sont les noms des différents personnages ? Lequel est différent des autres ?

3. Où cette scène se déroule-t-elle ?

4. Explique ce que dit Hubert dans la vignette 3.

5. Pourquoi cette bande dessinée est-elle humoristique ?

J'écris

• **Imagine une suite à cette B.D. en dessinant deux vignettes : l'une avec un ou des personnages ; l'autre avec l'animal seul.**

Étape 1 : Je réfléchis

1. Quand se passe l'action ?
2. Quels personnages vas-tu dessiner ?
3. Dans quelle situation se trouvent-ils ?
4. Que peuvent-ils se dire ?
5. Quel est l'élément inattendu ?

Étape 2 : Je me prépare à dessiner et à écrire

1. Imagine un scénario.
• Dans la vignette 1, mets les personnages en situation (*ex.* : les niches dans lesquelles les adultes et l'enfant se réveillent le matin).
• Dans la vignette 2, il se passe quelque chose d'inattendu qui rend la scène amusante (*ex.* : le Gowap dort dans le lit des parents).

2. Dessine tes vignettes :
• Commence par le cadre puis le décor de tes deux vignettes : des niches dans le jardin – la chambre à coucher avec le lit…
• Dessine ensuite les personnages en t'inspirant de ceux dessinés ci-dessus.
• Essaie de donner une expression à chacun en variant la forme des yeux, de la bouche.

3. Écris les textes :
• Indique le moment de la scène dans un cartouche.
• Écris au moins une bulle de paroles et une bulle de pensée.
• Cherche une façon de rendre la scène plus vivante : par une onomatopée – des points d'exclamation ou d'interrogation (*ex.* : bruit quand les personnages se réveillent avec point d'exclamation et d'interrogation – bruit du Gowap qui dort).

Étape 3 : Je me relis

- J'ai respecté les consignes (deux vignettes, bulles, ponctuation, onomatopée).
- J'ai dessiné un décor pour chaque vignette.
- J'ai donné des attitudes différentes aux personnages.
- J'ai trouvé une chute inattendue, humoristique.

Mettre en scène et jouer une BD

J'observe et je réfléchis

1. Observe et lis cet extrait de bande dessinée.

Extrait d'une bande dessinée d'Anne Simon, « Oscar et Patata », parue dans L'Abeille, éditée par le Conseil général des Hauts-de-Seine.

2. Lire et comprendre l'histoire :
- Où et quand la scène se passe-t-elle ?
- Quels sont les personnages de cette B.D. ?
- Lequel est surprenant ? Pourquoi ?
- Quelle est leur expression dans la vignette 2 ? Pourquoi ?
- À quelle fin s'attend-on après cette vignette ?
- En quoi la chute est-elle humoristique ?

3. Mettre en scène :
- Avec tes camarades, répartissez les rôles.
- Trouvez une façon simple d'indiquer le lieu où se déroule la scène (dessin du décor, pancarte, groupe d'élèves…).
- Prévoyez des vêtements adaptés pour les différents personnages.
- Imaginez une façon de représenter la tête du chien (masque, maquillage…).

4. Jouer le texte.
- Pour chaque vignette, cherche les attitudes et le ton que doivent employer les personnages.
- Si tu as le rôle du chien, exerce-toi à dire la bulle en pointillé de plusieurs façons.
- Indique les gestes et les déplacements associés à chaque réplique.

Je mets en scène et je joue la B.D.

- **Joue cette B.D. avec deux camarades. Fais-la vivre par des attitudes et des tons différents.**

Pour bien mettre en scène et jouer une B.D.

- Je propose un décor pour suggérer le lieu de l'action.
- Je caractérise les personnages par leur costume et le ton qu'ils emploient.
- Je prévois leurs gestes et leurs déplacements.
- Je marque bien l'opposition entre le début de la B.D. et la chute inattendue.

Bilan

Pour faire le bilan de tes lectures, recopie les phrases qui correspondent le mieux aux scènes de théâtre et aux B.D. que tu viens de lire. Puis exprime tes choix ou ton opinion en répondant aux autres questions.

Thème 5 : Le théâtre contemporain

1. Vrai ou faux ?
   a. Dans une pièce de théâtre, l'histoire se déroule toujours dans le passé.
   b. Le langage des personnages est soutenu.
   c. Les didascalies donnent des indications pour la mise en scène.
   d. Les répliques sont toujours signalées par des tirets.
2. Laquelle des pièces que tu as lues dans ce chapitre as-tu préférée ? Pourquoi ?
3. Quelles sont les autres pièces de théâtre que tu connais ? De quoi parlent-elles ?

Thème 6 : La bande dessinée humoristique

1. Vrai ou faux ?
   a. Une B.D. humoristique se lit de droite à gauche et de haut en bas.
   b. Les bulles indiquent ce que disent ou pensent les personnages.
   c. Les cartouches indiquent ce que le dessin ne permet pas de montrer.
   d. Dans une vignette, le décor n'est pas toujours très précis.
2. Préfères-tu lire une bande dessinée ou une pièce de théâtre ? Explique pourquoi.
3. Dans une B.D., le comique naît-il toujours du dessin ? Explique ta réponse.

Lectures en réseaux

• Le théâtre contemporain

– *Le Petit Violon*, Jean-Claude Grumberg, éd. Actes Sud Papiers.
– *Ikx et Ox*, Jean-Claude Grumberg, éd. Actes Sud Papiers.
– *Salvador : la montagne, l'enfant et la mangue*, Suzanne Lebeau, éd. Théâtrales.
– *Petit*, Anne Catherine, éd. L'École des loisirs.
– *Poil de Carotte*, Jules Renard.
– *Le Meurtre de M. Babouche*, Jean-Pierre Milovanof, éd. Actes Sud / Heyoka Jeunesse.
– *Un mot pour un autre*, Jean Tardieu, coll. « Folio Théâtre », éd. Gallimard Jeunesse.

• La bande dessinée humoristique

– *Léonard est un génie*, Turk et De Groot, éd. Dargaud.
– *Cédric*, Cauvin et Raoul, éd. Dupuis.
– *Ogan Zig, Puce et Alfred*, Alain Saint, éd. Glénat.
– *Sac à puces, « Super-maman »*, De Brab, éd. Dupuis.
– *Je veux être calife à la place du calife*, Goscinny et Tabary, éd. B.D'Star.
– *L'École Abracadabra*, Corteggiani et Tranchand, éd. Dargaud.
– *Lucky Luke*, Morris et Goscinny, éd. Dupuis.

Grammaire : Les compléments du verbe, p. 106.

Nelson Mandela, combattant de la liberté

En 1945, le jeune avocat pose dans la tenue des Xhosa.

un affront : un acte ou une parole méprisants.
mesquin : méprisable.

Comment le « plus vieux prisonnier politique du monde » est devenu le premier président noir d'Afrique du Sud, en 1994.

Hiver 1940, Nelson Mandela a 22 ans. Il étudie à Fort Hare, la seule université noire d'Afrique du Sud. Il a invité son ami Paul pendant les vacances. Un jour, alors qu'ils se promènent dans la ville d'Umtata, un juge ordonne à Paul d'aller lui acheter des timbres. À cette époque, il est fréquent qu'un Blanc envoie un Noir faire une corvée à sa place ! Paul refuse. « Sais-tu qui je suis ? », insiste, rouge de colère, le juge. « Je sais que vous êtes un paresseux », répond Paul. Nelson est gêné. Lui aurait obéi pour éviter les ennuis. Mais il admire le courage de Paul. « Je commençais à me rendre compte qu'un Noir n'avait pas à accepter les dizaines d'affronts mesquins qu'on lui infligeait chaque jour », racontera-t-il plus tard.

Un avocat militant

Quelques années après, ses études de droit terminées, installé à Johannesburg, Nelson Mandela adhère à l'ANC, le parti politique qui lutte contre les discriminations dont sont victimes les Noirs dans le pays. Partout, des panneaux portant la mention « seulement pour les Blancs » leur interdisent de s'asseoir sur un banc ou de franchir une porte. Les mariages mixtes sont proscrits.

Le drapeau de l'Afrique du Sud.

ANC : « African National Congress ». Parti politique créé en 1912, au pouvoir depuis 1994.
discrimination : traitement imposé à un groupe de personnes considérées comme inférieures.
proscrire : interdire.

Je comprends

1. De qui est-il question dans ce texte ?
2. De quel pays cette personne est-elle originaire ?
3. Quel événement est raconté dans le premier paragraphe ?
4. En quoi est-ce une discrimination ?
5. Quel métier Nelson Mandela a-t-il choisi ?
6. Contre quoi a-t-il lutté ? Pourquoi ?
7. Pourquoi a-t-il été emprisonné en 1962 ?
8. Combien de temps est-il resté en prison ?
9. Quand est-il devenu président de la République ?
10. À ton avis, pourquoi l'a-t-on élu ?

Je repère

1. Dans quel journal cet article a-t-il été publié ?
2. Qui l'a écrit ? à quelle date ?
3. Comment cet article est-il structuré (paragraphes, encadré…) ?
4. À quoi la première phrase du texte sert-elle ?
5. Que raconte chacun des paragraphes du texte principal ?
6. Quelles informations sont données dans l'encadré en couleur ? En quoi sont-elles liées au thème principal ?
7. Quel type d'illustrations y a-t-il dans cet article ? Quel rôle a chacune d'elles ?

C'est ce qu'on appelle l'apartheid.

En 1953, Mandela crée le premier cabinet d'avocats noirs du pays. Il prône aussi la « désobéissance civile » : brûler son laissez-passer, se rendre dans les toilettes pour Blancs, etc. Petit à petit, l'ANC décide de passer à la lutte armée. Mandela entre dans la clandestinité. La police l'arrête en 1962. Il est condamné à la prison à vie. Au pénitencier de Robben Island, le matricule 46662 casse des cailloux… Par deux fois, on lui propose la liberté s'il renie ses idées. Il refuse. Dans le pays et dans le monde entier, le régime de l'apartheid est de plus en plus contesté.

l'apartheid : « vivre séparé » en néerlandais. Fondé sur la suprématie des Blancs, ce régime (1948-1991) distinguait quatre groupes raciaux : les Noirs, les Métis, les Indiens et les Blancs.

prôner : recommander, inciter à.

contester : désapprouver.

La route de la démocratie

En 1990, Mandela est enfin libéré. Il a passé vingt-sept années de sa vie en prison. C'est à lui que revient le droit de négocier les changements dans le pays : la fin de l'apartheid, la transition vers un régime démocratique…

Prix Nobel de la paix en 1993, il est élu président en 1994. Il le restera jusqu'en 1999. Aujourd'hui, il a 90 ans. « Madiba », comme l'appellent les Sud-Africains, du nom de son clan, se consacre à sa famille, à sa fondation pour les enfants et à la lutte contre le sida. Il reste un combattant de la liberté.

L'Afrique du Sud

Nom officiel : république d'Afrique du Sud.

Superficie : 1 221 000 km^2.

Population : 48,5 millions (dont 32 % de moins de 15 ans).

Capitale administrative : Pretoria (1,9 million d'habitants).

Indépendance : 1961 (après domination hollandaise puis britannique).

Langues : anglais, afrikaans, ndebele, sotho, zoulou, xhosa…

Religions : chrétiens (47 %), animistes (53 %).

Chef de l'État : Kgamela Motlanthe (depuis 2008).

Mathilde Giard, *Le Monde des ados* n° 206, 1er avril 2009.

Je dis

1. Dans le premier paragraphe, relève les paroles rapportées par la journaliste. Comment les as-tu repérées ?
2. Qui sont les personnes citées ?
3. Lisez ce paragraphe à plusieurs. N'oubliez pas de prévoir le narrateur.

Je débats

L'apartheid et les discriminations

1. En quoi l'apartheid est-il un régime discriminatoire ?

Le Prix Nobel de la paix

2. Recherche ce qu'est le Prix Nobel de la paix.
3. Selon toi, Nelson Mandela méritait-il d'obtenir ce prix ? Pourquoi ?

J'écris

1. Recopie les exemples de désobéissance civile donnés dans le troisième paragraphe de l'article et souligne les compléments de verbe.
2. À la place de son ami Paul, Nelson Mandela « aurait obéi pour éviter les ennuis ». Et toi, qu'aurais-tu fait ? Explique pourquoi.

Grammaire : L'attribut du sujet, p. 104.
Grammaire : Les compléments du verbe, p. 106.

Dans l'atelier du sculpteur Visite à Ousmane Sow

un repaire : un refuge.
le sphinx : chez les Égyptiens et les Grecs, monstre à corps de lion et tête humaine, symbole du mystère.
élire domicile : habiter.
retiré : loin de tout.
une rixe : une bagarre.
chaparder : voler (familier).
le rachitisme : une maladie due à un manque de vitamines, qui empêche la croissance.
enténébré : obscurci.

Le grand sculpteur sénégalais expose ses « Séries africaines » en France jusqu'en juillet. C'est dans son repaire de Yoff, placé sous le signe du sphinx, que nous l'avons rencontré.

[…] Nous sommes à Yoff, dans la banlieue résidentielle de Dakar. Le sculpteur sénégalais y a élu domicile depuis bientôt dix ans. Ce quartier, il l'a choisi pour les terrains boisés et la plage toute proche. « Je voulais vivre dans un endroit retiré, loin des enquiquineurs qui empêchent de travailler. » On accède à la maison de l'artiste par un pont-levis miniature qui surplombe des douves vides. Sur la façade de cette haute demeure, qu'il a lui-même conçue, le mot « sphinx » est gravé. […]

Sow a grandi à Rebeuss, un quartier populaire et malfamé de Dakar. « Des voyous […] rôdaient près du cinéma du quartier, et il y avait constamment des rixes. Mais grâce à la très stricte éducation de mon père, je suis resté loin des mauvaises fréquentations. On ne rigolait pas avec la discipline à l'époque ! […] Moi, je n'étais pas un enfant turbulent. Mes seules entorses à la discipline se résumaient à chasser au lance-pierre les oiseaux ou à chaparder des mangues et des goyaves dans les champs voisins, par nécessité. Cette nourriture en plus m'a préservé du rachitisme. »

Une enfance dakaroise comme il en existe des milliers, enténébrée par quelques drames. Né en 1935 d'un père gérant d'une entreprise de transport de marchandises,

Je comprends

1. Qui est Ousmane Sow ?
2. Où vit-il ?
3. Dans quel quartier a-t-il grandi ?
4. Comment décrit-il ce quartier ?
5. Grâce à qui n'a-t-il pas eu de mauvaises fréquentations ?
6. Quels événements graves a-t-il connus pendant son enfance ?
7. Pourquoi a-t-il commencé à sculpter ?
8. À quoi tient-il le plus ?
9. Pourquoi le mot **sphinx** est-il gravé sur la façade de sa maison ?

Je repère

1. Relève le titre du journal dans lequel ce texte a été publié, son auteur et sa date de parution.
2. Quelles informations les deux premières phrases de l'article donnent-elles ? À ton avis, pourquoi sont-elles écrites dans un caractère différent du reste de l'article ?
3. Que représentent les illustrations ?
4. En quoi illustrent-elles bien cet article ?
5. À quelles personnes la plupart des verbes de ce texte sont-ils conjugués ? Pourquoi ?
6. Pourquoi le troisième paragraphe, qui décrit un événement passé, est-il écrit au présent ?

l'artiste se souvient d'avoir vu la capitale bombardée en 1942. « J'ai été confronté très tôt à l'horreur. Juste après la guerre, une épidémie de peste a sévi à Dakar, faisant de nombreuses victimes. […] » Alors, comme pour oublier cette vision d'horreur, le petit Ousmane sculpte. Tandis que ses camarades traquent les œufs de tortues de mer, il ramasse sur la plage des morceaux de calcaire qui se détachent des falaises. Puis il modèle des figurines.

Ce rapport intime qu'il entretient avec le corps le mènera à la kinésithérapie, son premier métier. « J'ai aimé être un kinésithérapeute. La différence, c'est que mes patients ne me disaient jamais merci, alors qu'aujourd'hui on me dit merci pour mes sculptures. » Un artiste à part, Sow l'est assurément, lui qui ne s'est entièrement consacré à son art qu'aux abords de la cinquantaine. Demandez-lui ce qu'il apprécie le plus, il vous répondra « la paix ».

De notre envoyée spéciale à Dakar, Coumba Diop,

la peste : une maladie mortelle et très contagieuse.

traquer : chasser.

la kinésithérapie : traitement qui agit sur le corps essentiellement par des massages et des mouvements.

Ousmane Sow à côté d'une de ses célèbres sculptures représentant un guerrier Massaï.

Je dis

1. Relève toutes les paroles d'Ousmane Sow. Imagine les questions que le journaliste a posées et qui correspondent à ces paroles.
2. À deux, interprétez ce texte comme si c'était une interview.

Je débats

L'enfance

1. Ousmane Sow aurait pu devenir délinquant. Selon lui, pourquoi ne l'est-il pas devenu ?
2. Qu'en penses-tu ?

La sculpture

3. Décris la photographie ci-dessus. Que ressens-tu en la regardant ?
4. À ton avis, quelle émotion Ousmane Sow a-t-il voulu transmettre à travers cette sculpture ?

J'écris

1. Recopie les paroles d'Ousmane Sow (lignes 26 à 32). Souligne les compléments des verbes et encadre l'attribut du sujet.
2. Recopie la dernière phrase du texte, puis continue l'article en imaginant les arguments d'Ousmane Sow pour expliquer ce qu'il apprécie le plus. Écris à la 3e personne du singulier.

L'article de presse magazine

Je lis

1. Lis cet extrait d'un article de presse magazine.

La production agricole en Afrique

70 % des gens qui souffrent de la faim dans le monde sont des paysans, mais des initiatives apparaissent pour améliorer les techniques agricoles.

Une situation préoccupante

De nombreux pays africains sont en situation de dépendance alimentaire, c'est-à-dire qu'ils doivent importer une grande partie de leur nourriture. Cette dépendance est due à différents facteurs, qui varient d'un pays à un autre (exode rural, guerres, sécheresse...).

Comment aider ces pays à acquérir leur indépendance alimentaire ?

Différentes initiatives existent. Au Sénégal, par exemple, des ONG forment des agriculteurs aux techniques modernes de maraîchage, qui utilisent mieux les crues et les décrues du fleuve.

Un homme verse de l'eau dans un canal d'irrigation (Erythrée, Afrique).

2. Quel est le sujet de cet article ?

3. Comment le titre est-il mis en valeur ?

4. Pourquoi les trois premières lignes sont-elles écrites dans un caractère différent de la suite de l'article ?

5. Combien y a-t-il de paragraphes ? Qu'est-ce qui les sépare ?

6. Que représente la photographie ? À quoi sert-elle ?

J'ai appris

- **Un article de presse magazine** donne des **informations** sur un sujet choisi par le journaliste (*ex. :* la production agricole en Afrique). Pour traiter son sujet, le journaliste :
  – **récapitule la situation** (*ex. :* le paragraphe « Une situation préoccupante » donne des informations générales sur la situation) ;
  – **pose une question ou problématique** (*ex. :* Comment aider ces pays à acquérir leur indépendance alimentaire ?) ;
  – **donne des pistes de réponses**, des exemples (*ex. :* Au Sénégal, par exemple…) ;
  – **illustre son texte** à l'aide de photographies ou donne des informations complémentaires à l'aide d'encadrés, de schémas, de cartes… (*ex. :* voir l'article p. 218).
- La **mise en page** vise à mettre en valeur les informations : titre court (*ex. :* La production agricole en Afrique), chapeau introductif qui situe le sujet, sous-titres qui ressortent…

Écrire la suite d'un article

Je lis

1. Lis cet extrait d'un article de presse.

L'Afrique et ses prix Nobel de la paix

Plusieurs personnalités hors du commun ont reçu un Prix Nobel de la paix pour les combats qu'elles ont menés en Afrique.

Une femme exceptionnelle

Née en 1940, Wangari Maathai est une militante écologiste kenyane, devenue ministre adjoint à l'Environnement, aux Ressources naturelles et à la Faune sauvage en 2003. Fondatrice du « Mouvement de la ceinture verte » en 1977, elle a beaucoup lutté contre la déforestation, en mettant en œuvre un programme de plantation de 30 millions d'arbres. Elle a ainsi contribué à donner du travail à des milliers de femmes. En 2004, elle reçoit le Prix Nobel de la paix pour « sa contribution en faveur du développement durable, de la démocratie et de la paix ». C'est la première femme africaine à obtenir cette prestigieuse récompense.

Wangari Maathai et son Prix Nobel, 12 octobre 2004.

2. Quel est le sujet de cet article ? De quel pays la personnalité évoquée vient-elle ?

3. Quel type de renseignements la première phrase donne-t-elle sur cette personne ?

4. Quelles informations les phrases suivantes fournissent-elles ?

5. Pourquoi cette personne a-t-elle reçu le Prix Nobel de la paix ? En quoi est-ce exceptionnel ?

J'écris

• **Écris un paragraphe sur Nelson Mandela à la suite de celui sur Wangari Maathai.**

Étape 1 : Je réfléchis

1. Relis l'article pp. 218-219. Quelles sont les étapes de la vie de Nelson Mandela ?
2. Contre quoi a-t-il combattu ?
3. Pourquoi a-t-il obtenu le Prix Nobel de la paix ?

Étape 2 : Je me prépare à écrire

1. Trouve un sous-titre pour ce paragraphe et mets-le en valeur :
• *Ex.* : Nelson Mandela : un homme libre

2. Suis le même plan que celui du paragraphe sur Wangari Maathai :
• Donne d'abord des informations sur qui il est : son année de naissance – le métier qu'il a exercé – ce qu'il fait aujourd'hui… ;
• Explique le combat qu'il a mené et les conséquences que cela a eues pour lui, en n'oubliant pas de donner les dates importantes.
• Conclus en disant quand il a reçu son prix Nobel de la paix et pourquoi.

3. Écris ton texte à la 3e personne du singulier en utilisant le présent et le passé composé.

Étape 3 : Je me relis

- J'ai mis le sous-titre en valeur.
- J'ai donné les renseignements essentiels pour comprendre le combat de Nelson Mandela.
- J'ai daté les événements importants.
- J'ai suivi le plan indiqué.
- J'ai écrit à la 3e personne du singulier et utilisé le présent et le passé composé.

Grammaire : Le complément d'objet direct, p. 118.
Grammaire : Le complément d'objet indirect et le complément d'objet second, p. 120.
Vocabulaire : Les sigles et les abréviations, p. 126.

La question de l'énergie

La production de l'énergie nécessaire aux activités humaines provoque de graves pollutions. L'une des plus importantes sources d'énergie, le pétrole, s'épuise. Il est urgent de trouver d'autres ressources respectant l'équilibre écologique de la planète.

Qu'est-ce que l'énergie ?

L'énergie, c'est une force qui produit une action. La première source d'énergie est le Soleil qui, par son rayonnement, a fourni la chaleur et la lumière permettant l'éclosion de la vie sur la Terre. Pour se chauffer, pour cuire ses aliments, l'homme a toujours eu besoin d'énergie. Mais depuis la **Révolution industrielle**, à la fin du XVIIIe siècle, elle a pris une place centrale dans les activités humaines.

Aujourd'hui, non seulement on consomme de l'énergie, mais on en produit (par exemple, l'électricité). On distingue les énergies fossiles (le charbon, le pétrole, le gaz naturel, formés durant l'histoire de la Terre et qui existent en quantité limitée) et les **énergies renouvelables** qui ne risquent pas de s'épuiser : les énergies solaire, hydraulique (produite par l'eau), éolienne (produite par le vent) et celle qui provient de la décomposition de la matière vivante (biomasse)...

Actuellement, dans le monde, on utilise surtout des énergies fossiles (80 %). Viennent ensuite les énergies renouvelables (13 %) et enfin l'énergie nucléaire (7 %). Les **pays développés** consomment beaucoup plus d'énergie que les **pays en développement**, notamment pour l'**industrie** et les transports, mais aussi pour le confort de la vie quotidienne (chauffage, électroménager...).

écologique : qui respecte l'environnement, les rapports des êtres vivants avec leur milieu.

l'éclosion : l'apparition.

la Révolution industrielle : une période de progrès techniques importants, notamment dans l'industrie.

La solution de l'énergie hydraulique ?

Le pétrole et le charbon sont en partie responsables du renforcement de l'**effet de serre** et ils devraient s'épuiser bientôt. L'énergie hydraulique peut-elle prendre le relais ? Elle est propre, bon marché et renouvelable. Mais les barrages nécessaires à sa production bouleversent les **écosystèmes** et la vie des populations : des villes et des villages sont engloutis, des terres agricoles inondées et d'autres menacées de désertification. À cela s'ajoutent des risques de conflits liés à l'eau autour des barrages sur l'Euphrate ou le Nil par exemple.

l'effet de serre : le réchauffement du climat.

s'épuiser : disparaître, ne plus exister.

prendre le relais : remplacer quelque chose.

un écosystème : un milieu naturel et les êtres qui y vivent.

un conflit : une guerre.

l'Euphrate : fleuve qui prend sa source en Turquie et traverse ensuite la Syrie et l'Irak.

le Nil : fleuve égyptien qui prend sa source au Soudan.

Flash sur l'électricité

La France produit son électricité

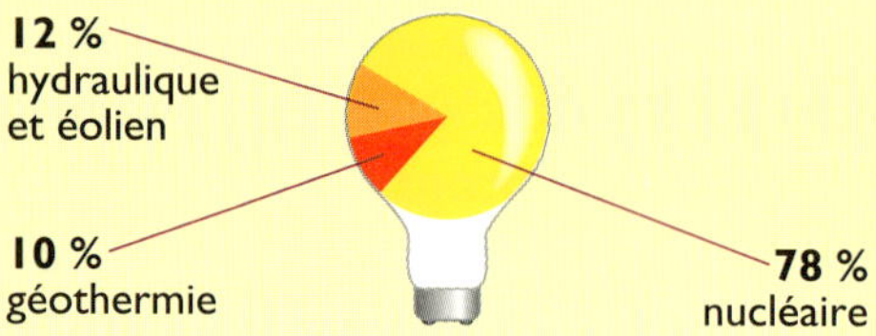

- **2 milliards de personnes** dans le monde n'ont pas encore accès à l'électricité.
- **Consommation moyenne d'électricité** par an et par habitant :
  - États-Unis : 14 000 kWh
  - France : 7 000 kWh
  - Afrique : 520 kWh

Barrage des Trois-Gorges sur le Yang-tsé-kiang (Chine). Cette gigantesque construction provoque de graves déséquilibres de l'écosystème régional.

Alors que dans les pays développés, on n'érige plus d'énormes barrages (on en détruit même aux États-Unis sous la pression des **écologistes**), on en construit partout dans les pays en développement (1 600 sont en cours dans 40 pays), avec des conséquences très lourdes pour les habitants : en Chine, pour mettre en chantier le barrage des Trois-Gorges, on a déplacé 1 millon de personnes !

Le nucléaire en question

L'énergie nucléaire utilise aussi des ressources fossiles (uranium), mais en très petite quantité. Elle ne produit pas de CO_2 et permet de produire une électricité bon marché en très grande quantité. Elle ne dépend pas des pays producteurs, comme le pétrole. Pour toutes ces raisons, la France recourt au nucléaire pour produire son électricité.

Le nucléaire face aux autres sources d'énergie

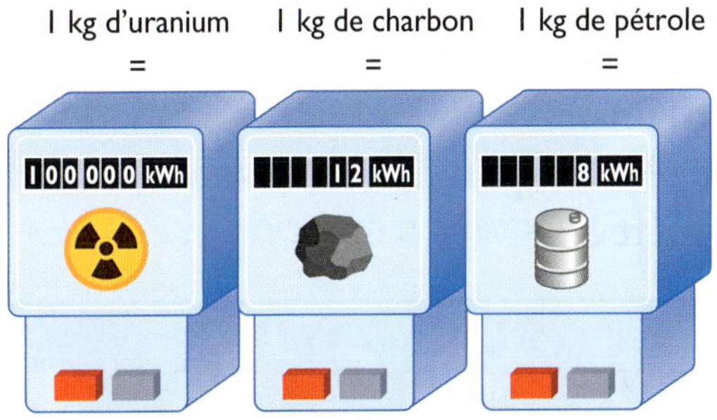

Le kilowattheure (kWh) est l'unité d'énergie électrique.

Or, en Europe, certains pays ont abandonné ce procédé, surtout pour des raisons de sécurité. La dramatique explosion de la centrale de Tchernobyl, en 1986, a révélé les risques d'une catastrophe nucléaire (160 000 morts, nombreux cancers ou malformations liés à la radioactivité diffusée au moment de l'accident). Même si les centrales sont désormais très sécurisées, l'inquiétude demeure.

De plus, les déchets nucléaires restent dangereux longtemps (un dixième d'entre eux demeure radioactif pendant 100 000 ans). On n'a pas encore trouvé la solution pour s'en débarrasser : on les stocke dans des containers, mais c'est un cadeau empoisonné pour les générations à venir.

ériger : construire.

l'uranium : un métal utilisé pour produire l'énergie nucléaire.

recourir à : se servir de.

un procédé : un moyen.

Tchernobyl : une ville située en Ukraine.

la radioactivité : des rayons produits par la division des atomes et pouvant être mortels.

un déchet nucléaire : élément qui reste après l'utilisation de l'uranium.

un container : une caisse en métal.

Grammaire : Phrase simple et phrase complexe, p. 136.

Ivanhoé

Richard Cœur de Lion, roi d'Angleterre, a été fait prisonnier en rentrant d'une croisade. En son absence, son frère Jean sans Terre veut s'emparer du pouvoir. Au cours d'un tournoi organisé par ce dernier, un mystérieux chevalier, Ivanhoé, compagnon de Richard, se présente sous le nom de « chevalier Déshérité » pour ne pas être reconnu...

Lorsqu'on vit les deux champions en face l'un de l'autre aux deux extrémités de la lice, l'émotion des spectateurs atteignit au plus haut degré ; s'ils formaient tous des vœux pour le chevalier Déshérité, presque personne n'espérait que la rencontre pût tourner à son avantage.

À peine les trompettes eurent-elles donné le signal, les deux combattants s'élancèrent avec la rapidité de l'éclair, et se heurtèrent au milieu de l'arène avec un fracas semblable à celui du tonnerre. Leurs lances, brisées à la poignée, volèrent en éclats ; on les crut un moment renversés tous les deux, car la violence du choc avait fait fléchir leurs chevaux sur les jarrets de derrière ; mais leur adresse à manier la bride et l'éperon les maintint en selle. Après s'être regardés avec des yeux qui semblaient lancer des flammes à travers leurs visières, ils firent volte-face, et, revenant à leur point de départ, ils reçurent une nouvelle lance de leur écuyer.

déshérité : qui a perdu son héritage.
une lice : une palissade de bois qui sépare le champ du tournoi en deux couloirs.
un jarret : un genou.
une bride : une pièce de harnais placée sur la tête du cheval.
un éperon : une pièce de métal fixée derrière la botte du cavalier pour faire avancer le cheval.
faire volte-face : faire demi-tour.

Je comprends

1. Quel est le nom du templier qui participe à ce combat ?
2. Comment son adversaire se fait-il appeler ?
3. Pourquoi n'utilise-t-il pas son vrai nom ?
4. Quel est le combattant préféré des spectateurs ?
5. Pourquoi la foule est-elle si enthousiaste après la première passe d'armes ?
6. Dans le second assaut, quelle manœuvre le chevalier Déshérité fait-il pour tenter de remporter le combat ?
7. Cette manœuvre réussit-elle seule à faire tomber l'adversaire ? Explique ta réponse.

Je repère

1. Quel est le nom de l'auteur ? À ton avis, de quelle origine est-il ?
2. Quel autre indice te permet de dire que ce récit ne se passe pas en France ?
3. Qu'est-ce qui te donne des indices sur l'époque à laquelle se déroule cette histoire ?
4. Ce texte a-t-il été écrit à l'époque où l'histoire se déroule ? Explique ta réponse.
5. Quel est le titre du texte ? Quel autre titre pourrais-tu lui donner ?
6. Pourquoi appelle-t-on les romans de ce type « des romans historiques » ?

De bruyants hourras, le balancement des écharpes et des mouchoirs qu'agitaient les dames, un applaudissement unanime, témoignèrent de l'intérêt qu'avaient pris les spectateurs à cette passe d'armes, la plus égale et la plus savante de la journée. Aussitôt que les champions eurent repris leur poste, les clameurs firent place à un silence si profond qu'on eût dit que cette immense foule n'osait plus même respirer.

Après un répit de quelques minutes pour laisser reposer les hommes et les chevaux, le prince Jean leva son bâton de commandement et fit signe aux clairons de sonner la charge. Les deux adversaires partirent une seconde fois à fond de train, et se rencontrèrent au milieu de la lice, avec autant d'impétuosité, d'adresse et de violence, mais non avec la même fortune.

Dans cette nouvelle passe, le templier visa droit au centre de l'écu de son ennemi, et le frappa si juste et avec tant de vigueur qu'il brisa sa lance et que le chevalier Déshérité chancela sur sa selle. Celui-ci, de son côté, avait d'abord pris pour point de mire le bouclier de Bois-Guilbert ; puis, détournant sa lance presque au dernier moment, il la dirigea contre le casque, but plus difficile, mais qui, une fois atteint, rendait le choc irrésistible, et heurta en plein la visière. Malgré ce désavantage, le templier soutint sa haute réputation, et si les sangles de sa selle ne se fussent point rompues, il n'aurait peut-être pas vidé les arçons ; mais, à la suite de cet accident, cheval et cavalier roulèrent à terre au milieu d'un nuage de poussière.

Walter Scott, *Ivanhoé*, 1819.

unanime : général.
une passe d'armes : un épisode d'un combat d'hommes armés.
à fond de train : à toute vitesse.
l'impétuosité : l'enthousiasme.
un templier : un membre d'un ordre de chevalerie.
un écu : un bouclier.
un point de mire : une cible.
une sangle : une courroie de cuir.
des arçons : l'armature qui soutient la selle.

Je dis

1. Combien y a-t-il de phrases dans le deuxième paragraphe ? Qu'ont-elles de particulier ?
2. Dans ce paragraphe, quels mots montrent la dureté du combat ?
3. Lis ce paragraphe en insistant sur ces mots et en respectant la ponctuation pour rythmer ta lecture.

Je débats

Les personnages

1. Quel est ton combattant préféré ? Pourquoi ?
2. Pour toi, ces combattants sont-ils des héros ?

L'histoire

3. Penses-tu que cette histoire s'est réellement passée ? Explique ton point de vue.

J'écris

1. Recopie la première phrase du texte et souligne chaque proposition dans une couleur différente. Encadre le verbe de chaque proposition.
2. Les combattants se préparent à un troisième assaut. Décris cet assaut en faisant en sorte que le templier soit vainqueur. Utilise des mots du texte pour montrer la violence du combat.

Le roman historique

Je lis

1. Lis ces deux courts extraits de romans.

A. Après le film à la télé, maman est entrée à pas doux dans ma chambre. Elle croyait que je m'étais endormi avec la lumière.

Jean-Loup Craipeau, *Crimes caramels*, coll. « Mini-Syros Polar », © éd. Syros.

B. « Ah ! Six gardes de Son Éminence arrêtent six mousquetaires de sa Majesté ! Morbleu ! J'ai pris mon parti. Je vais de ce pas au Louvre. »

Alexandre Dumas, *Les Trois Mousquetaires*, © éd. Calmann Lévy.

2. Ces deux romans se déroulent-ils à la même époque ? Qu'est-ce qui te l'indique ?

3. Lequel de ces deux romans est en rapport avec l'histoire de France ?

4. Lis ces autres extraits de romans.

C. M. Molière arrive, joli comme d'habitude. Ses boucles sont soignées sous son chapeau à plumes. Son visage est mince avec ses moustaches charmantes. Je remarque qu'aujourd'hui, il a des nouveaux rubans verts à ses chaussures.

Marie-Christine Helgherson, *Louison et Monsieur Molière*, Castor Poche, © éd. Flammarion.

D. Le pharaon Taa a conquis sa glorieuse réputation en luttant héroïquement contre des étrangers. Il est mort sur le champ de bataille, couvert de blessures. On répète, le long du Nil, qu'Ahmosis a mis dans sa tombe des trésors fabuleux…

Odile Weulersse, *Les Pilleurs de sarcophages*, © Le Livre de Poche Jeunesse, 2007.

E. En pénétrant sous le porche gigantesque de la caverne, Yona n'a qu'une envie : se coucher sur sa litière, dans l'abri de sa famille, et pleurer des jours et des jours.

Florence Raynaud, *Yona, fille de la préhistoire – Le Clan des loups*, © Pocket Jeunesse.

5. À quelle époque se déroule chacun de ces trois romans ? Comment le sais-tu ?

6. Quels personnages de ces extraits ont réellement existé ? Comment peux-tu le savoir ?

J'ai appris

- **Un roman historique** est un récit qui se déroule **à une période de l'histoire antérieure à celle où vit l'auteur** (*ex. : Les Trois Mousquetaires* est un roman écrit au XIXe siècle et dont l'histoire se déroule au XVIIe siècle). Très souvent, le titre du livre permet de situer cette époque (*ex. : Yona, fille de la préhistoire*).
- Ces romans ont certaines **caractéristiques communes** :
  – **l'utilisation fréquente de personnages ayant réellement existé** (*ex. :* Molière). L'auteur invente ou modifie des événements de leur vie, soit pour en faire des héros (*ex. :* le personnage de D'Artagnan dans *Les Trois Mousquetaires* a bien existé mais les événements racontés dans le roman sont inventés), soit pour les intégrer dans l'histoire de son personnage principal et la rendre plus réaliste (*ex. :* Mme de Montespan dans *Les Orangers de Versailles*) ;
  – **la description précise des décors et des modes de vie** de l'époque pour renforcer la vraisemblance de l'histoire (*ex. :* Yona dort sur une litière dans une grotte).

Écrire un chapitre de roman historique

J'observe et je lis

1. Observe ce tableau et lis ce court descriptif.
Ce tableau représente le roi Louis XIV qui reçoit Molière, auteur de pièces de théâtre, dans sa chambre pour le déjeuner. Molière est le personnage assis à gauche, Louis XIV est au centre.

2. Dans quel lieu la scène se passe-t-elle ?
3. Où le roi se trouve-t-il ? Comment est-il habillé ?
4. Avec qui déjeune-t-il ? Connais-tu ce personnage ? Cherche des informations sur lui.
5. Où les courtisans se tiennent-ils ?
6. Comment sont-ils habillés ?
7. Dans quelle posture se trouvent-ils ? Pourquoi ?

Molière à la table de Louis XIV (Jean Auguste Dominique Ingres, 1857).

J'écris

• **Imagine que tu écris un roman sur la vie à la cour de Louis XIV racontée par un courtisan. Écris le chapitre où ce courtisan raconte le déjeuner représenté sur ce tableau, pendant lequel Molière présente sa dernière pièce au roi.**

Étape 1 : Je réfléchis

1. Comment les courtisans entrent-ils et saluent-ils le roi ?
2. Que peut demander le roi à Molière ?
3. Quelle peut être la réponse de Molière ? Comment s'adresse-t-il au roi ?
4. Quelle pièce vient-il lui présenter ? Que raconte cette pièce ?
5. Quel temps le courtisan va-t-il utiliser pour raconter la scène et la rendre plus vivante ?
6. Comment le déjeuner se termine-t-il ?

Étape 2 : Je me prépare à écrire

1. Situe ce déjeuner dans le temps et l'espace.
• Le temps : Au premier jour d'avril de l'an 1659 – En ce matin de décembre…
• Le cadre : la chambre du roi (son lit, la nappe, le tapis…) – les personnes présentes (le roi et Molière assis – les gardes – les courtisans…)

2. Introduis et écris le dialogue entre le roi et Molière :
• Commence par faire parler le roi. Donne des indications sur son attitude (fait-il des gestes ?) et son ton (est-il accueillant ? pressé ?).
• Écris ce que Molière répond au roi : il est très honoré d'être reçu – il remercie le roi de sa bonté, de ses bienfaits…
• Choisis la pièce que Molière vient présenter au roi et indique comment Molière lui en parle ;
• conclus le dialogue :
– le roi : accepte de lire le manuscrit – demande à Molière de représenter la pièce à l'occasion d'une fête – n'est pas intéressé ;
– Molière : remercie le roi (par la parole et le geste) de sa bonté – de sa confiance…

3. Conclus le chapitre par le départ des courtisans.

Étape 3 : Je me relis

• J'ai bien introduit mon chapitre en le situant dans le temps et dans l'espace.
• J'ai bien rapporté le dialogue entre le roi et Molière.
• J'ai employé le présent de l'indicatif pour rendre la scène plus vivante.
• J'ai conclu mon chapitre.
• J'ai utilisé un vocabulaire adapté à la situation.

Grammaire : Les propositions coordonnées et juxtaposées, p. 146.
Grammaire : Les comparatifs et les superlatifs, p. 148.

Moi, Félix, 10 ans, sans-papiers

Félix est arrivé clandestinement en France avec sa mère, sa petite sœur Bayamé et son grand frère Moussa. Ils viennent de Côte d'Ivoire et sont hébergés chez l'oncle de Félix.

L'oncle Massoudé nous a installés dans sa cave. Mais nous y dormons seulement. Dans la journée, nous occupons les deux pièces de l'appartement avec nos cousins. Nous, les enfants, nous restons la plus grande partie de la journée entassés dans la petite chambre, perchés sur les lits superposés, groupés par deux ou trois sur le même matelas autour d'un livre, d'un jeu ou de la radiocassette. Ma tante s'est accaparé maman et Bayamé, et elle n'a qu'un seul souci en tête : nous accueillir de la meilleure façon qui soit. Chaque soir, c'est donc un déchirement et une honte pour elle de nous envoyer dormir à la cave.
– Tu le sais que c'est mieux ainsi. En cas de problème, il ne doit pas y avoir de traces de notre passage chez vous. Vous prenez déjà assez de risques comme ça, lui rappelle régulièrement ma mère.

s'accaparer : garder pour soi.

Moussa, lui, se comporte comme s'il était le chef de notre famille, la tête pensante. Ses manières d'aîné responsable ne le quittent pas de la journée et il refuse évidemment de se mêler aux jeux dans lesquels m'entraînent nos trois jeunes cousins. Il préfère passer son temps avec notre grande cousine Clémentine, qui lui raconte ses premières sorties, le cinéma, les magasins de disques et de « fringues »… et mon grand frère imbécile prend un air inspiré en feuilletant des catalogues de vêtements à la mode.

Moi, je tente de satisfaire Hyppolite et ses deux frères. Je leur ai raconté tout ce que leur père et leur mère avaient décrit mille fois pour eux mais qu'ils avaient envie d'entendre encore : la forêt, les animaux qui s'y cachent et font entendre leurs cris, les routes, les pistes, les champs de bananiers, de caféiers et cacaoyers, les maisons des Sénoufos aux portes sculptées, les poètes et les griots que l'on n'écoute jamais sans cligner des yeux…

les Sénoufos : un peuple africain qui vit au Burkina Faso, dans le Sud du Mali et en Côte d'Ivoire.
un griot : un musicien, conteur, poète qui transmet la culture orale en Afrique noire.

Je comprends

1. De quel pays Félix vient-il ?
2. Pourquoi vit-il chez son oncle ?
3. Avec qui est-il arrivé chez ce dernier ?
4. Où dort-il ? Pourquoi ?
5. À quoi son grand frère passe-t-il son temps ?
6. Pourquoi ses cousins veulent-ils que Félix leur parle de son pays ?
7. Quelles phrases décrivent la vie réelle de Félix dans son pays ?
8. Pourquoi Félix ne raconte-t-il pas cette réalité ?

Je repère

1. À quelle époque cette histoire se déroule-t-elle ? Relève les objets, les lieux ou les mots utilisés qui te l'indiquent.
2. Trouve un synonyme du mot **fringue**. À ton avis, pourquoi l'auteur n'a-t-il pas utilisé ce synonyme ?
3. Relis les questions posées par les petits cousins. Dans quel niveau de langue les classerais-tu ?
4. Cherche des informations sur l'auteur de ce roman.
5. Ce roman est-il une autobiographie ou est-ce une histoire inventée ?

Et sans relâche, les petits me questionnent :

– Et ta maison, elle est comment ta maison ?

– Ma maison ? Elle est ronde, en terre et pas plus grande que cette chambre. Mais elle a le meilleur toit en chaume du village comme seul mon père sait en faire. Un toit qui résiste aux déluges pendant la saison des pluies, plus coriace qu'une peau de crocodile.

– Tu en as déjà vu des crocodiles ?

– Et des éléphants en vrai ?

J'aurais pu dire oui pour leur faire plaisir. J'aurais pu aussi leur expliquer qu'on ne croisait pas souvent de crocodiles ou d'éléphants dans les champs de cacaoyers ; seulement des rats et des perroquets qu'il faut chasser pour ne pas perdre une part de la récolte et du misérable salaire qui en dépend. Non, pas d'éléphants ni de crocodiles pour égayer les quinze kilomètres de piste qu'il faut parcourir à pied quotidiennement pour rejoindre les plantations. Juste un contremaître qui vous attend pour vérifier votre travail.

– Alors ? Et les éléphants ? s'impatientent les petits.

Heureusement, je n'ai pas eu à répondre à leurs questions : c'était l'heure de descendre à la cave.

Marc Cantin, *Moi, Félix, 10 ans, sans-papiers*, coll. « Milan Poche Junior », © éd. Milan, 2007.

sans relâche : sans arrêt.

un déluge : une pluie très abondante.

coriace : dur, solide comme du cuir.

un contremaître : une personne qui dirige les ouvriers sur un chantier.

Je dis

1. Relis la description que Félix fait de sa maison. En est-il fier ? Quels mots te l'indiquent ?
2. À plusieurs, lisez les dialogues entre Félix et ses cousins en montrant la fierté de Félix.

Je débats

Sans-papiers

1. Qu'est-ce qu'un « sans-papiers » ?
2. À ton avis, qu'est-ce qui peut pousser des gens à entrer clandestinement dans un pays ?

Vivre dans un pays étranger

3. Connais-tu des enfants qui, comme Félix, ont quitté leur pays ? Comment se sont-ils adaptés ?
4. Aimerais-tu partir vivre à l'étranger ? Pourquoi ?

J'écris

1. Recopie la dernière phrase du texte. De quel type de propositions est-elle composée ? Réécris cette phrase en ajoutant une conjonction de subordination entre les deux propositions.
2. Écris un paragraphe où Félix décrit ce qu'il pense de sa nouvelle vie. Utilise la 1re personne du singulier.

Grammaire : Les propositions coordonnées et juxtaposées, p. 146.
Conjugaison : L'antériorité d'un fait par rapport à un autre, p. 154.

Cinq, Six Bonheurs

1

J'étais en CM2, c'était la fin du premier trimestre et l'instituteur eut l'idée sournoise de nous donner un devoir de vacances : une rédaction dont le sujet était le bonheur. Cette désolante nouvelle fit soupirer la moitié de la classe et râler l'autre moitié.

– Maître ! Maître ! a dit Fabien. Le bonheur, c'est de ne pas avoir de devoir à faire pendant les vacances !

Ce qui fit rire toute la classe. J'ai toujours préféré me débarrasser des corvées le plus vite possible. Aussi le premier jour des vacances de Noël, j'ai pris mon stylo quatre couleurs et j'ai écrit en rouge sur mon cahier de brouillon : *Le bonheur*. J'ai un peu réfléchi tout en me tripotant l'oreille gauche, puis j'ai souligné en vert : *Le bonheur*. L'inspiration ne venant pas, je me suis mis à mâchouiller furieusement le bout de mon stylo tout en comptant les fleurs de la tapisserie de ma chambre. J'ai compté jusqu'à quatre-vingt-dix-huit. Soudain, plein de bonnes intentions littéraires, j'ai barré ~~*Le bonheur*~~ et à côté j'ai écrit *LE BONHEUR* en lettres majuscules et en noir, cette fois. Voilà, c'était mieux. Mais je n'avais pas l'ombre d'une idée. Pour lutter contre l'angoisse de la page à gros carreaux, j'ai gribouillé un cow-boy qui tirait avec son pistolet, et le démon du dessin s'est emparé de mon stylo : j'ai dessiné un Indien qui renvoyait les balles du cow-boy avec une raquette de ping-pong… un monstre aux yeux carrés attaqué par des mouches géantes… un robot qui crachait des boulons enflammés… et j'ai déchiré la page de mon cahier.

2

Pour me calmer, je suis descendu à la cuisine boire une menthe à l'eau. Ma mère, les doigts pleins de beurre et de farine, préparait une tarte. Des mèches de cheveux lui tombaient devant les yeux et, de temps à autre, elle soufflait dessus pour y voir un peu plus clair.

– Tu veux me demander quelque chose, canard ? demanda-t-elle sans me regarder, tandis que le beurre se mélangeait à la farine et prenait une consistance pâteuse.

– Ouais, c'est pour une rédaction. Le sujet, c'est le bonheur et je ne sais pas quoi écrire…

J'ai souligné ma phrase en haussant les épaules. Puis j'ai bu une gorgée de ma menthe à l'eau.

– Tu as regardé dans le dictionnaire ?

– Pff... non. J'préfère te demander. Tu sais ce que c'est, toi ?

– Bien sûr, canard. Ta maman est une spécialiste du bonheur !

J'étais sauvé.

– Le bonheur, reprit ma mère, serait que tu m'épluches ces pommes et que tu les coupes en tranches assez minces…

J'aurais dû m'en douter.

Ma mère avait la manie de profiter de toutes les situations.

– M'man, c'est pas ça le bonheur ! Couper des pommes, c'est nul !

– Mais pas du tout, canard ! Couper des pommes ce n'est pas un exploit, mais couper des pommes POUR SA MAMAN, quel bonheur !

sournois : dissimulé, pas annoncé avant.
une corvée : un travail pénible, désagréable.
plein de bonnes intentions littéraires : plein d'envie d'écrire.
un boulon : une vis et son écrou.

Et elle me fit un sourire numéro quatre. Le sourire qui disait : trop tard, tu t'es fait avoir ! Ha ! Ha ! Ha ! Ha !

Ma mère a terminé sa boule de pâte puis elle a dégainé son rouleau à pâtisserie. J'ai coupé les pommes et elle a soigneusement rangé les petites tranches. En six, sept minutes, la tarte était prête à cuire.

dégainer : sortir une arme.

– Alors, canard, tu n'es pas heureux d'avoir aidé ta petite maman ? Tu n'es pas fier de toi ? Tu n'es pas fier de notre belle tarte ?

– Bof, je sais pas… Mais si c'est ça le bonheur, c'est vraiment pas la peine d'en faire une rédaction !

– Canard ! Tu as une langue de vipère !

avoir une langue de vipère : être médisant, dire du mal de quelqu'un (familier).

3

Le dictionnaire de mes parents datait de 1960. Il était moche, il pesait trois tonnes, et ses deux mille pages étaient recouvertes d'une écriture de fourmis. Par contre, il y avait des photos et des dessins dans les marges de presque toutes les pages. Chaque fois, mon regard s'attardait sur les illustrations. Je mettais un temps fou à trouver le mot que je cherchais et parfois, je l'oubliais.

Au bout de cinq longues minutes, je trouvais enfin mon bonheur à la page 89. *Bonheur : n.m. État de parfaite satisfaction intérieure.*

Je suis resté immobile un petit moment, à cligner des yeux stupidement, tout en relisant plusieurs fois ce que je venais de lire. Je ne comprenais rien à cette définition. Je connaissais les mots *satisfaction* et *intérieure*. Mais les deux ensemble, c'était du chinois pour moi. Et puis, s'il y avait des satisfactions intérieures, cela voulait dire qu'il y avait aussi des satisfactions extérieures…

c'était du chinois : c'était incompréhensible (familier).

Pourquoi le dictionnaire ne le mentionnait-il pas ?

J'étais dégoûté. Toutes les réponses ne sont pas dans les livres.

4

Je suis allé voir mon père à la cave, où il s'est aménagé un atelier de bricolage. Il s'y réfugiait dès qu'il rentrait de son travail. Il bricolait jusqu'au moment où je hurlais « Papa, à table ! » pour couvrir le son de la radio qu'il écoutait à fond.

Les mains dans les poches, je suis entré dans son monde de décibels. Il chantait « Coucouroucoucou… », la radio hurlait et le vrombissement énervant de sa ponceuse ressemblait à un cri d'insecte irascible. Bien entendu, il ne m'avait ni vu ni entendu. Pour signaler ma présence, j'ai joué avec l'interrupteur du néon. Mon père et sa ponceuse se sont tus instantanément. Puis il a baissé le son de la radio.

un décibel : unité de mesure de bruit.
irascible : coléreux.
un chèque en bois : un chèque sans provision.
le contreplaqué : un matériau constitué de fines plaques de bois collées les unes contre les autres.

– Bonjour, jeune homme, que puis-je pour vous ?

– Bonjour, monsieur. Je m'appelle Théo Citron et je suis venu chercher les sept millions que vous me devez !

– Ah ! Très bien. Je vais vous faire un chèque en bois. Vous préférez du bois d'arbres ou du bois de saucisses ? J'ai du contreplaqué de trois, huit et douze millimètres.

J'ai fait semblant de réfléchir.

– Je prendrais bien du contreplaqué de huit… en bois de saucisses… mais, si vous voulez, je peux effacer votre dette en échange d'une réponse.

moisi : un peu pourri.

– Ha ! Ha ! Ceci m'intéresse car, voyez-vous, je serais heureux de garder mes millions pour acheter du pain moisi à mes enfants. Quelle est votre question ?
– C'est une question très difficile.
– Ça tombe bien, je connais un nombre incroyable de réponses faciles.
– D'accord ! Voici ma question : Le bonheur, c'est quoi ?

avoir une cervelle de moineau : être étourdi, peu intelligent.

– Ah ! Je puis vous donner un exemple de bonheur. Mais je doute que votre cervelle de moineau puisse comprendre le quart de la moitié de ce que je vais vous raconter !
– Dites toujours…
Là, mon père a fait une pause de quelques secondes. J'ai compté les boutons de sa chemise : huit, dont un qui était d'une couleur différente.

le jargon : le langage.

– Je suis à la pêche, je suis assis et j'essaie de ne penser à rien. Soudain, le flotteur de ma canne à pêche se met à gesticuler. Dans le jargon des pêcheurs, on appelle ça : avoir une touche. Je ne vois pas le poisson, mais je sais qu'il grignote le ver de terre accroché à mon hameçon. Ce flotteur qui bouge… c'est la promesse d'un poisson que je vais peut-être attraper. Cette promesse, c'est le bonheur… Et voilà !
Ma cervelle de moineau avait tout enregistré, mais cette histoire de flotteur qui faisait des promesses, je trouvais ça louche. J'ai quitté mon père en lui serrant la main, persuadé qu'il m'avait raconté n'importe quoi.
– Merci, monsieur. Votre dette est effacée, vous pouvez garder vos millions !
– Jeune homme, c'est un plaisir de faire des affaires avec vous. Ah, si seulement mon fils aîné pouvait vous ressembler !
– Et pourquoi ça ?

un vaurien : un voyou.

– Mon fils est un vaurien, son cas est désespéré.
– Je suis désolé pour vous.
– Oui, c'est triste. Je vais être obligé de m'en débarrasser. Un de ces jours, je l'emmènerai à la pêche, je le découperai en morceaux et je le donnerai à manger aux poissons-chats qui adorent la chair humaine.
– Au revoir, monsieur !
– Au revoir, jeune homme.
Je n'avais pas fait trois mètres qu'il se remettait à chanter, accompagné par sa perceuse, tandis qu'à la radio une voix grave énumérait les malheurs du monde.
De retour dans ma chambre, j'ai ouvert mon cahier de brouillon. Je ne savais toujours pas quoi écrire, alors j'ai dessiné ma mère avec une tarte aux pommes en auréole, et mon père avec un flotteur en guise de boucle d'oreille.

en auréole : en cercle autour de la tête.
en guise de : à la place de.
un lambris : un panneau en bois posé sur le mur.
ce bout de viande de six ans : cet enfant de six ans ; ici, le frère du narrateur (familier).

5

En comptant les lambris de ma chambre, je me suis souvenu d'un film où un idiot, grâce à sa crétinerie, s'était finalement révélé le plus sage de tous les sages du village. Je me suis dit que c'était peut-être pareil avec mon frère. Sans le savoir, ce bout de viande de six ans pouvait connaître le secret du bonheur. Il suffisait de lui demander. Il jouait au salon avec son train électrique en faisant : Tchou ! Tchou !
– Pourquoi tu fais « Tchou ! Tchou ! » ?
– Je fais c'que je veux.
– C'est les trains à vapeur qui font « Tchou ! Tchou ! ». Les trains électriques, ça fait pas d'bruit.
– M'en fous. Arrête de m'embêter !

– Je voudrais te poser une question.
– Ah bon ?
– Oui. Pour toi, c'est quoi le bonheur ?
– C'est ça la question ? Hi ! Hi ! Hi !
– Ouais ! Pourquoi tu rigoles ?
– J'sais pas. C'est une drôle de question bizarre !
– Dis-moi ! Le bonheur, c'est quoi ?
– J'sais pas moi… c'est… c'est faire c'que j'veux !
Sur mon brouillon, j'ai dessiné mon frère avec son train électrique qui roulait sur sa tête, tel un énorme mille-pattes.

6

Cette histoire de bonheur ne me lâchait pas. Je ne pensais plus qu'à ça. En l'espace de quelques heures, j'étais devenu un obsédé du bonheur.
Je suis allé voir ma grand-mère maternelle qui habitait dans la même rue que mes parents et moi. Depuis la mort de mon grand-père, elle vivait seule dans sa maison pleine de souvenirs, comme elle disait. Elle était terriblement vieille par rapport à moi, elle disait souvent en avoir vu de toutes les couleurs et j'imaginais qu'elle connaissait tout ce qui me préoccupait.
– Ah, c'est toi ! Entre ! a dit ma grand-mère avec son sourire chaleureux et son regard pétillant qui me donnaient l'impression d'être un ange descendu du ciel ou un truc du genre bonne nouvelle.
– T'es venu tout seul ? Et ton frère, comment il va ?
– Il va bien, mémère. Il joue avec son train électrique.
– Ah… les trains miniatures. Depuis qu'ils existent, ils font le bonheur des petits garçons !
– Oh ! C'est drôle que tu dises ça, mémère !
– Quoi donc ?
– T'as parlé du bonheur ! C'est pour ça que je suis venu te voir. J'ai une rédaction à faire sur ce sujet alors je mène ma petite enquête ! Tu sais c'que c'est, toi, le bonheur ?
Ma grand-mère s'est assise en soupirant. Sa mine, de réjouie, est devenue plus sombre. Elle, habituellement si bavarde, ne disait rien. J'entendais clairement le tic-tac de l'horloge murale, et, en me calant sur le rythme des aiguilles, j'ai commencé à compter les petits carrés du motif de sa blouse. Lorsque je suis arrivé à quarante-neuf, ma grand-mère a dit d'une voix chevrotante que je ne lui connaissais pas :
– Le bonheur… ?
Ses yeux brillaient et j'ai compris qu'elle voyait quelque chose que je ne pouvais pas voir. Son regard traversait les murs et le temps. Elle regardait en arrière, au-dedans d'elle-même et ce qu'elle voyait la faisait maintenant pleurer. J'étais terriblement gêné. D'être seul avec grand-mère qui pleurait dans sa cuisine, c'était pire que d'être en slip dans la cour de récréation. Je suis rentré en larmes et j'ai tout raconté à ma mère.
– C'est rien, canard… Ce n'est pas ta faute. Les personnes âgées, c'est un peu comme les enfants ; ça pleure souvent.
Ma grand-mère n'avait pas répondu à ma question avec des mots. Elle l'avait fait avec des larmes, alors je les ai dessinées sur mon cahier. Des larmes aussi grosses que des petits pois.

un obsédé : quelqu'un qui ne pense plus qu'à une seule chose.

en voir de toutes les couleurs : avoir de nombreux malheurs.
chaleureux : très gentil.
pétillant : vif, brillant.

chevrotant : tremblant.

7

Théophile Philippot

Le bonheur

Premièrement : est-ce que le bonheur existe ?

Oui. Parce que si le bonheur n'existait pas, je vois pas pourquoi le mot bonheur aurait été inventé. Donc le bonheur existe.

Deuxièmement : le bonheur, c'est quoi ?

Dans le dictionnaire de mes parents, le bonheur, c'est un état de parfaite satisfaction intérieure. Ce qui ne veut rien dire pour moi.

J'ai fait une enquête sur le bonheur et personne ne dit la même chose.

Conclusion : le bonheur, ça dépend des gens.

D'après mon enquête, c'est évident que le bonheur ça ne se voit pas. On ne peut pas le prendre en photo. Le bonheur, c'est juste dans la tête. Dans la tête de quelqu'un qui fait des tartes aux pommes, ça peut être que quelqu'un coupe des pommes avec lui.

Dans la tête d'un pêcheur, ça peut être quand le flotteur de sa canne à pêche le prévient qu'il va peut-être attraper un poisson.

Dans la tête d'un enfant de six ans, ça peut être un train électrique qui fait un bruit de train à vapeur.

Dans la tête d'une grand-mère, ça peut être des bons souvenirs qui font pleurer.

Dans ma tête à moi, le bonheur c'est d'avoir fini ma rédaction.

8

L'encre de mon stylo plume était à peine sèche sur le papier lorsque j'ai fait lire mon texte à ma mère. Je voulais qu'elle me dise que c'était bien, qu'elle soit fière de moi et qu'elle se rende compte de la chance qu'elle avait d'avoir un fils aussi génial.

– C'est toi qui as écrit ça, canard ?

– Ben oui !

– Aujourd'hui ?

– Ben oui, je vais pas passer trois jours sur une rédaction !

– C'est… c'est magnifique, mais…

– Mais quoi ?

Je comprends

1. Quel est le sujet de la rédaction de Théophile ?
2. Pourquoi veut-il faire sa rédaction le premier jour des vacances ?
3. Quelles sont les différentes personnes que Théophile interroge ?
4. Que lui répond sa mère ? son père ? son frère ?
5. Que comprend-il lors de sa rencontre avec sa grand-mère ?
6. Quel reproche sa mère fait-elle à Théophile sur la fin de sa rédaction ?
7. Finalement, qu'est-ce que le bonheur pour Théophile ?

Je repère

1. Qui est l'auteur de ce récit ? le narrateur ?
2. Combien ce texte comporte-t-il de chapitres ?
3. Quel est le rôle du chapitre 1 ? du chapitre 9 ?
4. À quel type de texte cette histoire appartient-elle ? Pourquoi ?
5. Dans le chapitre 5, quelles expressions appartiennent au langage familier ? Qu'est-ce que leur emploi apporte au récit ?
6. Dans le chapitre 4, quels mots indiquent que ce roman n'est pas un roman historique ? À quelle époque ce roman se déroule-t-il ?

– Pour la fin, tu ne t'es pas trop cassé la tête. Je trouve que tu parles mieux du bonheur des autres que du tien.
– Non… non, moi je trouve que c'est bien comme ça.
J'ai rangé mon cahier, mon stylo plume, et je me suis planté devant la télé.
Mes vacances démarraient enfin.

9

Trois jours plus tard, dans le silence de la nuit du samedi au dimanche, trente centimètres de neige tombèrent du ciel. À mon réveil, je n'ai pas hésité une seconde. Sans prendre mon petit déjeuner, je suis sorti habillé comme un Esquimau. J'ai parcouru les deux cents mètres qui séparaient la maison de la lisière de la forêt et j'ai pris le chemin qui montait. Je n'avais pas assez de mes deux yeux pour voir toutes les beautés qui m'entouraient. Il suffit d'un peu de neige et d'une belle lumière pour que n'importe quel endroit devienne magnifique. J'étais bien ici, j'étais chez moi, dans ma forêt.
J'ai mitraillé de boules de neige tout ce qui ne bougeait pas, je me suis battu contre d'invisibles ennemis, j'ai fait des roulés-boulés, j'ai pris des douches de neige en tirant sur les branches des sapins… La poudreuse me rendait joyeusement cinglé.
Et puis vint le moment où mes habits trempés ne me protégeaient plus du froid. Je frissonnais, je claquais des dents, et mon ventre criait famine. Il était temps de rentrer.
En croisant les traces de mes pas qui allaient en sens inverse, j'ai pensé à la chaleur qui m'attendait à la maison, aux bras de ma mère qui me réchaufferaient, aux joues piquantes de mon père qui m'embrasserait, au rire idiot mais communicatif de mon frère. Je n'étais parti que deux heures, et pourtant j'avais hâte de retrouver leurs couleurs, leurs voix et leurs odeurs.
Une joie bien bête, simple, débile même, m'a rempli la poitrine... ma vue s'est brouillée et des larmes de crocodile ont jailli de mes yeux.

Finalement, dans ma tête à moi, le bonheur c'était l'hiver de mes dix ans, un dimanche matin sous la neige. C'était d'avoir le visage en feu et les fesses gelées en rentrant à la maison, de retrouver mon frère qui boudait parce que j'étais sorti sans lui, et de me faire disputer par mes parents parce que j'étais parti « comme un voleur », sans leur dire où j'allais. Et mille et une autres choses.

la lisière : la limite, l'orée.
faire des roulés-boulés : faire des roulades, des galipettes.
cinglé : fou (familier).
communicatif : qui donne aux autres l'envie de rire aussi.

Jean-Marc Mathis, titre original : *Cinq, Six Bonheurs*, éditeur original : © éd. Thierry Magnier, 2004.

Je dis

1. Quels personnages parlent entre les lignes 75 et 92 ? Sont-ils sérieux ou s'amusent-ils ?
2. Dans ce dialogue, il y a une phrase qui n'est pas une parole. Laquelle ? Qui doit la lire ?
3. Lisez ce dialogue à deux. Employez le ton qui convient pour bien rendre l'humour de ce passage.

Je débats

Les parents et les enfants

1. Que penses-tu du dialogue entre Théophile et son père ? Que montre-t-il sur leur relation ?

Le bonheur

2. « Le bonheur, c'est juste dans la tête », a écrit Théophile dans sa rédaction. Comment comprends-tu cette phrase ? Es-tu d'accord avec Théophile ?

J'écris

1. Recopie le texte des lignes 70 à 74. Souligne la phrase formée de trois propositions. Indique si elles sont coordonnées ou juxtaposées.
2. Théophile va rendre visite à un oncle pour enquêter sur le bonheur. Écris le chapitre qui correspond sous forme de dialogue.

Atelier de lecture

Le roman contemporain

Je lis

1. Lis ces extraits de romans.

A. Marion mit l'écu dans sa propre poche, chargea sa brouette avec le linge essoré et retourna chez elle. À chaque pas, elle sentait l'écu heurter sa cuisse et un sentiment de puissance l'envahit : elle était riche, riche d'un écu de six livres.

Margot Bruyère, *Marion du Faouët ou la Révolte des gueux*, © éd. Oskar Jeunesse.

B. J'ai entendu l'hélicoptère blanc approcher. Il s'est posé. On est montés en courant comme au cinéma, les cheveux ébouriffés par le vent. L'hélico a décollé en se couchant légèrement pour faire plus aventureux.

Timothée de Fombelle, *Céleste, ma planète*, © éd. Gallimard Jeunesse.

C. Lyon en décembre. Un jour froid et humide. Les rues sont encombrées de voitures, beaucoup plus que d'habitude. Ma fille, que je vais déposer à l'école, en a marre. Elle dit qu'elle n'aime pas la circulation, qu'elle voudrait habiter à la campagne, là où il y a des arbres, des oiseaux, des lapins et des poules, des pies et des corbeaux.

Azouz Begag, « Détenues – Pages blanches », *Pour Sol en Si*, © éd. Gallimard.

2. Compare ces textes. Quels sont ceux qui se déroulent à notre époque ? Qu'est-ce qui te l'indique ?

3. De quel type de roman est extrait le texte A ? Relève les détails qui le montrent.

4. Dans le texte C, que veut la petite fille ? Pourquoi ?

5. Quel est le problème qui est abordé ? Est-ce un problème contemporain ? Pourquoi ?

6. Lis cet autre extrait.

D. Nous allons déménager ; mes parents ne s'entendent plus. Ma grand-mère m'accueillera et je me prépare à débarquer chez elle, avec une valise pleine de jeans et de baskets montantes qu'elle me fera échanger contre du velours et des mocassins de ville.

Régine Detambel, « Le Solitaire », *Pour Sol en Si*, © Gallimard.

7. Quel problème de société est évoqué dans cet extrait ?

J'ai appris

- **Un roman contemporain**, comme tous les romans, raconte les aventures d'un ou de plusieurs personnages, **leurs sentiments, leurs passions**.
- Ces personnages évoluent **dans une période proche de la nôtre ou à la même époque**. On peut identifier l'époque grâce :
  – aux objets utilisés (ex. : l'hélicoptère) ;
  – aux situations décrites (ex. : un embouteillage – la question des sans-papiers) ;
  – à l'emploi d'expressions du langage familier actuel ou d'abréviations (ex. : Ma fille, que je vais déposer à l'école, en a marre. – un hélico)
- De nombreux romans contemporains évoquent **des problèmes de société** très présents à notre époque (ex. : la pollution, le divorce, les sans-papiers…).

Écrire un court roman contemporain

Je lis

1. Voici le texte de la quatrième de couverture d'un roman.

« Je ne dors jamais. Je ne sais même pas à quoi ça sert de rêver ! La nuit, c'est bien plus drôle avec grand-père : regarder les étoiles sur la terrasse, faire des blagues à mes grands frères, ranger la maison ou même chasser les monstres… »

Éric Guillotte, *Je ne dors jamais*, Petite poche, © éd. Thierry Magnier, 2007.

2. Quels sont les deux personnages principaux de ce roman ?

3. Pourquoi le grand-père rejoint-il son petit-fils la nuit ?

4. Imagine que le titre du premier chapitre s'intitule « Regarder les étoiles sur la terrasse ». Quels pouraient être les titres des autres chapitres ?

J'écris

- **À partir de cette quatrième de couverture, écris un court roman, en te mettant à la place du héros qui raconte.**

Étape 1 : Je réfléchis

1. Dans quels lieux successifs l'action va-t-elle se dérouler ?
2. Comment s'appelle l'enfant qui raconte ? Quel âge a-t-il ?
3. Quelles sont ses caractéristiques (qualités et défauts) ?
4. Quels autres personnages interviennent dans l'histoire ? Comment s'appellent-ils ?
5. Comment l'histoire pourrait-elle se finir ?
6. Quelle personne de conjugaison vas-tu surtout utiliser dans ce récit ? et quel temps ?

Étape 2 : Je me prépare à écrire

1. Dans le chapitre 1 :
• Présente ton personnage : son prénom – son âge – son caractère…
• Décris la situation initiale : l'arrivée du grand-père le soir tard, dans la chambre, alors que tout le monde dort.
• Écris le dialogue avec le grand-père à propos des étoiles (*ex. :* les constellations – les étoiles filantes – les quartiers de Lune – la conquête spatiale).

2. Dans le chapitre 2 :
• Donne un nom aux deux frères.
• Indique comment les héros pénètrent dans leur chambre (*ex. :* à pas de loup – sur la pointe des pieds…).
• Décris la farce faite à chacun d'eux (*ex. :* inscriptions sur le bureau – inversion d'affaires – seau d'eau au pied du lit…) et les réactions des héros : étonnement – rires étouffés – encouragements…

3. Dans le chapitre 3 :
• Choisis dans quelle pièce ranger les objets : cuisine – salle à manger…
• Utilise des verbes de position ou de mouvement : mettre – placer – intervertir – cacher – ranger – empiler – changer – accrocher…

4. Dans le chapitre 4, le grand-père raconte une histoire à faire peur pour essayer de chasser les monstres de la chambre :
• Écris le dialogue avec le grand-père.
• Décris les réactions du garçon : se cacher sous les draps, allumer, réciter des paroles magiques…
• Écris une conclusion : le matin, la famille découvre-t-elle l'auteur de ces événements ? Un nouveau rendez-vous avec le grand-père est-il pris ?

Étape 3 : Je me relis

- J'ai écrit une introduction dans le chapitre 1 et une conclusion pour le chapitre 4.
- J'ai utilisé des dialogues, des phrases interrogatives et exclamatives.
- J'ai vérifié que les événements s'enchaînaient bien.
- J'ai employé le présent de l'indicatif et la 1re personne du singulier.

Présenter un roman et expliquer son choix

J'observe et je réfléchis

1. Lis ces quatrièmes de couverture :

A. En 1193, Robin des bois, après une traversée mouvementée depuis les côtes de l'Angleterre, débarque en France. Il est chargé de recueillir la rançon qui libérera son roi, Richard Cœur de Lion, le prisonnier du duc d'Autriche. À peine Robin a-t-il posé le pied sur le continent qu'il est pris dans un tourbillon d'aventures : guet-apens, attaques...

Anie Politzer, *Robin des bois*, Gulf Stream Éditeur.

B. C'est alors qu'il remarqua les caméras mobiles et les micros cachés au plafond comme des yeux et des oreilles à l'affût.
« On est vraiment au Quartier Général des oreilles, glissa Colin à Coline en les montrant du doigt.
– Oui, chuchota Coline. Tout ce qu'on fait est vu et entendu. »

Marie-Raymond Farré, *Les Murs ont des oreilles*, © éd. Bordas.

C. Mujnak se meurt. Cette petite ville se trouvait, il n'y a pas si longtemps, au bord de la mer d'Aral. Aujourd'hui, Mujnak est dans le sable... Une accablante pollution gangrène la région. Face à cette catastrophe écologique sans précédent, deux adolescents, Gengis et Djazzia, vont tenter de « ramener la mer » malgré les menaces et les intimidations.

Alain Surget, *Mujnak, La Mer d'Aral assassinée*, © éd. Oscar Jeunesse.

2. Caractériser chacun de ces romans :
- Relève le titre et l'auteur de chacun de ces récits.
- Qui sont les héros de chacun de ces romans ?
- Quel est le roman historique ? À quoi le vois-tu ?
- Quel problème de société est abordé dans le texte C ?
- Quel texte reprend un extrait du livre ? Quel est l'intérêt pour le lecteur ?

3. Expliquer son choix :
- Par l'époque dont parle le roman : contemporain ou historique.
- Par le lieu où se déroule l'histoire : en France, dans un autre pays ou dans un lieu imaginaire.
- Par l'histoire ou le thème évoqué dans le roman : l'écologie, la chevalerie, l'espionnage.
- Par le type d'aventures racontées : des combats, du mystère, des intrigues.

Je présente mon choix à la classe

- **Présente maintenant ces trois romans puis explique celui que tu préférerais lire.**

Pour présenter mon choix

- Je présente rapidement les trois romans en indiquant le titre du livre, l'auteur, le sujet.
- Je dis quel est celui que j'aimerais lire et je donne les raisons de mon choix.
- J'utilise des verbes d'opinion (je pense, j'aime, je crois, j'imagine, je suis intéressé(e) par...).

Bilan

Pour faire le bilan de tes lectures, recopie les phrases qui correspondent le mieux aux extraits de romans que tu viens de lire. Puis explique tes choix en répondant aux questions.

Thème 9 : Le roman historique

1. Vrai ou faux ?
   a. Dans un roman historique, les personnages sont toujours imaginaires.
   b. Un roman historique donne des renseignements sur la façon dont vivaient les gens à l'époque à laquelle il se déroule.
   c. Le titre du roman historique donne souvent des indices sur l'époque dans laquelle se situe l'action.
   d. L'auteur d'un roman historique a vécu à l'époque de l'histoire qu'il raconte.
2. Si tu devais choisir maintenant un roman historique, de quelle période souhaiterais-tu qu'il parle ? Pourquoi ?
3. Certains romans historiques ont été adaptés au cinéma. En connais-tu ? Que préfères-tu : lire le livre ou regarder le film ? Pourquoi ?

Thème 10 : Le roman contemporain

1. Vrai ou faux ?
   a. Un roman contemporain se passe de nos jours ou à une période proche de la nôtre.
   b. Le vocabulaire employé est toujours issu du langage soutenu.
   c. Seul le roman contemporain comporte des descriptions et des dialogues.
   d. L'auteur d'un roman contemporain est aussi le narrateur.
2. Préfères-tu des romans avec des illustrations ou seulement avec du texte ? Explique ton choix.
3. Crois-tu qu'un roman contemporain doit seulement raconter une histoire ou aussi faire réfléchir le lecteur sur des questions importantes ? Donne des exemples.

Lectures en réseaux

• Le roman historique

– *Yona, fille de la préhistoire*, Florence Raynaud.
– *La Verluisette*, Robert Piumini, éd. Hachette Jeunesse.
– *Le Diable et son valet*, Anthony Horowitz, éd. Hachette Jeunesse.
– *La Guerre du feu*, Joseph Henri Rosny Aîné, éd. Rageot.
– *Jacquou le Croquant*, Eugène Le Roy, éd. Gallimard.
– *Bastien, gamin de Paris*, Bertrand Solet, éd. Nouveau Monde Jeunesse.

• Le roman contemporain

– *Trèfle d'or*, Jean-François Chabas, éd. Casterman.
– *Comment j'ai changé ma vie*, Agnès Desarthe, École des loisirs.
– *La Grève de la vie*, Amélie Couture, éd. Actes Sud.
– *Rêves amers*, Maryse Condé, éd. Bayard Jeunesse.
– *Terminus grand large*, Hélène Montardre, éd. Pocket Jeunesse.
– *Mort ou Vivant*, Marc Twain, éd. Calligram.

Les déterminants

	Articles	Autres déterminants				
		possessifs	démonstratifs	interrogatifs/ exclamatifs	numéraux	indéfinis
singuliers	le – la – l' – un – une – au – du	mon – ma – ton – ta – son – sa – notre – votre – leur	ce – cet (devant un nom masculin qui commence par une voyelle) – cette	quel – quelle	un	aucun – aucune – chaque…
pluriels	les – des – aux	omes – tes – ses – nos – vos – leurs	ces	quels – quelles	deux – trois – dix – cent – mille…	certains – certaines – quelques…

Les articles

	singulier		pluriel
	masculin	féminin	
indéfinis	un	une	des – de
définis	le – l'	la – l'	les
définis contractés	du – au	–	des – aux
partitifs	du	–	–

Les pronoms

	personnels	possessifs	démonstratifs	interrogatifs	relatifs
singuliers	je – tu – il – elle – on – me – m' – moi – te – t' – toi – se – s' – le – la – l' – lui	le mien – la mienne – le tien – la tienne – le sien – la sienne – le/la nôtre – le/la vôtre – le/la leur	celui – celle – celui-ci – celui-là – celle-ci – celle-là – ce – c' – ceci – cela/ça	lequel – laquelle – duquel – de laquelle – auquel – à laquelle	lequel – laquelle – duquel – de laquelle – auquel – à laquelle
pluriels	nous – vous – ils – elles – les – leur – se – eux	les miens – les miennes – les tiens – les tiennes – les siens – les siennes – les nôtres – les vôtres – les leurs	ceux – celles – ceux-ci – ceux-là – celles-ci – celles-là	lesquels – lesquelles desquels – desquelles – auxquels – auxquelles	lesquels – lesquelles – desquels – desquelles – auxquels – auxquelles
indéfinis				qui – que – quoi	qui – que – quoi – dont – où

Les principaux préfixes

Préfixes	Sens	Exemples
a-, an-	absence, privation	amoral – anormal
ac-, ad-, af-, al-, ap-	rapprochement	accourir – adjoindre – affaiblir – allonger – apporter
anti-	contre	un antigel
archi-, extra-	plus, très	archiplein – extraordinaire
bi-	redoublement	une bicyclette
co-, com-, con-, col-	avec, ensemble	un colocataire – comporter – concentrer – collatéral
dé-, dés-, des-, dis-	contraire, séparation	défaire – le désordre – dessécher – disparaître
en-, em-, im-	éloignement ou à l'intérieur	enlever – emporter – importer
hyper-	très, au-dessus	un hypermarché
il-, im-, in-, ir-, mal-	contraire	illégal – imbattable – inactif – irréel – malheureux
inter-	entre	une interaction
multi-	nombreux	multicolore
para-	protection contre	un parachute
pré-	avant, devant	le préchauffage
r(e), ré	répétition ou inversion	redire – rentrer – réchauffer
sur-	au-dessus	survoler
sou(s)-	insuffisance, en dessous	le sous-développement – souligner
télé-	à distance	la télévision

Les principaux suffixes des adjectifs et des noms

Suffixes	Sens	Exemples
-able, -ible	possibilité	lavable – lisible
-ard(e), -asse	péjoratif ou habitant de	vantard – une Savoyarde – fadasse
-ade, -age	ensemble, action ou résultat d'une action	une fusillade – le pelage – un atterrissage
-ail	instrument	un attirail
-ain(e), -ais(e), -ois(e)	habitant	africain – française – lillois
-aison, -ance, -ation, -ison, -ition	action ou son résultat	la pendaison – la puissance – l'opération – la guérison – la finition
-eux(se)	qualité ou défaut	courageux – orgueilleuse
-ée	contenu, mesure ou durée	une poignée – une journée
-(l)et(te)	diminutif	maigrelet – une fillette
-eur(se)	agent d'une action ou objet fonctionnel	un imprimeur – une agrafeuse
-if(ve)	défaut	maladif – négative

Crédits photographiques

P. 104 : © Michel Denis-Huot/Hoa-Qui/Eyedea Presse. **P. 106 :** © Contrast/Gamma/Eyedea Presse. **P. 108 :** © Anup Shah/Jacana/Eyedea Presse. **P. 110 :** © Rabouan-Fiori/hemis.fr. **P. 112 :** © Pascal Deloche/Godong/Photononstop. **P. 114 :** © Bruno Perousse/Age Fotostock/ Eyedea Presse. **P. 116 :** © Philippe Roy/Hoa-Qui/Eyedea Presse. **P. 118 :** © Bartomeu Borell/Age Fotostock/Hoa-Qui/Eyedea Presse. **P. 120 :** © Patrick Durand /Corbis Sygma. **P. 122 :** © Cécile Treal/Jean-Michel Ruiz/Hoa-Qui/Eyedea Presse. **P. 124 :** © Wolfgang Kaehler/ Corbis. **P. 128 :** © Kurita Kaku/Gamma/Eyedea Presse. **P. 197 :** © Sylvain Grandadam/Hoa-Qui/Eyedea Presse. **P. 198 :** © Serge Annarumma. **P. 218 : h.** © Apic/Contributeur/Hulton Archive/Getty Images ; **m.d.** © Jim Ballard/Photographer's Choice/Getty Images ; **frise** © Panoramic Images/Getty Images. **P. 221 :** Le sculpteur Ousmane Sow et sa sculpture « Le guerrier Masaï debout » (1998-1999), © Roger-Viollet et © Adagp, Paris, 2010. **P. 222 :** © Photo12-Alamy. **P. 223 :** © Scanpix Norvège/Sipa. **P. 225 :** © François Ancellet/Rapho/Eyedea Presse. **P. 226-227 (frise) :** © Vincent Fromentin. **P. 227 : h.g.** © Gideon Mendel/Corbis ; **h.d.** (détail) © Chinch Gryniewicz/ Ecoscene/Corbis. **P. 229 :** © Bob Sacha/Corbis. **P. 232 :** © Photo Josse/Leemage. **P. 241 :** © Photo Josse/Leemage.

Achevé d' imprimer en Italie par Rotolito Lombarda
Dépôt légal: 07/2010
Collection n°42
Edition n° 02
11/6560/4

La conjugaison des verbes savoir,

Infinitif	Indicatif			
	Présent	Futur	Futur antérieur	Passé simple
savoir	je sais tu sais il, elle sait nous savons vous savez ils, elles savent	je saurai tu sauras il, elle saura nous saurons vous saurez ils, elles sauront	j'aurai su tu auras su il, elle aura su nous aurons su vous aurez su ils, elles auront su	je sus tu sus il, elle sut nous sûmes vous sûtes ils, elles surent
partir	je pars tu pars il, elle part nous partons vous partez ils, elles partent	je partirai tu partiras il, elle partira nous partirons vous partirez ils, elles partiront	je serai parti(e) tu seras parti(e) il, elle sera parti(e) nous serons parti(e)s vous serez parti(e)s ils, elles seront parti(e)s	je partis tu partis il, elle partit nous partîmes vous partîtes ils, elles partirent
prendre	je prends tu prends il, elle prend nous prenons vous prenez ils, elles prennent	je prendrai tu prendras il, elle prendra nous prendrons vous prendrez ils, elles prendront	j'aurai pris tu auras pris il, elle aura pris nous aurons pris vous aurez pris ils, elles auront pris	je pris tu pris il, elle prit nous prîmes vous prîtes ils, elles prirent
venir	je viens tu viens il, elle vient nous venons vous venez ils, elles viennent	je viendrai tu viendras il, elle viendra nous viendrons vous viendrez ils, elles viendront	je serai venu(e) tu seras venu(e) il, elle sera venu(e) nous serons venu(e)s vous serez venu(e)s ils, elles seront venu(e)s	je vins tu vins il, elle vint nous vînmes vous vîntes ils, elles vinrent
voir	je vois tu vois il, elle voit nous voyons vous voyez ils, elles voient	je verrai tu verras il, elle verra nous verrons vous verrez ils, elles verront	j'aurai vu tu auras vu il, elle aura vu nous aurons vu vous aurez vu ils, elles auront vu	je vis tu vis il, elle vit nous vîmes vous vîtes ils, elles virent
vouloir	je veux tu veux il, elle veut nous voulons vous voulez ils, elles veulent	je voudrai tu voudras il, elle voudra nous voudrons vous voudrez ils, elles voudront	j'aurai voulu tu auras voulu il, elle aura voulu nous aurons voulu vous aurez voulu ils, elles auront voulu	je voulus tu voulus il, elle voulut nous voulûmes vous voulûtes ils, elles voulurent